Einführung in Theorien & Methoden
der Erziehungswissenschaft

Heinz-Hermann Krüger

독일 교육학의
전통과 갈래

교육학 연구의 현대적 패러다임

편역 우정길

공역 김상무
　　　김상섭
　　　김 철
　　　정기섭
　　　정창호
　　　조상식
　　　최재정
　　　홍은영

박영story

한국어판 서문(2023)

이 서문은 나의 저서 『교육과학의 이론과 방법론 입문』의 제 I장과 제 III 장을 한국어로 번역한 저서를 위해 새로 쓴 것이다. 이 책은 1997년도에 처음 출판되었고, 2005년에는 폴란드어로 번역되었으며(Krüger, 2005), 2009년 과 2012년에는 기존의 내용을 보완·개정한 제5판과 제6판이 출판된 바 있다. 이번 한국어 번역서는 2012년의 제6판 중에서 교육과학 이론에 해당하는 부분(원저의 제 I장과 제 III장)을 번역한 것이다. 여기서 나는 주로 20세기 초부터 21세기에 이르는 시기의 독일어권에서 전개되었던 교육과학 이론의 다양한 흐름에 대한 역사적 개괄을 제시하고, 이어서 반성적 교육과학 및 비판적 교육연구의 윤곽을 드러내는 데 주안점을 두었다(이에 관한 논의는 Schippling/ Grudert/Pfaff, 2016 참조).

이 책을 통해 당시에 제시하였던 진단, 즉 1980년대 독일 교육과학의 이론적 지형은 이론적 구상의 분화 및 다원화로 특징지워질 수 있다는 것(Krüger, 2012: 12)은 그로부터 10년이 지난 오늘날에도 여전히 유효하다. 물론 그 기간 동안 지속적으로 발전된 부분도 있고, 논의의 초점이 이동한 경우들도 있다.

우선 독일어권 교육과학에서 푸코-수용이 더욱 큰 의미를 획득하게 되었다는 점을 언급할 수 있다. 교육학의 역사와 학교의 역사에 관한 폰그라츠 (Pongratz, 1989)의 교육사 연구가 푸코의 규율사회라는 오래된 구상에 기대고 있었다면, 근래의 후기구조주의적 교육과학의 논의들은 주체화(Subjektivierung) 와 통치성(Gouvernementalität), 즉 푸코가 자신의 후기 저작에서 전개하였던 통치의 특정한 방법과 더 많은 관련을 맺고 있다. 푸코(Foucault, 1996)의 후기 저작에 기대어 "실존의 미학" 및 자기염려의 개념과 관련된 다양한 교육이론적 구상들이 제안되었는데, 이들은 주체의 자기형성이라는 아이디어를 강조하거나 혹은 더 많은 경우 권력이론적 관점에서 빌둥(Bildung)[1]과 주체

---

1) [역자 주] Bildung: 그림·사진·이미지를 의미하는 "Bild"에서 "bilden"이라는 동사가 파생되고, 이 동사가 동명사화된 꼴이 "Bildung"이다. Bildung의 원뜻은 "모양(像)을 지음·만듦·갖춤"이며, 이러한 기본뜻을 바탕으로 Bildung은 "Erziehung(교육)"과 함께 독일어권의 대표적인 교육(학) 용어로 자리잡았다. 한국의 교육학계에서는 "도야, (인간)형성, (자기)형성, 교육, 빌둥" 등으로 번역·표기되고 있지만, 현재 이에 관한 일치·합의된 견해는 없다. 본 번역서에서도 논의의 맥락 및 관점에 따라 위 사례들을 준용하고 있음을 밝혀둔다.

성을 종속과 탈종속이라는 역설적 긴장 관계 속에서 파악하려는 시도들이었다(Balzer, 2004: 35; Koller, 2012). 아울러 푸코의 통치성 개념(Foucault, 2000)으로부터는 신자유주의와 세계화 사이의 관련성을 배경으로 펼쳐진 작금의 교육정책 속에서 포착되는 경제화 경향에 대한 경험연구적 분석이 이루어졌다(Bröckling/Peter, 2013). 이에 더하여 브라나 외(Wrana, et. al., 2014)는 푸코의 담론분석 개념을 방법론적으로 발전시켰고, 이를 활용하여 몇몇 연구들은 주체화의 과정 또는 교육적인 것의 형성을 교육과학적 연구에서 구체화하기도 하였다.

독일 교육학계에서 이루어진 연구의 경향과 관련하여 또 한 가지 언급할 만한 점은 독일의 교육체계 속 사회적 불평등과 관련된 교육학적 논의가 재점화되었고, 그 결과 교육학계에서 부르디외-수용이 활기를 띠게 되었다는 사실이다. 반성적 교육과학을 정당화하려는 맥락 속에서 우선은 부르디외(Bourdieu, 1993)에 의해 전개된 반성적 사회학의 학문이론적 프로그램이 논의의 대상이 되었다. 반성적 사회학에서 부르디외는 문제제기와 범주화 및 모든 학문이해 속에 이미 내재되어 있는 왜곡과 선입견을 밝혀내기 위하여 학문적 사유와 연구 그 자체를 반성의 대상으로 삼아야 한다고 주장한 바 있다. 지난 십여 년 동안 있었던 경험적 연구들은 부르디외(Bourdieu, 1982)의 사회이론 및 문화이론에 입각하여 진행되기도 하였다. 부르디외는 자신의 사회이론 및 문화이론에서 내면화된 태도, 즉 하비투스라는 일상문화 속 계층구조와 사회적 불평등의 재생산을 탐구한 바 있다. 그에 따르면, 한 개인의 사회적 위치 그리고 경제적·문화적·사회적 자본의 활용은 모종의 하비투스를 생산하고, 이것이 특정한 라이프스타일의 형성으로 표출되도록 한다. 달리 표현하자면, 각 개인의 일상문화 속에서 하비투스는 기존의 교육체계 내에서 성공에 접목되는 다양한 기회로 접근하는 데 영향을 미치는 특정한 문화적 기호(嗜好)라는 형태로 표출된다는 것이다. 부르디외의 사회이론적 숙고를 참조하는 가운데 지난 10년 동안의 교육과학적 연구에서는 특히 질적 연구들이 많이 수행되었는데, 주로 하비투스의 형성 및 변형에 대한 연구(Rosenberg, 2011), 이러한 하비투스의 형성과 변형이 사회적 재생산의 감춰진 형식으로서 대가족 속의 교육전략으로 해석될 수 있다는 연구(Büchner/Brake, 2012), 그리고 학생의 하비투스 역시 학교문화와의 관련 속에서 분석될 수 있다는 연구(Helsper, u.a. 2018) 등이 이루어졌다.

아울러 근래 수행하여 온 나의 연구들, 즉 학교 선택이 아동청소년의 우정 관계에 미치는 영향(Krüger/Deinert/Schach, 2012) 그리고 배제적 교육이력에 있어서 또래친구들의 의미에 대한 연구(Krüger, 2019)라는 맥락 속에서도 부르디외의 사회이론적 및 문화이론적 연구들은 다시 중요하게 부각되고 있다. 나는 부르디외의 사회이론적 구상을 미시사회학적으로 그리고 실천학적으로 더욱 발전시킨 이론에 나의 종단연구들을 접목시켰다(Bohnsack, 2010; Reckwitz, 2008). 이를 통해 나는, 상이한 사회적 환경 내에서 쌓여 가는 체험의 층들 속에서 그리고 가족과 학교와 또래세계 속에서 이루어지는 사회화적 상호작용이라는 맥락 속에서 청소년들의 하비투스적 정향이 어떻게 생성되는지를 발견하고자 하였다.

앞서 기술된 바와 같은 근래의 교육과학 내 후기구조주의적 접근들 및 반성적 교육과학의 다양한 변이들(Friebertshäuser/Rieger-Ladich/Wigger, 2006; Krüger, 2012)은 비판적 교육과학의 지속적 발전을 위한 시도라고도 이해될 수 있다. 이들 역시 경험적 연구들을 비판적 사회이론 속에 접목하고자 하였던 기본 발상을 공유하였기 때문이다. 그러나 비판적 교육과학과는 달리, 반성적 교육과학 및 후기구조주의적 교육과학은 직접적 실천 연관 및 연구를 통해 창출된 지식이 교육적 실천과 교육정책에 직접적으로 활용되는 것에 대하여 회의적이다.

이상에서 기술한 바와 같은 비판적 교육과학의 지속적 발전을 위한 이론적 접근들 외에도 지난 10여 년 동안 특히 경험적 교육과학은 이른바 경험적 교육연구라는 형태로 엄청난 증대를 이루었다. 그 촉매는 바로 독일 내에서도 PISA나 IGLU 또는 TIMMS 등과 같이 뜨거운 논의의 대상이 되었던 국제 학업성취도 비교이다. 이 국제 비교의 결과들은 독일의 교육체제 내의 사회적 차이가 국제 비교에서도 뚜렷하게 나타났다는 사실 그리고 연구의 대상이 되었던 아동청소년의 20% 이상이 언어적 기초학습역량 및 수학적-자연과학적 기초학습역량 부문에서 일정 수준에 이르지 못하였다는 사실을 시사하였다(Maaz/Baumert/Trautwein, 2011). 경험적 교육연구는 경험적-양적 사유 모형, 특히 심리학적 사유 모형의 영향을 많이 받은 접근을 의미한다. 이 접근은 OECD가 주도하였던 국제 학업성취도 비교 연구의 기저가 되기도 하는 것으로서, 학생들의 교과역량을 분석하고 교육체계의 효과성 증진을 목적으로 한다(Terhart, 2016: 77).

효율성과 산출성에 초점이 맞추어진 경험적 교육연구가 새로운 이론적 논쟁을 촉발하기도 하였다. 즉, 1960년대와 1970년대의 실증주의 논쟁을 연상시키는 비판적-합리적 교육과학과 비판적 교육과학 사이의 찬반 논쟁이 바로 그것이다. 뮌히(Münch, 2009)와 같은 비판가들은 빌둥(Bildung)의 변형을 위한 추진력을 본다고 말한다. 이 변형을 위한 추진력이 의미하는 바는 교육이 문화재이자 전문지식이라는 오래된 패러다임이 이제 새로운 경제중심적 모델에게 자리를 내어주는 것을 의미한다. 여타 학자들의 다음과 같은 비판도 타당한 면이 있다. 즉, 질적 학교연구와 질적 수업연구들이 경험적 교육연구 환경으로부터 파생된 대규모 역량연구에서는 전혀 고려의 대상이 되지 못하고 있다는 점(Helsper, 2016) 또는 이 대규모 역량연구들이 교육과학 내에서 교육에 대한 이론적 논의와의 연결성을 현저히 약화시킨다는 것이다(Koller, 2012).

또한 경험적 교육연구의 팽창에 있어서 경험적 지표들에 대하여 잠시 언급하자면 다음과 같다. 경험적 교육연구는 지난 10년간 독일 대학의 교육학 분야 교수임용에 있어서 그리고 학교연구와 관련된 각종 연구소의 책임자 초빙에 있어서 현저한 우위를 보여 왔다고 말할 수 있다. 그렇다고 하여도 작금의 독일 교육학계의 이론과 연구의 지형에서 다원성이 더 이상 존재하지 않는다라고 말하는 것은 과장일 것이다. 심지어 경험적 교육연구의 선두에 서 있는 바우머트(Baumert, 2016: 217)조차 교육연구의 개념에 대한 자신의 논문에서 교육의 과정이 개인적 차원에서 그리고 사회적 연관 속에서 분석되어야 하고, 역사적 질문의 제시가 그 속에 포함되어야 하며, 주제나 방법론에 대한 선호가 담겨서는 안 된다는 견해를 피력하기도 하였다.

교육연구에 대한 위와 같은 아주 형식적인 정의는 적어도 교육연구의 여타 구상들에 대하여 개방적이며, 이로써 연결점들을 제공하고 있다. 내가 반성적 교육과학이라는 구상을 근거지우려 시도했던 것 역시 이러한 개방성과 연결성으로 인해 가능하였다(이에 관해서는 이 책의 제II장을 참조). 나에게 있어서 교육연구는, 베크(Beck, 2008)와 부르디외(Bourdieu, 1993) 그리고 최근에는 레크비츠(Reckwitz, 2017) 등이 그러했던 것처럼, 비판적 사회이론적 진단으로부터 시작되어야 한다. 그리고 교육연구는 다차원분석적 시각을 가지고 교육의 실재를 바라보면서, 현대의 질적·양적 연구들 속에서 역사적 연구 외에도 빌둥(Bildung) 과정과 교육(Erziehung) 과정의 위험성과 부작용 역시 제도적 맥락 속에서 분석해 내야 한다. 이렇게 정의된, 그리고 현재의 혹은 미래에 예측 가능한 사회적 교육적 발전이라는 배경 앞에서 교육연구에게는 아래와 같은 연구 과제들이 제시될 수 있을 것이다.

첫째, 근래의 경험적-양적 교육연구로 인해 독일의 교육 지형에서 촉발된 측정과 표준화를 위한 노력들이 교육의 제도들과 교육의 수신자들에게 어떠한 역설적 결과와 부작용을 초래하게 될 것인가가 연구되어야 한다(Krüger/Keißler/Winter, 2015; Mau, 2017).

둘째, 독일 교육기관의 재구조화가 불평등한 교육 기회를 강화할 것인지 혹은 약화시킬 것인지가 경험적으로 분석되어야 한다. 교육기관의 재구조화는 수직화의 경향성을 말하는 것인데, 구체적으로는 사립 유치원 및 사립 초등학교와 김나지움의 도입, 엘리트 대학의 도입과 설립 등에 의한 것이다. 아울러 부분적으로 통합된 학교체계 또는 공동체학교의 도입, 이전에 특수학교나 촉진학교에서 수업을 받던 학생들이 정규학교로 통합되는 사례 등도 여기에 속한다.

셋째, 우리는 영유아를 위한 교육 및 종일제 교육기관의 확장이 야기하게 될 예측가능한 교육의 팽창에 대해서도 관심을 기울여야 한다. 아울러 공립교육과 사립교육의 관계, 가정과 가족, 성별 관계 및 학교와 청소년 관련 기관들에 미치게 될 영향과 변화에 대해서 탐구해 나갈 필요가 있다(Arbeitsgruppe Bildungsberichterstattung, 2020).

네 번째이자 중심적 과제는 사회구조의 변화에 관한 것이다. 즉, 기존의 산업경제로부터 서비스 경제와 디지털 자본주의로의 전환으로 인하여 전 생애에 걸친 교육의 영역들, 즉 학령 이전 시기와 학령기의 학습, 성인교육과 직업교육 등에 영향을 미치게 될 것이며, 오프라인 의사소통과 온라인 의사소통의 관계 등도 새롭게 조정되어야 할 것이다.

마지막 과제는 족쇄 풀린 글로벌 세계사회의 나비효과에 대한 경험적 연구에 관한 것이다(Beck, 2008). 즉, 현재 진행 중인 우크라이나-전쟁의 결과로 그 반대급부인 탈세계화 또는 양분된 세계질서로의 회귀(Reckwitz, 2022)가 일어날 수도 있으며, 이로 인하여 교육과 사회 역시 영향을 받게 될 것이다. 이런 맥락에서, 분쟁지역으로부터 이주한 이력이 있는 아동청소년이나 난민 청소년들의 위험한 처지 그리고 이들을 교육하는 유치원과 학교와 각종 기관들에 대한 연구는 물론이거니와, 이와 동시에 여러 국가에서 이직이 비교적 자유롭고 소득이 높은 직업군의 가정에서 창출되었던 특권적 기회들에 대한 연구도 이루어질 필요가 있다(Keßler/Krüger, 2018). 향후에는 이러한 주제들이 국제 비교연구를 통해 더욱 많이 이루어지기를 바란다. 어쩌면 이러한 국제 비교연구의 확장을 통해서 지금까지는 다소 국내적 연구에 국한되어 온 독일 교육과학의 부족한 부분이 보완될 수 있을 것으로 기대한다.

.

참고문헌

Arbeitsgruppe Bildungsberichterstattung (Hrsg.): Bildung in Deutschland 2020. Bielefeld 2020.

Balzer, N.: Von den Schwierigkeiten nicht oppositionell zu denken. Linien der Foucault Rezeption in der deutschsprachigen Erziehungswissenschaft. In: Ricken, N./Rieger-Ladich, M. (Hrsg.): Michel Foucault. Pädagogische Lektüren. Wiesbaden 2004, S. 15-38.

Baumert, J.: Leistungen, Leistungsfähigkeit und Leistungsgrenzen der empirischen Bildungsforschung. In: Baumert, J./Tillmann, K.-J. (Hrsg.): Empirische Bildungsforschung. Der kritische Blick und die Antwort der Kritiker. 31. Sonderheft der Zeitschrift für Erziehungswissenschaft. Wiesbaden 2016, S. 215-253.

Beck, U.: Die Neuvermessung der Ungleichheit. Frankfurt a. M. 2008.

Bourdieu, P. Die feinen Unterschiede. Frankfurt a. M. 1982.

Bourdieu, P.: Narzisstische Reflexivität und wissenschaftliche Reflexivität. In: Berg, E./Fuchs, M. (Hrsg.): Kultur, Praxis, Text. Frankfurt a. M. 1993, S. 365-374.

Brckling, U./Peter, T.: Mobilisieren und Optimieren. Exzellenz und Egalität als hegemoniale Diskurse im Erziehungssystem. In: Krüger, H.-H./ Helsper, W.(Hrsg.): Elite und Exzellenz im Bildungssystem. 19. Sonderheft der Zeitschrift für Erziehungswissenschaft. Wiesbaden 2012, S. 129-148.

Bchner, P./Brake, A.: Bildung und soziale Ungleichheit. Stuttgart 2012.

Deppe, U./Keler, C./Winter, D.: Kritische Bildungsforschung, reflexive Erziehungswissenschaft. Die Bedeutung des theoretischen Standpunktes für den Forschungsgegenstand am Beispiel der Elitebildungsforschung. In: Schippling, A./Grunert, C./Pfaff. N. (Hrsg.): Kritische Bildungsforschung. Opladen u.a. 2016, S. 83-97.

Foucault, M.: Überwachen und Strafen. Frankfurt a. M. 1977.

Foucault, M.: Der Mensch als Erfahrungstier. Gespräch mit Ducio Trambadon. Frankfurt a. M. 1996.

Foucault, M.: Die Gouvernementalität † In: Brckling, U./Krassmann, S./Lemke, T. (Hrsg.); Gouvernementalität der Gegenwart. Frankfurt a. M. 2000, S. 41-47.

Friebertshuser, B./ Rieger-Ladich, M./Wigger, L. (Hrsg.): Reflexive Erziehungs-
  wissenschaft. Wiesbaden 2006.

Helsper, W.: Wird die Pluralität der Erziehungswissenschaft aufgekündigt? In:
  Baumert, J./Tillmann, K.-J.(Hrsg.): Empirische Bildungsforschung. Wiesbaden
  2016, S. 89-106.

Helsper, W./Krüger, H.-H./Ldemann, J: Exklusive Bildung und neue
  Bildungsungleichheiten. In: Helsper, W./Krüger,H.-H./Ldemann, J. (Hrsg.)
  Exklusive Bildung und neue Ungleichheit. 65. Beiheft der Zeitschrift für
  Pädagogik. Weinheim, Basel 2019, S. 9-24.

Keler, C./Krüger, H.-H.: Being International. Institutional Claims and Student
  Perspectives at an Exklusive International School. In: Maxwell, C./Deppe,
  U./Krüger, H.-H./Helsper, W. (Ed.): Elite Education and Internalisation.
  Cham 2018, S. 209-228.

Koller, C: Bildung anders denken. Einführung in die Theorie transformatorischer
  Bildungsprozesse. Stuttgart 2012.

Krüger, H.-H.: Wpro Wadziene w teorie/methody badawezenauk o wychowohin.
  Gdanski (Polen) 2005.

Krüger, H.-H.: Einführung in Theorien und Methoden der Erziehungswissen-
  schaft. 5. Auflage. Opladen 2009.

Krüger, H.-H.: Einführung in Theorien und Methoden der Erziehungs-
  wissenschaft. 6. Auflage. Opladen 2012.

Krüger, H.-H./Deinert, A. /Zschach, M.: Jugendliche und ihre Peers.
  Freundschaftsbeziehungen und Bildungskarrieren in einer Langsschnitt-
  perspektive. Opladen 2012.

Krüger, H.-H./Keler, C./Winter, D.: Schulkultur und soziale Ungleichheit. In:
  Böhme, J./Hummrich, M./Kramer, R.-T. (Hrsg.) Schulkultur. Theoriebildung
  im Diskurs. Wiesbaden 2014, S. 183   211.

Krüger, H.-H./Hfner, K./Keler, C./Kreuz, S./Leinhos, P./Winter, D. (Hrsg.):
  Exklusive Bildungskarrieren von Jugendlichen und ihre Peers am Bergang
  in Hochschule und Beruf. Wiesbaden 2019.

Maaz. K./Baumert, J./Trautwein, K.: Genese sozialer Ungleichheit im Kontext
  der Schule. In: Krüger, H.-H./Rabe-Kleberg, U./Kramer, R.-T./Budde, J.
  (Hrsg.): Bildunsungleichheit revisited. Wiesbaden 2011, S. 69   102.

Mau, S.: Das metrische Wir. Über die Quantifizierung des Sozialen. Berlin
  2017.

Mnch, R.: Globale Eliten, lokale Autoritäten. Bildung und Wissenschaft unter dem Regime von PISA, McKinsey und CO. Frankfurt a. M. 2009.

Pongratz, L.A.: Pädagogik im Prozess der Moderne. Weinheim 1989.

Reckwitz, A.: Unscharfe Grenzen. Perspektiven der Kultursoziologie. Bielefeld 2008.

Reckwitz, A.: Die Gesellschaft der Singularitäten, Frankfurt a. M: 2017.

Reckwitz, A. Der Optimismus verbrennt. In: Die ZEIT 2022, Nr. 12, S. 47.

Schippling, A./Grunert, C./Pfaff, N. (Hrsg.): Kritische Bildungsforschung. Standortbestimmung und Gegenstandsfelder. Opladen 2016.

Rosenberg, F. von: Bildung und Habitus. Bielefeld 2011.

Terhart, E.: Empirische Bildungsforschung und ihre Disziplinen. In: Baumert, J./Tilllman, K.-J. (Hrsg.): Empirische Bildungsforschung. 31. Sonderheft der Zeitschrift für Erziehungswissenschaft. Wiesbaden 2016. S. 73-88.

Wrana, D./Ott. M./Jergus, K./Langer, A,/Koch, S.: Diskursforschung in der Erziehungswissenschaft. In Angermller, J. (Hrsg.): Diskursforschung - ein interdisziplinäres Handbuch. Bd. 1. Bielefeld 2014, S. 224-238.

제6판 서문(2012)

I.

이 입문서에서는 교육학의 다양한 이론적 흐름에 대한 개요가 소개될 것이다. 대학에서 교육학을 전공하게 되거나 혹은 시험과목으로 채택하게 될 경우, 학생들은 이 주제들을 처음으로 접하게 될 것이다. 이 과목 또는 주제들은 교육학과의 학사과정에서뿐 아니라 교직과정에 있어서도 "교육학 이론" 또는 "교육학 연구의 학문적 기초와 방법"이라는 이름으로 불리고 있다 (Kron, 1991: 14-15). 많은 사람들이 이렇게 질문할 수도 있을 것이다. 왜 교육학 이론을, 혹은 교육학 이론보다 더 난해해 보이는 표현인, 학문이론의 영역을 공부해야 합니까? 교육학의 이론에 대한 이론이라는 의미의 학문이론은 이 학문 분야 속의 다양한 학파와 입장들을 다룬다. 간략히 말하자면, 여기서는 학문적 사유와 연구의 기본적 유형들을 다룬다. 각 이론과 모델은 나름의 특정한 지식이론적 배경을 갖기에, 지식이론에 대한 기본지식들은 필요불가결하다. 예를 들면, 클라프키(W. Klafki)의 비판적-구성주의적 교수법은 비판이론적 교육학의 학문이론적 구상을 배경으로 한다. 그러므로 누군가 어떤 저자의 학문적 배경을 이해하고자 한다면, 혹은 어느 대학교수의 이론적 입장을 파악하고 이에 대해 비판적으로 판단할 수 있기를 원한다면, 교육학의 주요한 학문이론적 흐름과 방향들에 대한 기본지식을 갖추어야 한다.

또한 많은 학생들은 왜 교육학적 방법론을 공부해야 하는지에 대해서도 의문을 가질 수 있다. 연구방법론은 이후에 학문 영역에 종사하고자 하는 이들에게 유용할 수 있다. 그런데 이것이 학교에서의 교육적 실천이나 성인교육의 영역에는 과연 어떤 유용성이 있을까? 이 질문에 대해서는 다음과 같이 말할 수 있다. 즉, 연구는 교육학에서 필요불가결하며, 이러한 지식을 교육학은 타 학문에서 도입해 오기만 하는 것이 아니고, 교육현실에 대한 연구지식을 자체적으로 생산해 내어야 하기 때문이다. 미래의 교육자들에게 이러한 지식 내적 근거들은 어쩌면 피상적 논거로 들릴 수도 있다. 그러나 교육의 실천가들에게도 방법론을 탐구해야 할 두 가지 명백한 이유가 존재한다. 첫째, 그들 역시 자신의 직업적 일상 속에서 연구의 결과들, 예를 들자면, 청소년 지원 통계들 또는 성인의 정치적 성향에 대한 조사의 결과들을 마주하게 될 것이다. 이러한 연구 결과의 지표들을 제대로 이해하는 것은 여러모로 도움이 된다. 둘째, 자신이 하는 일의 가능성을 개선하기 위하여 자신의 작업 영역 속의 실제적 문제들, 예를 들면 방과후학교나 상담프로그램에 관한 설문 등에 관한 사실들을 기록하는 일은 꼭 필요한 일이다. 이러한 자료들은 각자가 직접 수집하여 그로부터 유용성을 추출하여야 한다. 이렇듯 미래의 교육 실천가는 경험연구의 역량을 갖출 필요가 있다(Tenorth/Lüders, 1994: 520).

II.

이 책에서는 다양한 교육학 이론의 흐름 및 교육학의 다양한 방법론들이 두 개의 장으로 나누어 소개될 것이다. 물론 교육학의 이론 형성과 방법론적 접근의 질문들은 서로 밀접하게 관련되어 있지만, 이들 모두를 세세하게 다 기술할 수 없다는 이유에서 그리고 아래에서 소개하게 될 모든 교육학의 이론과 접근들이 그에 해당하는 연구방법론적 구상을 명시적으로 제시하고 있지는 않다는 이유에서이다.

제 I장에서는 20세기의 교육학 이론과 흐름을 개괄하고자 한다. 이것은, 이 시기에 들어서야 교육학이 독립적이자 여타 분야와 대등한 분야로 대학 내에서 자리잡게 되었기 때문이다. 아울러 이 시기에 처음으로 전통적 교육학(Pädagogik)에서보다 더욱 학문적 성격과 연구적 성격이 강조된 교육과학(Erziehungswissenschaft)이라는 개념이 등장하였기 때문이다(Benner, 1991: 123). 넓게 보자면, 이들은 특히 바이마르 공화국 시기에 전성기를 맞았던 두 가지 주요 흐름이며, 제 I장에서 상세하게 소개될 것이다.

그 첫 번째 흐름은 정신과학적 교육학으로서, 이것은 슐라이어마허(F. Schleiermacher)와 딜타이(W. Dilthey)의 철학적·교육학적 탐구의 전통과 연결된 것이다. 이들은 파시스트적 국가교육학의 시대가 마감된 1945년 이후 서독에서 부흥하게 되었으며, 그 전성기는 1960년대 초반까지 지속되었다. 그 두 번째 흐름은 경험적 교육과학으로서, 이 흐름은 20세기 초반 교육학의 학문적 토대와 성격에 대한 여러 논의가 이어진 이후, 특히 1960년대 중반에 있었던 교육개혁 이후 서독의 교육학 이론과 연구에서 큰 주목을 받았다.

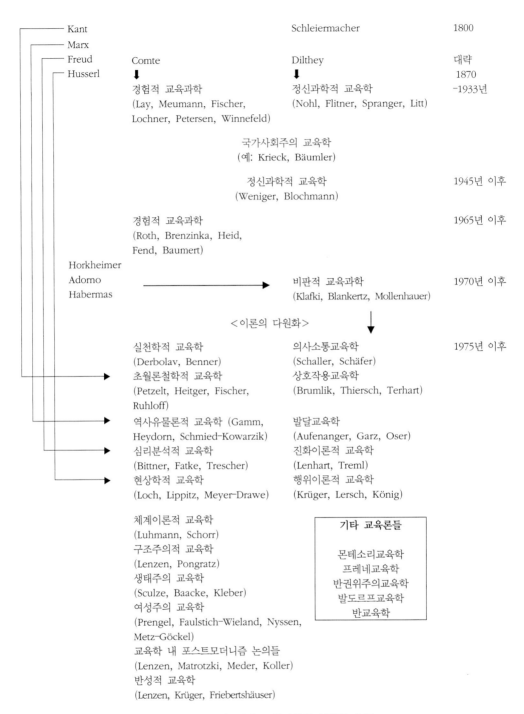

Kant	Schleiermacher	1800
Marx		
Freud	Comte	Dilthey	대략
Husserl		1870

Comte ↓
경험적 교육과학
(Lay, Meumann, Fischer,
Lochner, Petersen, Winnefeld)

Dilthey ↓
정신과학적 교육학
(Nohl, Flitner, Spranger, Litt)

대략
1870
-1933년

국가사회주의 교육학
(예: Krieck, Bäumler)

정신과학적 교육학
(Weniger, Blochmann)

1945년 이후

경험적 교육과학
(Roth, Brenzinka, Heid,
Fend, Baumert)

1965년 이후

Horkheimer
Adorno
Habermas　　　　───────────▶　비판적 교육과학
(Klafki, Blankertz, Mollenhauer)

1970년 이후

<이론의 다원화>

실천학적 교육학
(Derbolav, Benner)
초월론철학적 교육학
(Petzelt, Heitger, Fischer,
Ruhloff)

의사소통교육학
(Schaller, Schäfer)
상호작용교육학
(Brumlik, Thiersch, Terhart)

1975년 이후

역사유물론적 교육학 (Gamm,
Heydorn, Schmied-Kowarzik)
심리분석적 교육학
(Bittner, Fatke, Trescher)
현상학적 교육학
(Loch, Lippitz, Meyer-Drawe)

발달교육학
(Aufenanger, Garz, Oser)
진화이론적 교육학
(Lenhart, Treml)
행위이론적 교육학
(Krüger, Lersch, König)

체계이론적 교육학
(Luhmann, Schorr)
구조주의적 교육학
(Lenzen, Pongratz)
생태주의 교육학
(Sculze, Baacke, Kleber)
여성주의 교육학
(Prengel, Faulstich-Wieland, Nyssen,
Metz-Göckel)
교육학 내 포스트모더니즘 논의들
(Lenzen, Matrotzki, Meder, Koller)
반성적 교육학
(Lenzen, Krüger, Friebertshäuser)

기타 교육론들
몬테소리교육학
프레네교육학
반권위주의교육학
발도르프교육학
반교육학

〈그림1〉 교육과학의 이론적 흐름

정신과학적 교육학의 결실은 정신과학적 교육학의 부흥에서 그치지 않았다. 1970년대 초에 형성된 이후 교육과학의 세 번째 주요 흐름으로 자리잡게 된 비판적 교육과학의 모든 대표적 학자들은 정신과학적 교육학 전통이 배출한 인물들이다. 학생운동이라는 정치적 움직임으로부터 영향을 받았고, 아울러 이른바 프랑크푸르트 학파의 사회철학적 연구들, 그중에서도 특히 하버마스(J. Habermas)의 연구로부터 동기가 부여된 비판적 교육과학은 수년 동안 서독의 교육학 논의를 주도하였다. 비판적 교육과학의 몇몇 근본 사유에 의거함과 동시에 워츨러윅(P. Watzlawick)의 의사소통이론, 미드(G.H. Mead)의 상징적 상호작용론, 피아제(J. Piaget)와 콜버그(L. Kohlberg)의 발달이론, 하버마스의 사회진화론 등 관련 이론들을 수렴하는 가운데, 비판적 교육과학은 1970년대와 1980년대에 몇몇 새로운 이론적 변형들을 이루어 내었다. 이 새로운 이론들은 의사소통적 교육학, 상호작용적 교육학, 발달교육학, 진화적·행위이론적 교육학 등의 명명하에 구체적인 이론으로 제시되었다.

1980년대 이후의 교육학 이론의 지형은 다원화(Pluralismus)라는 용어로 표현될 수 있을 것이다. 비판적 교육과학이 계속하여 주도하는 가운데, 전통적 교육학 경계 바깥의 정신사적 전통들에 바탕을 둔 일군의 다양한 교육학적 구상들이 등장하였다. 칸트(I. Kant)의 철학으로 돌아가서 그로부터 구안해 낸 실천학적 교육학 또는 초월론철학적 교육학이 있었고, 아울러 마르크스(K. Marx)의 사회이론 및 역사이론으로부터 구안된 역사유물론적 교육학이 등장하였다. 이 역사유물론적 교육학은 마르크스-레닌주의가 국가이데올로기로 전제되어 있던 동독 사회의 교육학 분야에서 몇몇 학자들에 의해 이론적 발달을 이룬 결과였다(Kirchhöfer, 1994). 이에 더하여 프로이트(S. Freud)의 연구를 수렴한 정신분석적 교육학, 그리고 후설(E. Husserl)의 현상학 전통을 수용한 현상학적 교육학도 이 시기에 등장하였다.

이에 더하여 교육학 내부에서 새로운 이론적 시도들도 이루어졌는데, 루만(N. Luhmann)이 자신의 체계이론에 의거하여 제안한 체계이론적 교육학 그리고 프랑스 구조주의에 바탕을 둔 구조주의적 교육학 등이 그 예들이다(Lenzen, 1994: 35). 아울러 교육학 외부에서 새롭게 생성된 사회적 운동들(환경운동, 여성운동 등)의 영향으로 생겨난 교육학 이론 논의들도 있었는데, 생태주의 교육학과 여성주의 교육학이 여기에 속한다. 그리고 1980년대 들어 더욱 부각되었던 근대성의 사회의 위기 현상에 대하여 포스트모던적 형태의 교육학 이론을 통해 대응하려는 시도들도 생겨났다.

이상에서 간략히 열거한 현대 교육학 이론의 흐름들이 제I장에서 상세하게 소개될 것이다. 그러나 발도르프교육학이나 반교육학(Antipädagogik)과 같은 이른바 교육론들(<그림1>)에 대한 별도의 언급은 생략될 것이다. 이들 대부분은 창시자의 이름이 그대로 붙여진 교육론들로서, 교육학의 이론적 구상의 지위를 득하지 못한 것들이다.

교육학적 이론의 다양한 입장들은 그 각각의 역사적 위치 규정과 함께 소개될 것이다. 즉, 각 이론의 역사적 선구자들, 학문이론적 연결점 및 각 이론의 학파를 대표하는 학자들이 소묘될 것이다. 이와 함께 각 이론의 기본 가정들을 소개한 후, 이 이론들이 어떤 차원과 관점에서 학문적 대상과 연구의 대상들을 고려하였는지, 어떤 방법론적 접근을 선호하였는지 그리고 각 이론에 상응하는 이론 모형이 추구하였던 목표는 어떤 성격의 것이었는지 등의 질문에 답하게 될 것이다. 마지막으로 각 이론적 입장에 대한 비판적 의미부여 및 이 다양한 구상들의 이론적 전개에 대한 안내로 제I장을 맺게 될 것이다.

제II장[1]에서는 반성적 교육과학의 구상 속에서 이론적 질문과 방법적 질문을 엮어서 글을 마무리하게 될 것이다. 이 반성적 교육과학은 방법론적으로는 비판적 교육연구의 모델에 기반을 둔 것이며, 과거의 또는 현재의 연구에서 발견되는 양적·질적 연구 자료와 절차를 동시에 고려한 것이다.

이 책은 필요에 따라 각 장 또는 각 단락만을 읽거나 혹은 또는 순서에 구애받지 않고 읽을 수 있도록 구성되어 있다. 누군가 교육과학의 특정한 분야에 대해 관심을 갖고 있다면, 그에 해당하는 장을 우선적으로 읽어도 좋을 것이다. 그런가 하면 이 책은 교육학의 이론적 흐름에 입문하기 용이하도록 구성되어 있기에, 대학의 강의와 세미나의 기본 텍스트로 활용될 수 있을 것이다.

---

1) [역자 주] 원저의 제II장은 "교육과학의 연구방법론"에 할애되었지만, 본 번역서에서는 저자와의 협의하에 해당 부분을 제외하였다. 아울러 원저의 "서문(2012)" 속 "교육과학의 연구방법론"에 관련된 두 문단 역시 저자의 요청에 따라 포함하지 않았음을 밝혀둔다. 이에 따라 본 번역서의 제II장은 원저의 제III장에 해당하는 내용이라는 점을 일러두고자 한다.

Benner, D.: Hauptströmungen der Erziehungswissenschaft. Weinheim³ 1991.

Deutsche Gesellschaft für Erziehungswissenschaft: Strukturmodell für die Lehrerbildung im Bachelor-Master-System. In: Erziehungswissenschaft 16 (2005), S. 27-35.

Faulstich-Wieland, H./Faulstich, P. (Hrsg.): Erziehungswissenschaft. Ein Grundkurs. Reinbek 2008.

Kirchhöfer, D.: Das Paradigma der materialistischen Dialektik in den Erziehungswissenschaften. In: Müller, D.K. (Hrsg.): Pädagogik, Erziehungs -wissenschaft, Bildung. Köln/Weimar/ Wien 1994, S. 93-116.

Krüger, H.-H.: Bilanz und Zukunft der erziehungswissenschaftlichen Biographiefbrschung. In: Krüger, H.-H./Marotzki, W. (Hrsg.): Erziehungs- wissenschaftliche Biographiefbrschung. Opladen 1995, S. 32-54.

Krüger, H.-H.: Stichwort: Qualitative Forschung in der Erziehungswissen- schaft. In: Zeitschrift für Erziehungswissenschaft 3 (2000), H. 3, S. 323-342

Krüger, H.-H./Grunert, C. (Hrsg.): Wörterbuch Erziehungswissenschaft. Opladen ²2006.

Krüger, H.-H./Marotzki, W. (Hrsg.) Handbuch erziehungswissenschaftliche Biographieforschung. Wiesbaden² 2006

Krüger, H.-H./Rauschenbach, T. u.a.: Diplompädagogen in Deutschland. Weinheim/München 2003.

Lenzen, D.: Erziehungswissenschaft - Pädagogik. In: Lenzen, D. (Hrsg.): Erziehungswissenschaft. Ein Grundkurs. Reinbek 1994, S. 11-41.

Tenorth, H.E./Lüders, Ch.: Methoden erziehungswissenschaftlicher Forschung 1: Hermeneutische Methoden. In: Lenzen, D. (Hrsg.): Erziehungswissenschaft. Ein Grundkurs. Reinbek 1994, S. 519-542.

차 례

I

교육학의
다양한
구상과 이론

독일 교육학의 전통과 갈래

I.1. 정신과학적 교육학

I.1.1. 등장 맥락과 활동

1920년대 딜타이의 철학을 배경으로 발전한 정신과학적 교육학은 오늘날까지 가장 널리 알려져 있고 가장 큰 성과를 낸 독일 교육학의 흐름이라고 할 수 있다. 정신과학적 교육학은 1920년대 중반부터 1933년까지, 그리고 1945년부터 1960년대 초반까지 독일 내지는 서독에서 가장 영향력있는 교육학의 방향이었을 뿐만 아니라, 대표적인 다른 교육학의 방향들도 정신과학적 교육학의 기본입장과 논쟁하면서 생겨나고 발전하였다. 정신과학적 교육학의 1세대를 대표하는 학자로는 프리샤이젠-쾰러(M. Frischeisen-Köhler, 1878-1922), 노올(H. Nohl, 1879-1969), 리트(T. Litt, 1880-1962), 슈프랑어(E. Spranger, 1882-1963)가 있다. 2세대를 대표하는 학자들도 많지만, 여기에서는 플리트너(W. Flitner, 1889-1990), 베니거(E. Weniger, 1894-1961)를 소개하기로 한다. 1세대와 2세대 대표적인 학자들의 생애와 주요 저술을 소개하면 다음과 같다.

Herman Nohl

노올은 1879년 베를린에서 김나지움 교사의 아들로 태어났다. 그는 아비투어를 치르고 베를린 대학에 입학하여 1904년 딜타이에게서 『소크라테스와 윤리학』이라는 주제로 박사학위를 취득하였다. 그로부터 4년 후 노올은 예나 대학에서 교수자격 논문을 제출하고 교수자격을 취득하여 철학 강사가 되었다. 노올은 1915년 군인으로 징집되어 제1차 세계대전에 참전하였고, 전쟁이 종료된 후 예나 시민대학을 공동으로 설립하였다. 1922년 노올은 괴팅겐 대학에 신설된 교육학과 정교수로 초빙되었고, 1928년부터 1933년까지 팔라트(L. Pallat)와 함께 『교육학 안내서』를 출판하였다. 노올은 그 책의 내용 중 "독일의 교육운동, 빌둥이론, 교육인간학"을 집필하였으며, 이것은 훗날 여러 권의 단행본으로 출판되었다. 1937년 노올은 국가사회주의 권력자들에 의해 제자들이 자리를 박탈당한 이후 강제로 퇴직당했다가 전쟁이 끝난 후 복직하여 1949년 은퇴하였다(Geißler, 1979).

리트는 1880년 뒤셀도르프에서 김나지움 교수[1])의 아들로 태어나 김나지움을 졸업하고 본(Bonn) 대학에 입학하여 고전어, 역사, 철학을 공부했다. 리

---

1) [역자 주] 김나지움 교수: 문화주권이 연방정부가 아니라 주(Land)에 있기 때문에 상이하기는 하나, 1970년대까지만 하더라도 주에 따라 부여하던 직명이다. 1871-1918년 독일 제국시기에 교사가 되기 위한 국가시험에 합격하면 몇 단계의 직명이 수여되었는데, 김나지움 교수 후에 김나지움 교장으로 임명될 수 있었다.

트는 1904년부터 1918년까지 쾰른과 본에서 김나지움 교사로 활동하였고 1919년 본 대학의 교육학 교수가 되었다. 리트는 1920년 슈프랑어의 후계자로 라이프치히 대학의 철학 및 교육학 교수로 초빙되었다. 그는 1933년까지 13년 동안 출판 활동에 전념하였는데, 그 기간에 가장 주요한 논문과 저서인 "교육적 사고의 본질"(1921)과 『이끌 것인가 또는 성장하게 둘 것인가』(1927)가 출판되었다. 리트는 1933년 이후 여러 글을 통해 학문이 국가 사회주의자들에 의해 이용되는 것을 비판하였고, 1937년 본인의 희망에 따라 조기 은퇴하였다. 그는 제2차 세계대전이 끝난 후 라이프치히 대학의 철학 교수로 초빙되었고, 1947년 본 대학으로 자리를 옮겼다. 리트는 본 대학에서 정년퇴직을 한 후에도 계속해서 강연과 출판 활동을 하였다(Klafki, 1979).

Theodor Litt

슈프랑어는 1882년 베를린에서 상인의 아들로 태어나 아비투어를 치르고 베를린 대학에 입학하여 딜타이와 파울젠(F. Paulsen)에게서 철학을 공부하였다. 그는 1905년 "정신과학의 토대"라는 인식론적 논문으로 박사학위를 취득하였고, 1909년 "빌헬름 훔볼트와 인간성 이념(Humanitätsidee)"이라는 제목의 교수자격 논문을 제출하였다. 슈프랑어는 1911년 가을 라이프치히 대학에서는 처음으로 철학과 교육학을 가르치는 교수가 되었고, 1919년 여름 베를린 대학으로 자리를 옮겼다. 그는 1919년 출판된 저서 『교사교육에 관한 사유』에서 교사교육의 방향성을 제시하면서 초등학교 교사교육을 위한 독립적인 교육학 아카데미를 설립할 것을 촉구하였다. 이러한 그의 생각은 1920년 중반부터 프로이센의 문교부 장관이었던 베커(C.H. Becker)의 조언자로 활동하면서 실현될 수 있었다. 1924년 그의 유명한 저서인 『청소년 심리학』이 출판되었다. 국가사회주의 기간 동안 슈프랑어의 활동은 가르치는 일과 학문적인 작업으로 제한되었다. 그는 무엇보다도 감각심리학과 문화이론에 관한 작업을 계속하였다. 슈프랑어는 제2차 세계대전이 끝난 후 튀빙엔 대학으로 자리를 옮겨 1954년까지 그곳에서 교수직을 수행했다. 그는 1951년부터 1957년까지 독일 연구공동체의 부회장을 지냈고, 교육대학을 설립할 당시 서독 여러 주의 문교부 자문가로 활동 하였다(Löffelholz, 1979).

Eduard Spranger

플리트너는 1889년 바이마르 근처의 베르카에서 철도공무원의 첫째 아들로 태어나 김나지움을 졸업한 후 뮌헨 대학에서 학업을 시작하였고 예나 대학에서 그 당시 강사였던 노올에게 수학하였다. 그는 1908년[2] 예나대학에서 "아우구스트 루드비히 휠젠과 자유인 연합"이라는 주제의 논문으로 박사학위

Wilhelm Flitner

를 취득하였다. 플리트너는 1914년 포병대에 지원하였고, 제1차 세계대전이 끝난 후 예나에서 고등학교 교사로서 일하면서 새로 설립된 야간 시민대학을 무보수 명예직으로 운영하였다. 이와 관련하여 그는 『일반인 교육(Bildung)』(1921)이라는 책을 집필하였는데, 그로 인해 성인교육 논쟁에 휩쓸리게 되었다. 플리트너는 1926년 키일 교육학 아카데미의 초빙으로 교수가 되었고, 3년 후 함부르크 대학의 교수가 되어 그 대학에 교사교육 전공을 설치하였다. 그는 1933년 교육학에 대한 자신의 기본 생각을 『체계적 교육학』으로 요약하여 출판하였고, 이 책은 보완되고 확장된 형태로 1950년 『일반교육학』으로 재출판되어 교육학의 기본 도서가 되었다. 플리트너는 국가사회주의 시기에 행했던 강연에서 괴테의 인본주의 또는 페스탈로치의 국가교육학과 같은 비대중적인 주제 또는 역사적인 문제를 다루었다. 그는 제2차 세계대전이 끝난 후부터 1957년 은퇴할 때까지 김나지움 수업개혁과 대학 졸업 자격에 관한 논의에서 적극적이었던 서독 대학총장협의회의 학교위원회와 같은 다양한 교육정책 위원회에서 활동하였다(Scheuerl, 1979 참조).

Erich Weniger

에리히 베니거는 1894년 하노버 근처의 슈타인호르스트에서 개신교 목사인 헤르만 베니거의 여섯 명의 자식 중 첫째로 태어났다. 그는 아비투어를 치르고 1914년 포병으로 지원할 때까지 튀빙엔 대학에서 1년간 역사와 철학을 공부하였다. 베니거는 1919년 괴팅겐 대학에서 학업을 이어갔고, 박사학위 취득 전인 1921년 노올을 통해 괴팅겐 청소년 시민대학의 책임자 자리를 맡게 되었다. 그는 1923년 초 노올의 조교가 되어 그와 함께 딜타이의 업적을 출판하는 일을 하였고 1925년 "사회사업 길드"[3]의 창립 회원이 되었다. 그 외에도 베니거는 성인교육을 통해 국민통합을 복원하려고 했던 "호엔로트 연맹[4]"에서 플리트너와 함께 활동하였다. 그는 『역사 수업의 토대』(1923)라

---

2) [역자 주] 플리트너가 박사학위를 취득한 해가 "1912년"이라는 기록도 있다. Heiland, H. (1989). Wilhelm Flitner. Zum 100. Geburtstag am 20.8.1989. *Erziehen heute* 39(2), S. 25.

3) [역자 주] Gilde Soziale Arbeit: 1920년대 경제적이고 사회적인 어려움에 처한 사람들을 돕고자 전개된 사회교육 운동이 동인이 되어 설립된 조합이다. 독일에서 사회교육은 곤경에 처한 사람을 돕는 교육을 의미한다.

4) [역자 주] Hohenrodter Bund: 시민교육을 위해 활동하고 있었던 사람들의 단체로 시민교육의 새로운 방향을 모색하기 위한 첫 회의가 개최되었던 장소인 슈바르츠발트(Schwarzwald)에 있는 호엔로트(Hohenrodt)에서 유래하였다.

는 주제로 교수자격 논문을 제출하고, 3년 후 키일 교육학 아카데미의 초빙으로 교육학 및 철학 교수가 되었다. 베니거는 1년 후 알토나에 새로 설립된 교육학 아카데미의 기관장이 되었고, 1932년 프랑크푸르트에 있는 교육학 아카데미의 교수로 자리를 옮겼다. 그는 1920년대 후반 주요 연구물인 "교육에서 이론과 실천", "일반교수학과 교육론"을 출판하였고, 1933년 "정치적으로 신뢰할 수 없다"는 이유로 국가사회주의자들에 의하여 해고되었다. 베니거는 개인적인 노력으로 1934년 교사로 복직하지만, 1935년에서 1938년까지 나치의 학문·예술·시민교육부에 의하여 『방위력 교육과 전쟁 경험』(1938)이라는 책을 집필하도록 면직당한다. 베니거의 이런저런 군사교육적 저술들은, 비록 그가 나치 정부와 거리를 두고 반대편에 있었다 하더라도, 나치 정부에게는 체제를 확고히 하는 데 가치가 있었다. 베니거는 1943년부터 슈튈프나겔(C.-H.v. Stülpnagel) 장군을 중심으로 한 저항 세력의 일원이 되었다. 그는 1946년 괴팅겐에 새로 설립된 교육대학의 학장이 되었고, 1949년 노올의 후계자로 괴팅겐 대학의 교육학 교수가 되었다. 베니거는 1961년 은퇴할 때까지 다양한 교육정책 위원회에서, 무엇보다도 독일 교육제도 위원회에서 정치교육, 초등학교 교원양성, 성인교육의 과제, 교육학 주전공과정 설립에 관한 소견서 작성에 적극적으로 관여하는 등 활발한 활동을 하였다(Gaßen, 1990).

이상에서 살펴본 정신과학적 교육학을 대표하는 주요 학자들의 전기를 통해서 분명하게 알 수 있는 것은, 그들이 교육 문제를 학문적으로 다루는 일에 집중하기 시작한 것은 제1차 세계대전 이후라는 것이다. 물론 슈프랑어는 이미 1911년 철학 및 교육학 교수직을 가지고 있었고, 그의 초기 훔볼트 연구들은 19세기 초의 교육(Bildung)을 이해하는 데 중점을 두었다. 리트도 김나지움 교사로서 교육학적-실천적 문제들에 대해 고민을 해야만 했다. 그럼에도 불구하고, 새로운 교육학의 토대를 세우려는 아이디어는 그들의 중심적인 관심사가 아니었다. 제1차 세계대전은 관료주의 국가에서 당연시되던 낡은 지식이 해체되는 사회적 변화과정을 가져왔고, 이를 통해서 비로소 교육학적 사고의 새로운 토대구축을 위한 동인이 분출되었다. 노올은 1918년 자신의 소논문에서 이렇게 언급하였다: "우리 국민의 불행을 치유하기 위한 수단은 청소년을 더 높고, 더 대담하고, 더 창의적인 성취로 이끄는 새로운 교육밖에 없다"(Klafki, 1991: 56). 그리고 리트는 외스트라이히(P. Oestreich)에게 보낸 편지에서 다음과 같이 언급하였다. "나의 문화철학적이고 교육학적

제1차 세계대전 이후
교육학으로 전환

인 사고 전체의 뿌리와 동력은 다름 아닌 1914년 이래로 한 방향으로 질주하였던 국민의 운명에 대한 체험과 전망이 내 속에서 불러낸 깊은 충격에 기인하였다"(Klafki, 1991: 56). 정신과학적 교육학의 설립자들은 전쟁과 사회적이고 문화적인 위기 발생의 근본적인 원인을 역사-정치적인 분석에서 드러내는 것에 성공하지는 못했다. 그 이유는 그들이 교양시민계층의 사회화 공간에서 성장하여 그들의 사고가 독일 이상주의 전통에 사로잡혀 있었기 때문이다. 그들은 위기가 새로운 정치 시스템이나 정당에 의하여 극복될 수 있다고보기보다는, 단어의 포괄적 의미에서 국민교육을 통해서, 즉 교육받은 사람(gebildete)과 교육받지 못한 사람(ungebildete)의 분리를 극복할 수 있는 새로운 국민·문화·삶의 이상을 전개함으로써 가능하다고 보았다(Tenorth, 1989: 112).

개혁교육학과의 관계 그 때문에 정신과학적 교육학이 바이마르 공화국 시기에 융성했던 개혁교육학5)과 유사성을 갖고 있다는 것 역시 그리 놀랄 일은 아니다. 플리트너는 스스로 청소년 운동에 참여하였고, 노올, 베니거와 함께 시민대학 운동에도 참여하였다. 노올과 베니거는 유치원 교육학을 포괄하는 사회교육 운동에도 관여하였다. 이러한 실천적 참여를 넘어 노올은, 그와 함께한 플리트너와 베니거와 마찬가지로, 정신과학적 교육학을 우선적으로 이러한 교육운동의 이론으로 이해하였다. 그는 이러한 교육운동이 정신과학적 교육학에 학문적 독자성을 부여한다고 보았다(Nohl, 1988). 오직 리트만 개혁교육학의 주도적인 사상에 회의적인 태도를 취하였고, 이론가로서 이러한 운동이 리트 자신의 견해에 따라 채색된 개혁 요구들로 자기비판적인 수정을 하도록 돕고자 하였다(Klafki, 1991: 60).

---

5) [역자 주] 개혁교육학(Reformpädagogik)은 개혁교육운동(reformpädagogische Bewegung)으로도 불리운다. 이것은 18세기 말에서 20세기 전환기에 유럽과 구미지역의 교육계를 지배했던 신교육운동(New Education Movement)의 흐름 속에서 독일 역시 당시의 획일적이고 권위적인 학교와 교육을 비판하여 개선하고자 했던 움직임이었다. 그 유형은 아동으로부터의 교육(Pädagogik vom Kinde aus), 전원기숙사학교운동(Landerziehungsheimbewegung), 노작학교운동(Arbeitschulbewegung), 예술교육운동(Kunsterziehungsbewegung) 등의 형태로 나타났으며, 그 안에 담겨진 교육학적 사유는 학교 교육의 대안 모델로 등장한 발도르프학교(Waldorfschule), 몬테소리학교(Montessorischule) 등과 같은 실험학교의 교육학적 기반을 마련해 주었다.

정신과학적 교육학을 대표하는 학자들의 전기 분석은 또한 그들이 새로운 학술정책적,
전문직업정책적,
교육정책적 활동
교육학 이론의 토대를 확립하려고 노력했을 뿐만 아니라, 학문과 직업 활동
에 있어서도 정치적이었다는 것을 보여준다. 노올은 팔라트(L. Pallat)와 함께
『교육학 안내서』를 편집하였고, 1925년 리트, 슈프랑어, 플리트너, 그리고 뮌
헨의 교육학자 피셔(A. Fischer)와 함께 학술지 *Die Erziehung*을 창간하였다.
이 학술지는 새로운 교육학이 등장하는 시기에 학문으로서의 교육학 이해를
위한 토론의 장이 되었다. 슈프랑어는 교육정책 자문 활동을 통해 국민학교
교사세미나가 프로이센에서 교육학 아카데미로 전환되어 그 가치를 높이는
데 기여하였다. 노올은 교육학의 맥락에서는 처음으로 1920년대 중반 괴팅겐
대학에 사회복지사 양성을 위한 상급 학업과정을 설치하였다(Gängler, 1994:
233). 정신과학적 교육학을 대표하는 학자들은 교육정책과 청소년 정책의 영
역에서 유사하게 다양한 활동을 하였다. 슈프랑어는 1920년대 공적인 교육제
도에서 직업 준비에 반대하는 제한적인 사고를 제거하려고 시도하였던 교육
이론에 관한 저술을 통해 20세기에 직업학교가 관철되는 데 결정적인 조건
을 마련하였다. 노올과 플리트너는 성인교육과 사회교육학의 문제를 자신들
의 이론적인 작업에 포함시켰을 뿐만 아니라, 학교 밖의 교육활동 분야들이
자리를 잡고 확장되는 과정에 적극적으로 참여하였다. 1945년 이후 정신과학
적 교육학의 설립자들과 (1950년대에 대학에서 학문이력을 지속할 수 있었거나 시
작하였던) 그들의 제자인 블로흐만(E. Blochmann), 가이슬러(G. Geißler), 클라
프키(W. Klafki), 몰렌하우어(K. Mollenhauer), 티어쉬(H. Thiersch) 등은 다양한
차원에서 학문적, 전문직업적, 교육정책적 참여를 계속 이어갔다.

지금까지 정신과학적 교육학이 한 갈래의 교육학으로 보일 수 있는 모습을 이론적·정치적 차이
제한적으로나마 제시하였다. 그러나 이러한 이론 방향의 설립자들이 그 기본
입장에는 일치한다 하더라도, 이들 간에도 차이도 존재한다는 점을 간과해서
는 안 된다. 그 차이는 첫째, 1920년대 초 완전히 구별되었던 슈프랑어와 같
은 해석학적 신칸트주의자, 리트와 같은 형식사회학자, 노올과 같은 미학적
생철학자의 학문이론적 출발점과 관련된다(Oelkers, 1991: 32).

둘째, 바이마르 공화국과 국가사회주의에 대한 정치적 입장과 관련된다.
클라프키(Klafki, 1991: 65)의 평가에 따르면, 정신과학적 교육학의 설립자 그
룹에서 바이마르 공화국 시기에 명백하게 민주주의의 입장을 일관되게 대변
하였던 인물은 없었다. 클라프키는 리트와 베니거를 "이성적 공화주의자"라

고 특징지었다. 리트는, 자유적-보수적 기본입장에서, 다양한 출판물에서 국가사회주의에 반대하는 입장을 분명하게 표명하였다. 그와 반대로 플리트너와 슈프랑어, 그리고 부분적으로 노올은 국가사회주의 지배 초기에 국가사회주의를 지지하거나 그에 순응하는 집단들의 본래 의도에 대한 환상적인 오해에서 일시적으로 자신들의 교육학적이고 정치적인 상상의 많은 부분이 국가사회주의와 조화될 수 있거나 나치 체제에서 계속해서 유지될 수 있을 것이라고 믿었다. 그러나 이들은 이러한 환상에서 즉시 벗어났다. 베니거는 개인적으로 나치-체제와 거리를 두면서 대립적인 위치에 있었다. 그러나 1938년 출판된 『방위력교육과 전쟁 경험』은 그 시기에 실제로 체제를 확고히 하는데 영향을 미쳤다(Gaßen, 1990: 442). 제2차 세계 대전 동안 베니거, 리트, 슈프랑어는 국가사회주의에 대항하는 군사적이고 보수적인 집단들과 접촉하였다.

정신과학적 교육학의 대표적 학자들은 전쟁 후 서독에서 민주적인 대학제도와 교육제도를 구축하는 데 적극적으로 참여하였다. 이 시기에 그들은 교육정책에서 매우 구체적인 입장을 표명하였다. 예를 들어 슈프랑어는 1955년 출판한 『국민학교의 고유정신』에서 이러한 학교 형태를 단순 직업을 위한 표준학교로 설립하고 합법화할 것을 주장한 반면, 베니거는 1950년대 후반 교육 정책적인 글들을 통해 학교제도의 민주화를 위하여 전력 투구하였다(Thiersch, 1983: 87-88). 전후 시기와 관련하여 여전히 불편한 부분은, 이러한 이론 방향을 대표하는 학자들이 제3제국[6] 시기의 정신과학적 교육학의 양가적(兩價的) 역할을 자기비판적으로 철저히 규명하는 일을 소홀히 했다는 것이다(Klafki/Brockmann, 2002).

딜타이의 영향   이상에서 요약하여 살펴본 정신과학적 교육학을 대표하는 학자들 사이의 학문적이고 정치적인 차이에도 불구하고 공통적인 것은 무엇인가? 이 물음에 답하기 위해서는 정신과학적 교육학이 세기전환기의 정신과학적이고 문화철학적인 요구의 유산이므로 20세기 초로 시간을 되돌리는 것이 필요하다. 정신과학의 이론적 토대구축에 영감을 준 아이디어는 1882년부터 1911년까지 베를린 대학의 교수로 철학을 강의하였던 딜타이로부터 시작된다. 딜타이의 사유는 정신과학적 교육학의 창립자들에게 직접적인 영향을 미쳤다. 왜냐하

---

6) [역자 주] 제 3제국: 기독교 신학에서 미래의 이상 국가를 의미하는 개념으로 사용된 용어이다. 제 1제국은 신성로마제국을, 제 2제국은 독일제국을, 그리고 나치독일이 제 3제국을 의미한다.

면 노올과 프리샤이센-쾰러가 딜타이에게서 박사학위를 취득하였고, 슈프랑어와 추측컨대 리트도 그에게서 수학하였기 때문이다(Klafki, 1991: 69). 그와 반대로 플리트너와 베니거는 딜타이 이론과의 논쟁을 위한 결정적인 동인을 자신들의 스승인 노올을 통해서 얻었다. 정신과학적 교육학의 이론형성에 결정적인 영향을 미친 것은 역사적으로 접근하는 정신과학적 교육학에 관한 딜타이의 고유한 연구물이 아니었다. 이러한 연구물은 1920년대에는 아직 대부분이 출판되지 않은 상태였다. 정신과학적 교육학의 이론형성에 결정적인 영향을 미친 것은 오히려 딜타이의 정신과학 이론과 생철학이었다.

I.1.2. 정신과학적 교육학을 위한 이론적 지평으로서 딜타이의 정신과학 이론과 생철학

딜타이는 현대 정신과학들의 창립자로 대표될 수 있다. 여기에서 창립은 딜타이가 이러한 학문들이 더 발전되어야만 한다고 생각하였다는 것을 의미하지 않는다. 오히려 19세기의 진행 과정에서 정신과학적 심리학과 교육학을 제외하고 역사학, 고고학 또는 언어학과 같이 역사적으로 연구된 정신과학적 학문들이 크게 발전하였다. 1880년 이후에 출판된 딜타이의 저술들은 무엇보다도 이러한 학문의 학문적 특성을 자연과학과 구분해서 설명하려고 하였다(Dilthey, 1993/1907). 여기서 딜타이는 한편으로 인식은 그 출발점을 경험에서 취해야 하고 전체의 정신적 삶은 역사적인 시각에서 고려되어야 한다고 요구했던 랑케(L.v. Ranke) 또는 트렌델렌부르크(F.A. Trendelenburg)와 같은 자신의 학문적 스승이 숙고했던 것을 실마리로 삼았다. 다른 한편으로 딜타이는 자신이 정신과학의 철학적 토대를 놓기 위해서 노력했다는 점에서 이러한 역사학파의 대표자들과 자신을 구분하였다. 더 나아가 딜타이는 역사학파에서 언급하는 정신적 삶의 역사적 상대화를 상대적인 것 속에서 어떤 일반적인 것을 발견하고 그로부터 역사적인 의미를 도출하려는 시도와 결합하였다(Lübcke, 1992: 54).

딜타이의 연구가 있기 전에는 학문이론에서 오로지 수학과 자연과학들이 학문적 사고의 모델로서 유효했다. 정확히 말하면 칸트가 18세기 말『순수이

> 정신과학의 철학적 토대 놓기

성비판』(1781)에서 그러한 학문들에게 제시하였던 이론적 토대의 의미에서 유효했다. 칸트와 달리, 그리고 콩트(A. Comte, 1798-1857)와 같이 정확한 자연과학적 지식 모델을 모든 객관적인 인간 인식의 모범으로 설명하였던 동시대의 실증적인 학문이론 대표자들과 달리, 딜타이는 정신과학의 독자성을 강조하였다(Hermann, 1971: 79). 즉, 인간 그리고 인간의 정신적 삶은 자연으로 소급될 수 없고, 인간이 역사적으로 거기에 있음으로부터 해석되어야만 한다는 것이다. 딜타이에 따르면 정신과학의 방법론적 모범은 실험적으로 검증되고 수학적으로 형식화될 수 있는 법칙성이라는 의미에서의 설명이 아니라, 인간적인 행위의 의미와 중요성을 이해하는 것이다. 이와 관련하여 딜타이는 "우리는 자연을 설명하고, 정신적인 삶을 이해한다"(Dilthey, 1962: 143)라는 유명한 말을 남겼다. 정신과학의 중심적인 방법과 인식의 목적으로서 이해는 인간적-역사적 세계의 의미 연관 및 영향 관계를 꼼꼼하게 검토하여 도출해 내는 것을 지향한다. 도출해 내고자 하는 것은 인간 세계 밖의 (초월적) "법칙들"이 아니라, 인간에 의해 생산된 의미, 가치부여, 이해관계이다. 정신적-역사적인 세계의 의미 연관 및 영향 관계는 직접적으로 파악되거나 인식될 수 없다. 정신과학이 인식하려는 것은 언제나 인간적인 정신이 객관화된 것들(객관물)을 통해 간접적으로만 접근할 수 있다. 이 객관물은 텍스트, 예술작품, 제도, 관습과 풍속으로서, 이들은 역사적인 조건 아래에 있고 그래서 변할 수 있다(Klafki, 1978(2): 36).

딜타이는 이러한 정신 객관물들의 코드 해독 내지는 의미 내용을 이해하기 위하여 슐라이어마허가 작업했던 것의 연장선에서 정신과학적 이해의 학문이론으로 지칭될 수 있는 해석의 절차, 즉 해석학을 발전시켰다. 슐라이어마허와 유사하게 딜타이는 모든 해석의 주요 문제를 이른바 해석학적 순환에서 보았다. 예를 들어 우리가 어떤 책을 읽는다면, 우리는 개별적인 문장들을 개별적인 문장들에 의해 형성된 전체진술과의 관계에서 이해할 수 있다. 이것은 또다시 더 큰 작품 전체의 부분이다. 한 작가의 전체작품은 확실한 방법에서 그의 전기에 속한다. 전기는 또다시 어떤 사회적인 환경과 어떤 역사적 시기로 편입되어야만 한다. 반대로 어떤 작가의 텍스트 또는 전체작품은 오로지 우리가 그 부분들에 대한 지식을 갖고 있을 때 완전하게 이해될 수 있다. 그러므로 모든 이해는 한편으로는 해당되는 전체의 지식을 전제하고 다른 한편으로는 전체 이해는 개별적인 것에 관한 지식에 의존하는 대립적인

정신과학들의
방법으로서 이해

해석학적인 순환

문제와 만난다. 딜타이는 여기에서 정신적 객관물들을 하나의 유기적인 연관 (연결)의 표현으로 보는 슐라이어마허의 견해를 공유한다. 이러한 유기체적 사고는 우리가 어떤 작가의 전체작품 내지는 어떤 역사적 시기에 대한 진일보하는 지식을 갖고 그 문학작품 또는 그 역사적 사건들을 그 당시 사람들이 성취했던 것보다 더 잘 이해할 수 있음을 내포한다(Lübcke, 1992: 60).[7]

그 외에 딜타이는 모든 개별 정신과학이 공유하는 기본개념들의 체계를 만들어 내는 것이 해석학의 과제이어야만 한다고 요구한다. 칸트가 모든 경험 이전의 인간적인 이성 자체로부터 유래된 선험적(a priori) 범주들을 언급한 것과 달리, 딜타이는 정신과학의 범주들은 선험적이 아니라 삶 그 자체로부터 유래해야 한다고 주장하였다. 정신과학은 인간의 역사적인 삶에 제시하기 위한 목적으로 학문으로서의 범주들을 외부에서 완전히 새롭게 만들어 내지 않는다. 오히려 정신과학은 인간의 실천적 삶의 연관에서 이미 작용하고 있는 범주들을 끄집어내고, 정확하게 규정하고, 학문 이전의 삶 혹은 학문 외적인 삶에서 항상 이미 인간이 실천적으로 생각하던 것을 반성적인 연관으로 가져온다(Klafki, 1978(2): 41).

정신과학의 이러한 독자성 규정에서 이미 딜타이의 철학적 사고의 두 번째 토대, 즉 정신적 삶의 생철학적 의미가 감지된다. 딜타이는 『세계관론』(1931) 연구에서 철학을 생철학으로 규정하려는 노력을 보여준다. 그 철학적 관점은 그의 제자들, 특히 미쉬(G. Misch)에 의해 계속 발전되었다. 딜타이에게 있어서 철학은 사회적이고 역사적인 연관으로부터 분리되어 자족적으로 사고하는 일이 아니다. 철학의 근원은 삶에 있다. 즉, 철학의 근원은 인간적이고 개인적이고 사회적인 경험들의 총체에 있다. 생철학은 두 가지 방식에서 철학과 삶의 결합을 생산해 내고자 한다. 하나는 철학적인 물음의 동기가 삶의 문제로부터 기인한다. 다른 하나는 철학이 개별 학문들·세계관들 및 인간이 삶을 실천하는 전제들과 구조들에 대해 물음을 던지고, 이를 통해 철학은 발

생철학

---

7) [역자 주] "해석학적 순환"과 관련하여 이 책의 저자는 본 번역서의 원저 제II부 "교육과학의 방법론"의 제1장("정신과학적 해석학")에서 단너(H. Danner)의 다음과 같은 도식을 제시하고 있다. 본 번역서에서는 원저의 제II부가 포함되어 있지 않기에, 역자 주를 활용하여 이 도식을 제시하고자 한다. 참고로, 원출처인 단너의 해당 저서는 『독일 교육학의 이해』(조상식 옮김, 2004)라는 제목의 번역서로 국내에 소개된 바 있다.

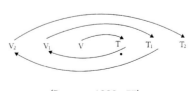

(Danner, 1989: 57)

전하고 있는 삶의 과정에 영향을 미치는 반성적 주무관청으로 이해된다 (Thiersch, 1978: 55; Thiersch, 2006: 348).

뿐만 아니라 딜타이에게 있어서 생철학은 인간의 현실을 관통하는 역사성에 대한 기본가정과 결합되어 있다. 이때 딜타이는 인간의 현실을 경제적이고 사회적인 조건 요소들을 고려하지 않고 단지 관념적이고 정신적인 현실로 제한하여 이해하였다. 나아가 딜타이는 관념적 형태가 아니라 매우 세계적이고 현세적 형태로 생철학의 토대를 세운다. 이 철학의 형태는 특정한 교의 (Glaubenslehre) 또는 형이상학이 어떻게 인간의 세계관들을 특징짓는지를 역사적으로 탐구한다. 그렇다 하더라도 이 철학의 형태는 생철학 그 자체로서, 예를 들어 신의 명령 또는 무시간적으로 유효한 가치체계와 같은 그 어떤 형이상학적 가정들에 의지하지 않는다. 왜냐하면 그것은 삶을 삶 자체로부터 설명하려는 철학의 이해에 반하기 때문이다. 딜타이가 삶의 실천을 철학적으로 재구성할 때 그러한 가치 척도들을 포기하고, 그가 사용한 개념들이 인식 의미가 아닌 단지 표현의미만 갖는다면, 딜타이는 동시에 진실과 거짓의 기준이 될 수 있는 일반적인 범주들을 포기한다(Gadamer, 1960: 216).

I.1.3. 정신과학적 교육학의 학문이론적 전제

철학을 생철학으로 보는 딜타이의 시각과 정신과학에 대한 그의 이해 그리고 그에 의해 만들어진 삶과 이해의 기본개념들은 정신과학적 교육학 설립자들의 사유에 결정적인 영향을 미쳤다(Bollnow, 1989: 54). 딜타이의 영향은 정신과학적 교육학의 근본적인 학문이론적 전제에 작용하였다.

- 딜타이의 의미에서 철학이 삶의 실천으로부터 나와서 그 실천에 영향을 미치는 것과 같이, 교육이론 역시 그에 상응하여 항상 새롭게 교육실천으로부터 나오고 교육실천을 해명하면서 다시 교육실천에 영향을 미치는 반성적 주무관청으로 이해되었다.
- 정신과학적 교육학은 교육행위, 기관들, 이론들을 대상으로 그들의 의미 내용을 해석학적으로 이해하고 해석하려고 시도하였다.

- 생철학이 종교적 또는 형이상학적 전제들을 포기하는 것과 마찬가지로 정신과학적 교육학 역시 이미 주어져 있는 믿음에 대한 가정들과 가치 체계들로부터 시작하지 않고, 역사적 경험으로부터 상대적으로 자율적인 학문의 토대를 세우려고 시도했다.

다음은 정신과학적 교육학의 이러한 세 개의 근본적인 학문이론적 전제에 대한 더 상세한 설명이다.

(a) 이론-실천 관계

교육과 교육학에서 이론과 실천이 어떤 관계에 있는지에 대한 물음을 해명 실천의 근원성
하려 할 때, 정신과학적 교육학을 대표하는 학자들은 무엇보다도 슐라이어마 허의 고찰에 의지하였다. 슐라이어마허는 교육에 관한 저술들에서 교육실천 이 교육이론보다 더 오래되었다는 것을 언급하였다. 이론에 대한 수요가 있 기 오래전부터 인간은 자녀들을 교육했고 그를 위해서 적당한 시설들을 만들 어 냈다. 그로부터 이론에 대한 교육적-사회적 실천의 원칙적인 우선성이 나 온다. 이론의 과제는 그때그때 교육실천의 발전 경향을 개념화하는 것이다. "반작용을 불러일으키는 교육활동과 촉진시키는 교육활동을 이론에서 드러 내고 서로의 관계를 증명하는 것이 우리가 해야만 하는 일이다. 우리는 모든 순간에 행해져야 하는 것을 삶 자체에 양도해야만 한다"(Schleiermacher, 1965: 53). 정신과학적 교육학은 이론에 앞서는 실천의 우위라는 슐라이어마 허의 격언을 따랐다.

베니거는 그의 연구에서 무엇보다도 자주 교육학에서의 이론-실천 관계에 베니거가 제안하는
교육학 이론 형성의
3단계
대해 몰두하였다. 베니거는, 이 주제와 관련하여 "교육적 사유의 본질"(1921) 이라는 제목 하에 리트가 논의한 바에 연결지어서, 자신의 키일 대학 취임 강연 주제인 "교육에서 이론과 실천"(1929)에서 이미 이론-실천 관계에 대한 첫 학문이론적 논의를 제시하면서 교육이론 형성의 3단계를 구분하였다. 우 선 첫 단계의 이론은 교육실천가에게 의식되지 않은 상태로 있는 내면화된 교육에 대한 상상들, 의견들, 규칙들이다. 두 번째 단계의 이론은 교육기관의 설립과 프로그램에 담겨있는 경험의 시도들과 같은 실천가의 행위지식을 포 괄한다. 세 번째 단계의 이론은 실천에서 이론과 실천의 관계를 대상으로 하 는 이론가의 이론이다. 베니거의 주장에 의하면 세 번째 단계의 이론은 두 개 의 기능을 갖는다. 첫 번째 기능은 지식을 위한 학문적 연구에서 일어나는 분

석적 기능이다. 두 번째 기능은 실천을 책임있게 형성하려는 관심에 의하여 이끌어지는 실천과 관련된 기능이다. "이 이론은 실천에 봉사하고 실천을 돕는 한에서 가치가 있다. 즉, 실천가가 그 결과들을 가지고 무엇인가를 할 수 있을 때 가치가 있다. 여기에서 중요한 것은 이론으로 충전된 실천의 우위이다. 그렇지만 실천 그 자체는 학문으로서의 교육학에 예속되어 있지 않다"(Weniger, 1929/1990: 42).

베니거가 언급한 이러한 실천의 우위는 이론이 항상 해명하면서 실천의 뒤를 따라갈 수 있다는 것을 의미하지 않는다. 베니거에 의하면, "그렇게 결합된 이론은 좁은 의미에서 실천을 위해 더 나은 새로운 길을 탐구하면서 고유한 과업과 책임을 갖고 고유한 경험을 하는 시간이 온다"(Weniger, 1929/1990: 42).

베니거가 말하고 있는 이론의 근원성은 이론이 규범적 체계 형성에서 교육적인 경험들을 전체적으로 선취하고 규제할 수 있다는 것을 의미하지 않는다. 베니거에게 있어서 이러한 이론적 구상들은 미리 주어져 있는 규범들이 아니라 오히려 교육적 책임에서 구상된 가정들이다. 교육이론은 양성과정에서 미래의 전문적 교육자들이 교육현실을 더 잘 이해하고 그 안에서 올바른 태도를 취하도록 가르치는 데 도움이 된다. 플리트너(Flitner, 1950/1983)는 이와 관련하여 "교육학적 자기형성(Bildung)"을 언급한다. 어떠한 발전된 교육이론도 실천에서 무엇이 행해질 수 있는지에 대한 구체적인 결정을 실천가로부터 탈취해서는 안 된다. 고유한 경험 그리고 그것으로 인한 모든 순수한 교육학적 개선은 베니거의 견해에 의하면(Weniger, 1929/1990: 4) 교육실천의 지치지 않는 작은 일로부터 비로소 얻어진다.

(b) 역사성과 해석학

딜타이에 의해 발전된 역사성에 관한 근본사상을 교육학으로 옮겨와서 정신과학적 교육학의 학문이론적 독자성을 위한 중심적인 전제로 삼은 인물은 누구보다도 프리샤이센-쾰러와 노올이었다. 딜타이에 따르면 인간은 오직 역사에 대한 해석으로부터 자기인식에 도달할 수 있고, 오직 삶과 그의 역사로부터 교육의 의미가 적합하게 인식될 수 있다(Hermann, 1983: 26). 딜타이에 의해 강조된 교육의 역사성에 관한 전제는 정신과학적 교육학의 대표학자들 모두 수용하였고 그들의 다양한 문제에 대한 통찰력에 의하여 계속 발전되었다.

역사성의 원칙

노올(1949: 119)은 "교육사는 교육적인 진기한 것들을 수집하거나 모든 종류의 위대한 교육자들을 흥미롭게 알리는 것이 아니다: 교육사는 교육 이념(Idee)의 지속성을 그의 전개에서 밝혀내는 것이다. 진정 교육이 무엇인지를, 우리가 끊임없이 제한된 개인의 경험에 머물러 있으려고 하지 않는다면, 우리는 교육사의 체계적인 분석으로부터 이해한다." 노올과 정신과학적 교육학에 있어서 역사성의 원칙은 교육현실과 교육이론을 역사적 현상으로 간주하는 것을 의미한다. 교육이념, 교육방법, 교수안, 교육문제에 관한 텍스트들은 정신적인 객관물로서, 그때그때의 특정한 역사적 과정과 상황 그리고 그 속에서 역사적으로 조건지워진 표상과 동기를 가지고 행위하는 인간들의 표현으로 이해된다. 물론 노올이 언급하고 있는 교육학을 위하여 역사적인 분석으로부터 밝혀져야 하는 "교육이념의 계속성"은 그가 교육학과 교육의 역사성이라는 근본원칙을 시종일관 추구하지 않고, 역사를 초월하는 위대함에도 의지하고 있음을 보여준다. 노올과 다르게 베니거는 교육의 역사성에 대한 인식을 더 수미일관하게 고수하였다. 그는 역사적 분석은 초역사적인 이념이 아닌 현재를 위해서 구속력 있는 일반교육학의 이념을 제시할 수 있다고 언급하였다. 오히려 교육현실에 대한 역사적인 연구는 그때그때 물음과 문제에 전(前)역사를 드러낼 때만 교육적인 문제들을 해결하는 데 기여할 수 있다(Wulf, 1983: 25).

정신과학적 교육학에 있어서 정신과학을 위한 해석학의 중심적 의미에 대 해석학한 인식 역시 교육의 역사성이라는 근본원칙과 밀접하게 결합되어 있다. 그때 정신과학적 교육학은 슐라이어마허를 모범 삼아 딜타이가 발전시켰던 것처럼 텍스트 해석과 정신적 객관물을 이해하는 학문으로서의 해석학 구상을 실마리로 삼는다. 정신과학적 교육학의 대표학자들이 연구한 것은 한편으로는 교육현실의 역사이다. 그때 관심은 예를 들어 집중적인 텍스트 해석의 대상이 되었던 교칙, 전기, 위대한 교육자의 텍스트와 같은 역사적인 텍스트로 향했다. 그들은 이러한 텍스트 해석을 통해 역사적인 시간을 뛰어넘어 오늘날까지 영향을 미치고 있는 역사적 객관물에 대한 이해를 고대하였다. 다른 한편으로 정신과학적 교육학은 오늘날의 교육현실을 해석하는 것을 목표로 삼았다. 이러한 해석학의 이중적 과제에 대한 강조에도 불구하고 수많은 문제 및 이념사적으로 지향된 연구들이 정신과학적 교육학의 범위에서 수행되었다. 이와 반대로 그 당시 교육현실에 대한 해석학적인 연구는 거의 수행되지 않았다(Wulf, 1983: 31).

역사적-해석학적
접근과
해석학적-실용주의적
접근의 결합

방법론적으로 노올은 가장 명백하게 딜타이가 제시하였던 역사적 해석학의 길을 뒤따랐다. 이와 반대로 베니거와 플리트너는 역사-해석학적 및 해석학적-실용적 문제 제기와 연구의 중요성을 언급하면서, 역사적 해석학과 상징적으로 결합되어 있는 정신과학적 교육학을 그로부터 분리하고 교육과학을 위한 역사적 연구의 의미를 상대화하였다. 노올은 교육현실에 대한 역사적 분석과 그를 통해 제시할 수 있는 구조연관에서 이미 교육학의 고유성을 인식한 반면, 베니거는 교육과정에 대한 해석학적 구조분석을 숙고의 중심으로 삼았다(Benner, 1991: 220). 플리트너는 무엇보다도 전후시기에 출판된 자신의 저술에서 참여적 해석학(engasierte Hermeneutik)에 관한 구상을 언급함으로써 부분적으로 노올과 베니거의 방법론적 독자성을 넘어섰다. 플리트너는 교육현실에 대한 모든 교육학적 해석은 현재의 위치와 결합되어야 한다는 입장을 취한다. [즉, 다양한 사례와 비교를 통해 이해가 확장되듯이 어떤 하나의 위치에서 발전된 교육에 대한 반성이 보편성을 획득한다는 것이다: 역자]. 그에게 있어서 교육학은 "반성적 참여"와 결합되어 있다. "엄밀한 의미에서, [교육하려는 의지로 충만된: 역자] 사유하는 자가 책임 있는 현재의 위치에서 반성하는 일은 학문으로서 교육학이 무엇인지를 규정하는 중심적 요인이다"(Flitner, 1966/1989: 23). 플리트너는 해석학적-실용주의적 학문으로서 교육학의 독자성을 뒷받침하기 위해 철학적 숙고와 역사적 연구 이외에 비록 주변부에 머물긴 하지만 처음으로 경험적 사실 연구의 방법과 결과를 수용한다. 왜냐하면 경험 연구자가 주시하는 사실들은 아직 "책임 있는 교육이 일어나는 중간세계의 외부에 있기 때문이다. 여기서 학문적인 교육학의 독자적인 숙고와 연구가 시작된다"(Flitner, 1966/1989: 30).

(C) 이론과 실천에서 교육의 상대적 독자성

정신과학적 교육학의 대표학자들은 이론과 실천에서 교육의 상대적 독자성 원칙을 역사적인 관점에서 재구성하고 체계적인 관점에서 교육과 교육학의 고정된 과제로서 토대를 확립하였다. 베니거는 이미 1929년 "교육학의 자율성"이라는 소논문에서, 교육학의 자율성은 사유로 규정된 것은 아니며, 정신의 역사로 보면 교육행위의 장(場)과 교육의 독자성은 계몽시대부터 생성되었다고 언급한다. 특히 아동을 새롭게 발견한 루소는 베니거와 노올에 의

이론과 실천에서
교육의 독립화 과정

해 계속해서 이러한 교육학의 독자성 사상의 설립자로 언급된다. "주지하는 바와 같이, 루소는 어른 생활의 권력으로부터 교육적 행위의 독립성을 급진적으로 주장하고 요구했던 첫 인물이었다"(Weniger, 1929/1990: 19). 베니거와 노올의 견해에 따르면 이론과 실천에서 교육의 자율화 과정은 무엇보다도 20세기 초 청소년 단계의 고유한 권리와 가치를 언급한 학교 밖과 학교 영역에서의 청소년 운동과 넓은 스펙트럼의 개혁교육학적 흐름을 통해 계속해서 가속화되었다(Weniger, 1929/1990: 21). 교육 운동이 이러한 정신의 역사와 연관성을 갖고 전개되면서(Nohl, 1933) 교육이론이 점차적으로 독자화되는 과정역시 생겨났다. 부분적으로 이러한 운동의 이론으로 이해되었던 정신과학적 교육학은 교육학을 신학, 철학, 심리학으로부터 해방시키고 상대적으로 독자적인 교육학의 토대를 확립하려고 시도하였다.

그럼으로써 상대적 자율성의 원리는 정신과학적 교육학에 있어서 역사적인 사실이었을 뿐만 아니라, 그때그때의 새로운 역사적 조건들 아래에서 생산적으로 해석되고 그 실현을 위해서 대립적인 관심들과 계속해서 투쟁해야만 하는 지속적인 과제를 나타내는 것이었다. 자율성에 대한 요구는 한편으로는 교육의 실천과 관계하였다. 베니거에 따르면, 아동청소년의 고유한 권리로부터 교육자에 대한 요구가 나온다. 그 요구는 아이의 미래에 대한 변호자, 그리고 국가, 경제, 문화, 가정, 직업에 의해 요구되는 현재와 미래에 대항해서 아동의 과거에 대한 옹호자이어야 한다는 것이다(Weniger, 1929/1990: 21-22). 교육학의 과제는 교육제도에 영향을 미치기 위해 벌어지는 정신적이고 문화적인 세력들의 전투에서 "문지기"가 되는 것이다. 교육학은 다음과 같은 물음으로부터 변형을 감수하는 사회적인 세력의 요구만을 허용하는 "문지기"가 되는 것이다: "이러한 요구는 자신의 능력들을 촉진하고 향상시키기 위한 아이의 삶과 관련하여 어떠한 의미를 갖는가?"(Nohl, 1933/1988: 160)

노올의 이러한 입장은 정신과학적 교육학이 주장하는 독자성 또는 자율성의 명제가 모든 정치적이고 문화적인 연관과 대립하는 교육실천과 교육이론의 완전한 독자성을 의미하지 않는다는 것을 분명하게 보여준다. 오히려 정신과학적 교육학은 이러한 자율성을 항상 상대적으로 이해하고 해석하였다. 정신과학적 교육학은 아동청소년의 고유한 권리 보호와 개인의 성숙을 위한 도움이라는 교육적 판단의 기준 아래에서 사회와 맞서는 변호자 기능을 교육학의 본업이라는 이름으로 수행한다. 이 이론에서는 교육자 역시 사회의 요

상대적 지율성의 원리

구를 포기하지 않고 변형해야만 하는 아동 변호자의 모습으로 나타난다. 플리트너에 따르면, 교육학에서 자율성 주제는 교육이 정신적인 세력의 내용에 종속되어 있다는 사실을 전제로 하고, 이러한 사실 내에서 교육적으로 활동하는 개인에게 독자적으로 행위하는 책임의 여지를 양도한다(Flitner, 1950/1983: 227-228).

I.1.4. 정신과학적 교육학의 내용적인 근본 문제들

이론과 실천에서 교육의 상대적 자율성에 관한 설명을 하면서 분명해진 것처럼, 정신과학적 교육학의 대표자들은 교육적 사유의 독자성을 강조하지만, 교육과학적 진술의 테두리에서 가치판단을 거부하지 않는다. 오히려 아동청소년의 고유한 권리 보호에 대한 교육자의 책임과 같은 기준을 교육적 사유와 행위의 척도로 삼는다. 포괄적인 교육적 기준들을 역사적 문화 분석으로부터 이끌어 내고 이를 규범적 진술들과 결합시키는 정신과학적 교육학의 학문이론적 독자성을 슈프랑어는 이미 자신의 소논문인 "국민생활을 위한 학문적 교육학의 의미"(Spranger, 1920/1964: 10)에서 다음과 같이 공식화하였다: "학문적 교육학의 과제는 이미 주어져 있는 문화현실을 파악하고, 개념들로 정리하고, 마지막에 규범과 가치부여를 통해 문화현실을 형성하는 것이다." 정신과학적 교육학의 기본개념 구조에서 중심적인 용어는 빌둥(Bildung)개념과 교육(Erziehung) 개념이다.[8] 빌둥은 교육의 작품 또는 목표로 이해되고, 교육은 교육적인 문제들이 교육자의 시각에서 거론될 때, 특히 교육적 관계가 인격적인 관계로서 강조되어야 할 때 사용된다(Klafki, 1978(4): 41). 정신과학적 교육학의 본질적인 내용 논의들은 빌둥과 문화의 관계에 대한 빌둥이

---

8) [역자 주] 본 장에서 Bildung(빌둥)은 개인 내부의 형성하는 힘에 의해 스스로 이성적인 자기결정을 할 수 있도록 발전지향적으로 자기를 형성해 나가는 과정을 의미하고, Erziehung(에어찌웅)은 성장해 가는 인간을 자립에 이르도록 조력하는 일체의 행위를 의미한다. 후자(Erziehung)는 대부분의 경우 "교육"으로 번역되지만, 전자(Bildung)는 논의의 맥락과 관점에 따라 "(자기)형성, (인간)형성, 도야, 교육" 등으로 다양하게 번역되며, 때로는 이 모든 의미를 포괄하는 독일어의 의미를 살리는 취지에서 "빌둥"으로 표기되기도 한다.

론적인 반성, 그리고 교육적 관계와 교육자의 과제에 대한 교육이론적인 숙고들과 관련되었다. 이러한 반성과 숙고는 주도적인 개념들과 이론적인 고찰 방식을 제시하면서 정신과학적 교육학을 대표하는 다른 학자들의 학교이론, 일반교수학, 교과교수학, 직업교육학, 사회교육학 또는 성인교육에 관한 많은 출판물에 영향을 주었다.

(a) 빌둥(Bildung)과 문화

클라프키(Klafki, 1978)는 정신과학적 교육학의 빌둥이론적 기획에 대한 분석을 통해, 이 기획은 정반대 구조의 대립적인 긴장이 맴도는 여러 종류의 장(場)들, 즉 다면성 및 개인적인 통일성 사이에, 주체의 형성가능성 (Bildsamkeit) 중재와 역사 문화적 객관성 요구 사이에, 개인 빌둥과 국민 빌둥 사이에 빌둥개념에 대한 규정을 위치시켰다고 밝혀냈다. 빌둥에 대한 첫 번째 규정 "다면성 및 개인적인 통일성"에서 빌둥은 교육의 목표로서 인간적인 존재 방식의 모든 측면을 발달시키는 것 내지는 그 모든 측면을 자기가 형성하는 것을 의미한다. 이 규정을 통해 정신과학적 교육학은 독일 고전주의의 빌둥개념 전통과 연결된다. 두 번째 규정 '주체의 형성가능성 중재와 역사 문화적 객관성의 요구' 역시 정반대의 관계를 나타낸다. 이 경우는 개인과 역사 문화의 객관적 발달상태 사이의 관계를 나타낸다. 빌둥은 이와 관련하여 단순히 주어져 있는 것, 전달된 것을 수용하는 것이 아니라 객관적인 문화의 세계를 자기의 것으로 생산적으로 만들고 계속 발전시키는 것이다. 특히, 리트(Litt, 1948)에게 있어서 그리고 후에 클라프키에게 있어서도 마찬가지로 주체-세계-관계는 빌둥이론적인 반성에서 중심적인 구성요소가 되었다.

세 번째 규정, 즉 개인 빌둥과 국민 빌둥 사이의 관계는 정신과학적 교육학의 빌둥개념이 단지 개인주의적으로만 이해될 수 없다는 것을 보여준다. 노올(Nohl, 1933/1988, 190)의 견해에 따르면, 개인은 자신에 의해 형성된 국민 생활 속에서만 온전한 자기형성(Bildung)에 도달한다. 국가 구성원 빌둥으로서 그리고 개인 빌둥이 국가 구성원의 빌둥 내에서만 가능하다는 포기할 수 없는 전제로서 국민 빌둥의 문제에 관해 정신과학적 교육학의 대표적인 학자들은 특히 바이마르 공화국 시기에 집중적으로 몰두하였다. 모든 국민을 위한 교육 기회 개선을 희망하는 노올은 국민 빌둥을 시민대학 운동의 전개라는 면에서 개혁교육학 흐름의 맥락에 편입시킨 반면, 슈프랑어는 국민빌둥

<aside>빌둥의 개념</aside>

사상을 1933년까지 진행 과정에서 대중화에 관한 문명 비판적 논제, 그리고 소수의 강력한 지도자들에 의해서 다시 획득될 수 있을 것 같은 국민통합에 관한 희미해진 표상들과 강하게 결합하였다(Klafki, 1978(4): 94).

(b) 교육적 관계와 교육자의 역할

정신과학적 교육학이 빌둥이론적 반성의 맥락에서 교육행위가 지향하는 목표관점의 토대를 확립하고자 시도했다면, 교육행위의 과정은 교육적 관계, 교육공동체와 같은 개념들로 서술된다. 노올이 이 주제를 가장 상세하게 다루었다. 노올은 교육적 관계를 모든 교육행위의 토대이자 핵심으로 보았다. 교육적 관계는 모든 교육의 실제적인 토대를 나타내는 독창적인 삶의 관계이다. 노올(Nohl, 1933/1988, 169)은 교육적 관계를 "성숙한 인간이 되어 가는 과정에 있는 인간에 대한 열정적 관계, 더욱이 되어 가는 과정에 있는 인간이 자신의 삶과 형식에 도달하도록 하는 관계로 정의한다." 교육적 관계를 구성하는 것은 교육하는 자와 교육받는 자 사이의 성숙도의 차이이다. 노올은 이러한 관계를 가족의 예를 들어서 명확하게 설명한다. 가정에서 구체적인 인간 간의 관계와 교육행위에는 사랑과 권위, 복종과 교육적 책임이라는 이원성이 나타난다. 이것은 노올에 의하면 교육적인 세대 관계의 일반적인 특징이다. 성인과 성장하는 자 사이의 상호 관여는 한편으로는 권위를, 다른 한편으로는 신뢰를 의미한다. 성인의 권위는 성장하는 자의 신뢰와 결합되어 있다.

교육적 관계 개념의 또 다른 특징은 자발성의 요소이다. 교육자가 성장하는 자와 신뢰 관계를 성공적으로 형성하지 못한다면, 그 관계를 철회하고 다른 사람과 그러한 관계가 가능하도록 힘써야만 한다. 결국, 교육적 관계는 그 안에 놓여있는 의미에도 불구하고 필연적인 지나감이다. "교육적 관계는 … 양측에 의해 불필요하게 만들고 해체하기 위해 노력하는 것이다"(Nohl, 1933/1988: 166). 교육받는 사람이 점차로 자신을 성인의 얽매임으로부터 분리하는 것을 배울 때만, 교육의 목적인 자기 스스로 결정하는 성숙한 행위 능력에 도달될 수 있다. 얽매임(속박)을 향한 충동과 독자성을 향한 충동 사이의 긴장 관계를 올바르게 형성하는 것은 어려우면서도 "교육적 박자"를 요구하는 교육자의 과제에 속한다.

정신과학적 교육학에서 개인들 사이의 관계, 성인 세대와 성장 세대 사이의 관계가 아무리 강조되어도, 다른 측면에서 교육자와 교사는 그들을 특징

교육적 관계

교육자의 과제

짓는 삶의 관계 속에 편입되어 있으며, 동시에 삶의 목표이자 문화의 대표자이다. 노올은 성장하는 세대의 고유한 권리와 관심 그리고 문화와 사회의 요구와 같은 기대 사이를 중재해야만 하는 것을 교육자와 교사의 과제로 보았다. 노올은 이러한 과제를 교육자가 교육적으로 성취해야 하는 창조적 특성으로 보았고, 교육자를 자신의 작업에서 자유로워야만 하는 예술가와 비교하였다(Nohl, 1933/1988: 192-194). 그와 달리 리트(Litt, 1921)는 직업으로서 교육자의 역할을 아주 더 냉정하게 평가하였다. 리트에 의하면 교사는 배우는 사람과 사실 사이의 중재자이다. 교사는 한편으로는 인간을 형성하는 데 있어서 예술가보다 아주 더 적은 자유를, 다른 한편으로는 주어져 있는 지식을 적용하는 기술자와는 완전히 다른 활동의 여지를 갖는다(Lassahn, 1992: 24).

I.1.5. 계속적 발전과 비판

정신과학적 교육학은 1960년대 초까지 서독의 교육과학 논의를 지배했고, 세계대전 후 20년 동안 관점의 확장을 이루었다. 예를 들어 정신과학적 교육학의 중요한 범위로 편입될 수 있는 볼노(O.F. Bollnow)는 교육학이 연구해 왔던 교육 형태들의 관습적인 스펙트럼을 초기 실존철학에 기대어 "비연속적" 형태들과 교육의 상황들로 보완하였다(Bollnow, 1959). 데어볼라프(J. Derbolav)는 리트의 변증법적 사고의 토대 위에서 사회이론적으로 교수학의 토대를 세우려는 시도로 "실천학(Praxeologie)"을 설계하였다(Lassahn, 1992: 22).

정신과학적 교육학을 계속 발전시키려는 이러한 시도들은 1960년대를 관통하는 경험적-분석적 내지는 비판적 교육과학의 대표자들에 의해 날카롭게 비판되었다. 경험적 방향의 교육과학에 동조하는 학자들은 정신과학적 교육학의 개념체계와 언어가 사변적이고 부정확하다고, 그리고 이론 구상에는 경험적 교육연구의 시도와 절차와 결과들이 고려되지 않고 있다고 질책하였다(Ulich, 1976). 사회과학적으로 경도된 비판적 교육과학의 대표자들은 정신과학적 교육학이 교육과 교육과학의 기능을 사회적 실천의 틀에서 비판적으로 연구할 수 있는 어떠한 사회 이론도 생산하지 않았다고 지적하였다. 이미 슐라이어마허에게서 헐거워진 지배, 경제, 정치와 같은 사회적 실상과의 연관이 정신과학적 교육학에 의해서 더욱 희석되었다는 것이다(Mollenhauer, 1972: 21). 사회학적 분석의 모든 차원이 결여된 교육적 관계의 비정치적인 모델로 인해 정신과학적 교육학은 한가로운 전원의 생활을 노래하는 개혁교육학적 전원시(田園詩)에 비교적 자율적으로 고립되었다는 것이다(Thiersch, 2006: 350).

그 외에도 정신과학적 교육학의 역사적 연구 대부분에서 사회역사적 관련이 완전히 결여되어 사회적 사실들과 지배관계가 계속해서 감춰지고, 이러한 역사적 연구의 대부분이 사회역사적인 관련으로부터 분리된 이념사에 제한되어 있다고 비판받는다. 감정이입과 이해의 정신과학적 방법 역시 수용적이라고 비판받는다. 왜냐하면 이 방법은 교양시민적 내면의 것을 옮기는 것뿐만 아니라, 내적인 것의 대상 영역인 지배적 계층의 문화를 준비시키기도 하기 때문이다(Hermann, 1983: 33). 테노르트(H-E. Tenorth)는 역사적-경험적 학문연구의 관점에서 정신과학적 교육학의 문제를 더 가차 없이 지적한다. 그가 보기에 정신과학적 교육학의 문제는 이론과 연구가 없다는 것이 아니라, 교육의 실제로부터 유리된 연구로 인하여 실천적 문제들에 대하여 말하는 새로운 방식의 결여, 즉 교육자들의 교육자적 태도 형성과 관련이 적다는 점이다(Tenorth, 1986: 316 이하).

정신과학적 교육학에 대한 사회비판적 연관의 결여 및 교육실천적 연관의 결여라는 정당한 비판에도 불구하고, 이 학파가 성취한 것들을 간과해서는 안된다. 정신학과적 교육학의 대표적인 학자들은 토착적인 개념을 가지고 교육학의 고유한 이론적 구상의 근거를 마련하려고 하였고, 1920년대 교육학을 하나의 자율적인 학문분과로서 대학에 설치하는 것을 관철시켰다. 또한 그들은 교육과학이 일반교육학, 직업교육학, 사회교육학, 성인교육과 같은 하위 분과 학문들로 분화되는 것의 학문적 근거를 최초로 제공함으로써, 1920년대 첫 현대화 추진의 과정에서 생성되었던 포괄적 교육시스템을 위한 이론적 의미를 마련하였다. 이 이론 방향이 많이 부족하다 하더라도(Dahmer/Klafki, 1968) 간과하지 말아야 할 것은, 정신과학적 교육학의 패러다임이 교육과학의 이론논쟁 발전과정에서 비판의 기준점으로 기여했을 뿐만 아니라, 생활세계 지향, 해석학적 방법, 실용적 학문으로서 교육학 이해와 같은 정신과학적 교육학의 이론 요소들이 구성적으로 다루어지고 지속적으로 발전되었다는 것이다.

Benner, D.: Hauptströmungen der Erziehungswissenschaft. Weinheim³ 1991.

Bollnow, O.F.: Die geisteswissenschaftliche Pädagogik. In: Röhrs, H./Scheuerl, H. (Hrsg.): Richtungsstreit in der Erziehungswissenschaft und pädagogische Verständigung. Frank furt a.M. u.a. 1989, S. 53-70.

Dahmer, I./Klafki, W. (Hrsg.): Geisteswissenschaftliche Pädagogik am Ausgang ihrer Epoche – Erich Weniger. Weinheim/Berlin 1968.

Dilthey, W.: Einleitung in die Geisteswissenschaften (1883). Gesammelte Schriften, Bd. I, Stuttgart/Göttingen⁵ 1962, S. 3-115.

Dilthey, W.: Der Aufbau der geschichtlichen Welt in den Geisteswissenschaften (1905-1910). Gesammelte Schriften, Bd. VII. Stuttgart/Göttingen³1961, S. 79-188.

Dilthey, W.: Weltanschauungslehre (1931). In: Dilthey, W.: Gesammelte Schriften, Bd. VIII. Göttingen⁴ 1968, S. 173-233.

Flitner, W.: Das Selbstverständnis der Erziehungswissenschaft in der Gegenwart (1966). Pa derborn 1989.

Flitner, W.: Exkurs über pädagogische Bildung (1950). In: Flitner, W.: Pädagogik. Gesammelte Schriften, Bd. 2, Paderborn 1983, S. 280-283.

Flitner, W.: Systematische Pädagogik (1933). In: Ders.: Pädagogik. Gesammelte Schriften, Bd. 2, Paderborn 1983, S. 9-122.

Gadamer, H.-G.: Wahrheit und Methode. Tübingen 1960.

Gaßen, H.: Erich Wenigers Leben, Werk und Wirkung. In: Weniger, E.: Erziehung, Politik, Geschichte, Bd. 4, Weinheim/Basel 1990, S. 413-472.

Geißler, G.: Herman Nohl. In: Scheuerl, H. (Hrsg.): Klassiker der Pädagogik, Bd. II, München 1979, S. 225-239.

Gängler, H.: Akademisierung auf Raten? Zur Entwicklung wissenschaftlicher Ausbildung zwischen Erziehungswissenschaft und Sozialpädagogik. In: Krüger, H.-H./Rauschenbach, T. (Hrsg.): Erziehungswissenschaft. Weinheim/ München 1994, S. 229-252.

Herrmann, U.: Die Pädagogik Wilhelm Diltheys. Göttingen 1971.

Herrmann, U.: Erziehung und Bildung in der Tradition Geisteswissenschaftlicher Pädagogik. In: Lenzen, D./Mollenhauer, K.(Hrsg.): Theorien und Grundbegriffe der Erziehung und Bildung. Bd. 1 der Enzyklopädie Erziehungswissenschaft. Stuttgart 1983, S. 25-41.

Klafki, W.: Das pädagogische Problem des Elementaren und die Theorie der kategorialen Bildung. Weinheim 1959.

Klafki, W.: Geisteswissenschaftliche Pädagogik, Kurseinheit 1. Femuniversität Hagen²1991.

Klafki, W.: Geisteswissenschaftliche Pädagogik, Kurseinheiten 2, 3, 4. Femuniversität Hagen 1978.

Klafki, W.: Theodor Litt. In: Scheueri, H. (Hrsg.): Klassiker der Pädagogik, Bd. II, München 1979, S. 241-257.

Klafki, W./Brockmann, I.: Geisteswissenschaftliche Pädagogik im National-sozialismus. Weinheim 2002.

Lassahn, R.: Geisteswissenschaftlich orientierte Pädagogik. In: Petersen,J./ Reinert, G.-B.(Hrsg.): Pädagogische Konzeptionen. Donauwörth 1992, S. 11-26.

Litt, Th.: Das Wesen des pädagogischen Denkens (1921). In: Litt, Th.: Führen oder Wachsenlassen. Stuttgart¹³ 1967, S. 83-109.

Litt, Th.: Führen oder Wachsen lassen (1927). Stuttgart¹³ 1967.

Litt, Th.: Mensch und Welt. Grundlinien einer Philosophie des Geistes. Bonn 1948.

Löffelholz, M.: Eduard Spranger. In: Scheueri, H. (Hrsg.): Klassiker der Pädagogik, Bd. II, München 1979, S. 258-276.

Lübcke, P.: Wilhelm Dilthey: Geist und Natur. In: Hügli, A./Lübcke, P. (Hrsg.): Philosophie im 20. Jahrhundert, Bd. 1, Reinbek 1992, S. 53-67.

Mollenhauer, K.: Theorien zum Erziehungsprozeß. München 1972.

Nohl, H.: Die pädagogische Bewegung in Deutschland und ihre Theorie (1933). Frankfurt a.M. 1949.

Nohl, H./Pallat, L. (Hrsg.): Handbuch der Pädagogik. 5 Bde., Langensalza 1928-1933.

Oelkers, J.: Hermeneutik oder Kulturpädagogik? Zur Bilanzierung der geisteswissenschaftlichen Pädagogik. In: Hoffmann, D. (Hrsg.): Bilanz der Paradigmendiskussion in der Erziehungswissenschaft. Weinheim 1991, S. 31-48.

Scheueri, H.: Wilhelm Flitner. In: Scheueri, H. (Hrsg.): Klassiker der Pädagogik, Bd. II, Mün chen 1979, S. 277-289.

Schleiermacher, F.: Gedanken zu einer Theorie der Erziehung (1826). Heidelberg 1965.

Spranger, E.: Der Eigengeist der Volksschule. Heidelberg 1965.

Spranger, E.: Die Bedeutung der Wissenschaftlichen Pädagogik für das Volksleben (1920). In: Röhrs, H. (Hrsg.): Erziehungswissenschaft und Erziehungswirklichkeit. Frankfurt a.M. 1964, S. 9-23.

Spranger, E.: Psychologie des Jugendalters. Leipzig 1924.

Tenorth, H.E.: Pädagogisches Denken. In: Langewiesche, D./Tenorth, H.E. (Hrsg.): Handbuch der deutschen Bildungsgeschichte, Bd. V. München 1989, S. 111-154.

Tenorth, H.E.: Lehrerberuf vs. Dilettantismus. In: Luhmann, N./Schorr, K.E. (Hrsg.): Zwischen Intransparenz und Verstehen. Frankfurt a.M. 1986, S. 275-321.

Thiersch, H.: Geisteswissenschaftliche Pädagogik. In: Lenzen, D./Mollenhauer, K. (Hrsg.): Theorien und Grundbegriffe der Erziehung und Bildung. Bd. 1 der Enzyklopädie Erziehungswissenschaft. Stuttgart 1983, S. 18-100.

Thiersch, H.: Geisteswissenschaftliche Pädagogik. In: Krüger, H.-H./Grunert, C. (Hrsg.): Wörterbuch Erziehungswissenschaft. Opladen² 2006, S. 347-352.

Ulich, D.: Pädagogische Interaktion. Weinheim/Basel 1976.

Weniger, E.: Die Autonomie der Pädagogik (1929). In: Weniger, E.: Ausgewählte Schriften zur geisteswissenschaftlichen Pädagogik, Bd. 6, Weinheim/Basel 1990, S. 11-28.

Weniger, E.: Theorie und Praxis in der Erziehung (1929). In: Weniger, E.: Ausgewählte Schriftten zur Geisteswissenschaftlichen Pädagogik. Weinheim/Basel 1990, S. 29-44.

Weniger, E.: Wehrmachtserziehung und Kriegserfahrung (1938). In: Weniger, E.: Lehrerbildung, Lehrerberuf und Schulreform. Bd. 2, Weinheim/Basel 1990.

Winkler, M.: Hermeneutische Pädagogik. In: Tenorth, H.-E./Tippelt, R. (Hrsg): Lexikon Pädagogik. Weinheim/Basel 2007, S. 314-315.

Wulf, Ch.: Theorien und Konzepte der Erziehungswissenschaft. Weinheim/München³ 1983.

I.2. 경험적 교육과학

I.2.1. 등장 배경과 영향

정신과학적 교육학과는 달리 경험적 교육과학은 단일한 어떤 유형의 이론만을 지칭하는 것은 아니다. 이러한 사실은 실험적 또는 서술적 교육학, 비판적-합리적 교육과학 등과 같은 상이한 명칭들에서 잘 드러난다. 그러나 우리가 상이하게 명명하고 있는 이러한 구상들에는 공통점이 있는데, 그것은 바로 경험적 사유 방식을 교육학의 핵심 요소로 제시하려고 시도한다는 점이다.

경험적 교육과학의 유래는 계몽주의 시대로 거슬러 올라간다. 당시 영국의 철학자 로크(J. Locke)는 경험에 기반한 합리적인 교육과학을 요구했다. 그의 영향을 받아 할레대학의 교육학자이자 박애주의자인 트랍(E. Trapp)은 그의 책 『교육학 시도』(1780)에서 아동 발달에 대한 체계적이고 세심한 관찰에 기반한 교육학 이론을 발전시켰다. 그러나 실질적으로 경험적 교육과학 연구의 역사는 그로부터 100년이 지난 후에야 비로소 시작된다. 우선 세기 전환기에 연구 방법적 측면에서 경험에 기반한 교육학의 시작을 알리는 교육학적 진술의 실험적-경험과학적 검증을 다룬 모이만(E. Meumann)과 레이(W. Lay)의 노력을 들 수 있다. 이 두 사람은 개혁교육학의 과학적·학문적 양 날개에 속했으며, 진보적 교사들과 긴밀하게 협력하기도 했다.

Ernst Meumann

모이만(1862-1915)은 베를린, 할레, 본(Bonn)에서 신학, 의학, 철학을 공부하고 1891년 튀빙엔에서 박사학위를 취득하였다. 그 후 그는 1893년부터 1897년까지 심리학자 분트(W. Wundt)가 주도하였던 라이프치히 연구소에서 분트의 조교로 일하였다. 1897년 이후에는 취리히, 쾨니히스베르크,[1] 뮌헨, 할레, 라이프치히 대학에서 철학 및 교육학 교수직을 수행하였으며, 1911년 함부르크 대학으로 옮긴 후 그곳에서 1915년에 임종을 맞이했다. 1907년에서 1914년 사이에 그는 3편의 『실험적 교육학 개론 강의』를 출판하였는데, 이 강의록은 다음 해에 여러 판으로 출판되었다. 1914년에는 자신의 경험을 집약한 『실험적 교육학 개요』을 출간하여 학계의 논의를 촉발하기도 하였다. 동시에 모이만은 1908년 이후 정치인, 교사 및 관료들이 모여 교육기관의 개혁을 논의하였던 "학교개혁협의회"의 발기인 중 한 사람이었다. 1905년 그는

---

1) [역자 주] 동프로이센의 옛 수도(1525-1945)이자, 철학자 칸트(I. Kant)가 교육학을 강의하였던 대학이 소재한 곳으로도 잘 알려져 있다. 현재 러시아의 칼리닌그라드이다.

칼스루에 출신 교사 레이와 함께 『실험적 교육학 학술지』을 창간했고, 이후 레이와의 갈등 끝에 『교육심리학 및 실험적 교육학 학술지』를 창간하였다.

레이(W.A. Lay. 1862-1926)는 칼스루에 공과대학에서 초등교원양성과정 수료와 교사실습을 마친 후 프라이부르크 대학에서 철학, 교육학, 독문학, 동물학을 수학하였다. 1903년 할레 대학에서 박사학위를 취득한 후 그는 1926년 사망할 때까지 그 대학의 교원양성과정의 교수로 재직했다. 『실험적 교수법』에 관한 그의 박사학위 논문은 1903년 책으로 출간되었으며, 1908년에는 그의 주요 저서라 할 수 있는 『행위를 통한 교육을 특별히 고려하는 실험적 교육학』이 출판되었다. 레이와 모이만의 저작들은 판을 거듭하여 출판되었는데, 이러한 확산은 무엇보다도 그동안 이 전문 분야에서, 특히 개혁적 성향의 교사그룹 사이에서 교육학에 대한 이러한 방식의 체계적이고 경험적인 작업에 대한 기대가 얼마나 컸는지를 보여주는 증거라 할 수 있다.

Wilhelm August Lay

페테르센(P. Petersen) 역시 교육개혁 운동에 깊이 관여하였다. 그는 1884년 플렌스부르크에서 태어났으며, 1903년부터 1908년까지 라이프치히, 키일, 코펜하겐, 포젠 등의 대학들에서 철학, 역사, 개신교 신학과 영문학을 수학하였고, 특히 라이프치히 대학에서는 김나지움 교원양성과정을 수료한 후 국가시험에 합격하였다. 1908년 그는 『분트의 철학에서 발달 사상』이라는 주제로 예나 대학에서 박사학위를 취득하였다. 1909년부터 1920년까지 그는 함부르크의 고등학교에서 수석 교사로 재직하였다. 이 기간에 그는 "교육개혁연합"의 이사로 활동했으며, 모이만의 함부르크 청소년 연구소에서도 함께 일하기도 하였다. 그러다가 1920년에 함부르크 대학의 철학·교육학부에서 『독일 개신교에서 아리스토텔레스 철학의 역사』 연구로 교수자격을 취득하고, 1923년 예나 대학의 교육학 교수로 임용되었다. 그곳에서 그는 사망 2년 전인 1952년까지 재직하였다(Kosse, 1979: 183).

Peter Petersen

예나 대학 부설학교에서 예나플랜(Jena-Plan)을 실현하는 일은 페테르센에게 교육과학의 목적설정에 상응하는 경험적 연구방법론을 구상하는 출발점이 되었다. 예나-학교에서 시도한 일들에 대한 서술적 묘사로부터 그는 자신의 아내(Else Petersen)와 협업하면서 교육학적 사실 연구를 발전시켰는데, 그 결과물은 서독에서 1965년이 되어서야 기록문서의 형태로 출간되었다(Petersen/ Petersen, 1965). 페테르센의 이러한 시도는 무엇보다도 그의 제자였던 빈네펠트(F. Winnefeld. 1911-1968)에 의해 관심을 받게 되었다. 빈네펠트는 1950년대 동독 사회의 억압적인 정치적 상황에도 불구하고 할레 대학에서 수업연구의 방법론을 정교화하기 위해 노력한 인물이다(Cloer, 1994: 29).

교육학적 사실연구와 병행하여 그리고 이로부터 한 걸음 더 나아가 진행되었던 경험적 교육학의 또 다른 작업의 방향은 서술적 교육학(Deskriptive Pädagogik)을 확립하려는 시도에서 발견할 수 있다. 이 시도는 실험적 교육학과 교육학적 사실연구가 수용하고 있던 교육적 실천의 문제들과의 관련성으로부터 교육학 내의 경험 연구를 분리하고, 이것을 순수한 인식과학으로 정의하려는 경향성을 띠었다. 서술적 교육학은 피셔(A. Fischer)가 그 토대를 세웠다.

Aloys Fischer

피셔(A. Fischer. 1882-1937)는 1899년부터 1904년까지 뮌헨 대학에서 고대어, 철학, 심리학을 공부하고 박사학위를 취득하였다. 사립 김나지움의 교장으로 재직한 후, 그는 뮌헨 대학에서 성공적으로 교수자격을 취득하였으며, 1918년 그곳에서 철학·교육학 정교수로 임용되었다. 그러나 그는 1937년 민족사회주의자들에 의해 교수직을 박탈당했고, 같은 해 뮌헨에서 사망했다. 피셔의 이론적 신조는 『서술적 교육학』(1914)에 뚜렷하게 나타나 있다. 즉, 교육의 현상은 "순수하게 관찰자 앞에 놓여져야 한다"는 것이다. 그는 학술지 Die Erziehung의 편집위원회 위원이었음에도 별다른 영향력을 행사할 수 없었다. 왜냐하면 편집위원회의 동료 학자들이 모두 정신과학적 교육학의 대표자들이었기 때문이다(Tenorth, 1988: 217).

피셔의 노력은 로흐너(R. Lochner. 1895-1978)에 의해 계속 진행되었다. 로흐너는 1920년대 초에 프라하 대학에서 수학하고, 1922년에 독문학으로 박사학위를 취득하였으며, 1927년 그 대학에서 『서술적 교육학』(1927)이라는 제목의 연구로 교수자격을 취득하였다. 그 후 그는 프라하, 브레슬라우, 포젠 대학에서 교육학과 강사로, 히르쉬베르크 대학에서는 교수로 그리고 1946년부터 첼레 대학에서 교수로 재직한 후, 1952년부터 1963년 은퇴할 때까지 뤼네부르크 교육대학에서 교육학 교수로 재직하였다.

1920년대에 로흐너는 20세기 초반 서독의 대학들에 팽배하였던 경험적 교육학의 아웃사이더 운명을 피셔와 공유하였다. 경험적 교육학의 주요 대표자들의 학문적 진의는 곡해되곤 하였다. 이들은 1920년대에 접어들면서 모이만의 제자인 슈테른(W. Stern)의 경우처럼 심리학과로 소속이 변경되거나 혹은 가이거(T. Geiger)의 경우와 같이 사회학과로 보내어지는 경우도 발생하였다.

이와 유사하게, 전쟁 후 처음 20년 동안 서독의 대학들 내에서 경험적 교육학의 상황 역시 좋지 않았다. 그러나 1933년 이전에 이미 교육학의 가장자리로 내몰렸던 경험적 사유 방식은 영미권의 연구 문헌들이라는 우회로를 거쳐 다시 서독으로 역수입되었으며, 오히려 심리학계와 사회학계에서 큰 반향을 일으켰다. 피히트(G. Picht)가 외쳤던 "독일의 교육 재앙" 및 이를 통해 촉발된 전체 교육기관의 현대화 과정과 개혁 과정에 대한 논의가 진행되면서 비로소 경험적-교육학 연구에 호의적인 환경이 조성되었다.

Heinrich Roth

로트(H. Roth. 1906-1983)에 의해 『교육학 연구에 있어서 사실주의적 전환』의 프로그램이 도입되었다. 로트는 1920년부터 1926년까지 퀸첼자우의 초등학교 교사로 근무한 후, 1933년 크로오(O. Kroh)의 지도로 박사학위를 받은 튀빙엔 대학에서 수학하였다. 전쟁 후 그는 우선 심리학과 교육학부 강사로, 그리고 에슬링엔에 있는 교육학연구소에 재직하였다. 그 후 그는 1951년 프랑크푸르트에 있는 국제 교육학 연구대학의 교육심리학 교수로 재직하였고, 1962년부터 은퇴할 때까지는 괴팅겐 대학 교육학 교수로 재직하였다(Hoffmann, 1987: I74). 로트는 교육인간학의 주제가 중심이 된, 그리고 이와 동시에 방법론적으로는 해석학적 방법론과 경험적 방법론이 결합된 통합과학으로서의 교육과학을 구안하였다(Roth, 1971). 그뿐 아니라 그는 독일 교육위원회의 연구를 위한 준비모임의 의장으로서 교육과학적 경험적 연구의 지속적인 발전을 위한 연구 정책과 개념적 기틀을 함께 마련하였다(Roth/Friedrich, 1975).

그 후 경험적 교육과학은 비판적 합리주의를 통해 학문 이론적 측면에서 대단히 중요한 발전을 경험하게 된다(Popper, 1971; Albert, 1971). 이것은 무엇보다 비판적 합리주의의 몇몇 기본 원칙들을 경험적 교육학의 방법론에 유용하게 접목하기 위하여 노력하였던 브레진카(W. Brezinka)의 덕분이었다.

브레진카(W. Brezinka)는 1928년 베를린에서 태어나 1946년부터 1951년까지 잘쯔부르크, 인스부르크 그리고 뉴욕 대학 등 여러 곳에서 심리학, 교육학, 철학 그리고 사회학을 공부했다. 1951년에는 인스브루크 대학에서 "청소년의 성격을 이해하기 위한 크레취머, 융 그리고 슈프랑어의 심리유형론의 의미"라는 주제로 박사학위를 취득하고, 3년 후 역시 그곳에서 교수자격을 취득하였다. 그는 뷔르츠부르크 대학과 인스부르크 대학에서 교육학 교수로 재직한 후, 1967년 콘스탄츠 대학으로 자리를 옮겨 1996년 은퇴할 때까지 그곳에서 교육학 교수로 재직하였다. 그는 자신의 주요 저서인 『교육학에서

Wolfgang Brezinka

교육과학으로』(1971)와 『교육의 메타이론』(1978)에서 비판적-합리주의적 교육과학의 학문 이론적 프로그램을 발전시켰다. 동시에 그는 교육학 이론을 세 가지 유형, 즉 교육과학, 교육철학 그리고 실천적 교육학으로 구분하고, 그 중 첫 번째 유형에만 과학이라는 명칭을 부여하였다. 그 이유는, 그에 의하면, 교육과학만이 경험과학적 인식의 이상을 따르고 있으며, 이것만이 세계의 가치 있는 해석을 담고 있기 때문이다(Brezinka 1989: 34).

부분적으로 브레진카와 무관하게, 그리고 일정 부분 브레진카의 연구와는 거리를 두면서 1970년대에는 쿠베와 뢰스너(Cube, 1977; Rössner, 1975), 1980년에는 하이트와 크룸(Heid, 1985; Krumm, 1983)과 같은 교육과학자들에 의해 비판적-합리주의적 교육과학은 다양한 형태로 계속 발전되어 갔다.

경험적 교육과학의
성과

그러나 지난 30여 년간 경험적 교육과학의 성과는 학문이론적 논의들에 국한되지 않았다. 오히려 1960년대 중반 이래 서독에서 경험적-교육학적 연구를 수행했던 비(非)대학 기관의 수는 급속도로 증가했다. 그리고 교육학 분야에서 경험적 연구를 위한 재정적 지원이 크게 확대되었다. 경험적 연구방법론을 다룬 교육학 서적들이 총서로 출간되었고, 특히 1970년대 이후에는 경험적 논문의 비율이 크게 증가하였으며, 그 사이에 교수-학습 연구, 교육학 연구, 발달심리학 또는 사회화 연구 등의 교육학 학술지에서 지속적으로 경험적 연구 논문들이 게재되었다(Baumert u.a. 1992; Tenorth, 1991). 그 외에도 1970년대 초반부터는 교육학 영역에 경험교육 과학자들이 확연하게 증가함에 따라 오랫동안 대학의 교육학계를 지배해 왔던 정신과학적 교육학자들의 세력이 줄어들었다. 심리학 또는 사회학에서 방법론적 훈련을 마친 학자들의 적지 않은 수가 교육과학 분야의 교수직을 수행함으로써 그 분야의 연구 역량을 전반적으로 강화시켰다. 그럼에도 불구하고 현재는 교육과학 분야 교수들 중 단지 1/5만이 경험적 교육과학에 친화적이라고 느끼고 있다. 아울러 그들 중 어느 정도가 비판적 합리주의의 표준에 입각하고 있는지에 대해서는 실증적으로 연구된 바 없다(Baumert/Roeder, 1994: 42; Pollak/Heid, 1994: 3).

경험적 교육과학의 인식프로그램은 어떤 것인지, 경험적 교육과학의 다양한 구상들의 위치는 어떻게 정렬될 수 있는 것인지, 그리고 이들 각 구상의 내용적·주제적 핵심은 무엇인지 등의 질문들은 경험적 교육과학의 전개 경향성 그리고 그것의 성취와 결점에 대한 평가와 함께 지속적으로 논의되어야 할 것이다.

I.2.2. 학문이론적 프로그램: 고전적 경험주의, 논리적 경험주의, 비판적 합리주의

경험적 교육과학의 윤곽을 이해하기 위해서는 경험과학에 내재되어 있는 두 가지 인식프로그램을 구분하는 것이 도움이 될 것이다. 그 첫째는 경험주의의 정초주의적 인식모델 및 정당화모델 내지는 실증주의이고, 비판적-합리주의적 인식프로그램이 그 두 번째 인식프로그램이다. 경험주의 또는 실증주의의 역사 속에서 이것은 다시 두 가지 상이한 변형태로 구분될 수 있다. 고전적 경험주의는 이미 계몽주의 시대에 로크(J. Locke)로부터 시작되었다. 그후 이 이론적 전통은 19세기 프랑스와 영국의 실증주의자(꽁트, 슈프랑어, 밀)의 사상에서 지속되었다. 이성을 인식의 원천으로 간주하고 있는 고전적 합리주의적 인식론과는 달리, 이 이론의 대표자들은 오로지 사실의 세계에서만 인식의 근원을 인정하려 하였다. 이들에게는 오직 경험만이 인식의 원천인 것이다. 실증주의의 기본원리는 부여되어있는 것, 사실적인 것, 실증적인 것 **실증주의** 에서만 찾을 수 있을 뿐, 그것을 넘어선 모든 질문들 ― 예를 들면, 규범적 질문들 ― 은 쓸모없고 사변적일 뿐이라고 치부될 수 있다는 것이다(Storig, 1969: 138).

무조건적으로 사실의 세계로부터 출발하여야 한다고 주장하는 고전적 경험주의와는 달리, 20세기 초반, 특히 비엔나 학파(카르납, 비트겐슈타인 등)에 **신(新)실증주의** 의해 발전된 논리적 경험주의 또는 신실증주의는 연구자가 세계를 관찰하는 가운데 그의 주관적 관점이 연구의 진행 과정에 반영될 수 있는 점을 고려하였다. 역시 여기에서도 인식의 확실한 기반은 고전적 경험주의에서와 마찬가지로 감각자료들이다. 그러나 인식이 지각행위로부터 직접 나온다는 것은 여전히 비판의 대상이 된다. 경험하고 지각한 것은 기록되어야만 한다. 지각된 것에 대한 기록이 있은 후에라야 귀납을 통하여 일반이론적 명제가 도출될 수 있고 이론적 가정들이 증명될 수 있다(Krumm, 1983: 142; Stevenson, 1993). 그래서 과학적 연구의 핵심 과제는 일상적 경험과 일상적 명제로부터 기록적 명제가 도출될 수 있도록 하고, 이를 경험적 방법론을 동원하여 증명하는 것이다. 따라서 논리적 경험주의의 연구목적은 증명이다.

논리적 경험주의와 대조적으로 포퍼(K. Popper), 알버트(H. Albert) 등 비판적 합리주의의 대표자들은 경험적 연구의 목적은 증명이 아니라 과학적 진술에 대한 반론이라고 주장한다. 1934년에 처음 출판된 그의 연구『연구의 논리학』에서 포퍼는 이미 신실증주의의 핵심 가정 중 일부가 타당하지 않음을 밝히고 있다. 특히 그는 논리적 경험주의에서 관찰, 실험 등과 같은 특별한 진술들로부터 일반적 진술, 가설 또는 이론을 추론하는 데 사용되는 귀납적 원리를 비판했다(Popper, 1973: 3). 그에 의하면 대상 영역이 무한한 보편적 문장들은 최종적으로 검증될 수는 없지만, 반론할 수는 있다. 왜냐하면, 예를 들어, 많은 백조를 관찰하였음에도 "모든 백조는 희다"라는 문장의 진실에 대해서는 아무것도 진술하지 않았기 때문에, 반대의 예시, 즉 "검은 백조도 있다"는 진술이 확정됨과 동시에 이 일반적 문장은 거짓으로 판명될 수 있기 때문이다.

비판적 합리주의에서 '비판'이란 무한한 대상 영역에서의 보편적 문장들, 즉 가능한 한 많은 반론을 펼치기를 시도하려는 이론들과 법칙들을 의미한다. 따라서 연구 과정의 핵심은 과학적 가설의 검증에 유효한 논증 맥락이다. 지금까지의 반박들을 이겨낸 것은 잠정적으로 참으로 간주 될 수 있다. 가설의 설정과 검증을 통하여 사태가 설명되고, '만약 …한다면 …일 것이다'라는 의미의 가설이 발전된다. 연구의 절차는 첫 번째 문제의 규정으로 시작하여 문제해결을 위한 제안이라는 의미의 최초의 이론으로 이어진다. 아직은 잠정적인 이론은 엄밀한 검토와 비판을 거치면서 오류가 제거된다. 이를 통하여 이론은 새로운 문제 상황에서 다시 검증이 가능한 새로운 버전을 획득한다(Krumm, 1983: 144). 그래서 과학은 포퍼(Popper, 1979: 190)에 따르면, 열린 문제로부터 시작하여 열린 문제로 매듭된다.

고전적 실증주의에 대한 또 다른 변화는 가치중립성의 문제에 관한 것이다. 가치중립에 대한 실증주의적 관점과는 거리를 두고 알버트(Albert, 1965)는 "가치판단, 가치기반, 가치평가" 사이의 구분을 도입하면서 비판적 합리주의 내에서 기능적 측면에서 가치와 가치판단에 대한 규정을 시도하였다. 그에 의하면 비판적 합리주의에서 가치판단은 거부된다. 즉, 과학의 대상언어 영역에서 규범적 진술은 거부된다(예: 교사들은 공정해야 한다). 이로부터 선택 기준의 확정을 위한 메타이론적 규범과 학문이론적 검증과정 등이 속하는 학문의 가치기반은 구별된다. 결국 학문의 대상영역 속에서 가치평가는 원래적 가치판단과 학문의 가치기반으로부터 분리된다. 여기서는 규범적 문장들에 대한 경험적 진술이 문제가 된다. 예를 들면, 교회세를 납부하는 사람들의 17%는 일요일에 교회에 가야만 한다는 규범을 따른다(König, 1975: 160). 비판적 합리주의에 따르면 이러한 문장은 규범적이지 않고 서술적이며, 학문이론의 토대 위에서 경험적으로 검증될 수 있다. 가치의 다양한 종류를 구분하는 것을 통해 비판적 합리주의는 가치중립적 과학의 구상을 고수할 수 있다. 왜냐하면 메타이론의 차원에서 규범의 설정 그리고 알버트의 대상이론에서 가치중립의 가정이 서로 충돌하지 않기 때문이다.

I.2.3. 경험적 교육과학의 다양한 개념들

세기 전환기 이후 독일에서 전개된 경험적 교육학의 상이한 접근들은 어떤 학문이론적 입장을 지니고 있을까? 크룸(Krumm, 1983: 147)에 의하면, 1960년대까지 경험적 교육과학의 다양한 구상들은 실증주의적 입장이 지배적이었으며, 이후 1970년대 초반부터는 비판적-합리주의적 틀로부터 점차 분리되기 시작하였다. 아래에서는 20세기의 경험적 교육과학의 가장 중요한 접근방식에 대한 이러한 평가가 어느 정도 타당한지가 명확해질 것이다. 또한 경험적 교육학의 다양한 구상들의 핵심내용 및 중요한 이론적 기본가정들이 제시될 것이다.

(a) 실험적 교육학

실험은 자연과학과 생물학에서 입증된 후 19세기에서 20세기로 접어들면서부터는 심리학과 교육학 분야에서도 점점 더 많이 활용되었다. 독일어권에서는 레이(W.A. Lay)와 모이만(E. Meumann)을 실험교육학의 창시자로 간주한다. 두 사람은 개인적 경쟁 관계로 인해 실험교육학의 창시 순위를 정하기를 거부하였지만, 실험, 통계 및 체계적인 관찰과 같은 경험과학적 방법론을 교육학에 접목하기 위하여 서로 협력하였다. 또한, 이들은 경험과학적 학문 분야로서 실험적 교육학이 경험적 심리학 및 사회학과 유사한 부분이 많다는 것을 인정하면서도, 이 분야들과 명백하게 구별되어야 한다는 데 동의했다(Benner, 1991: 140). 그래서 레이(Lay, 1912: 2)는 아동의 몸과 영혼을 연구하는 아동학과 실험적 교육학을 구분하였다. 그에 따르면 후자, 즉 실험적 교육학은 실험, 통계 및 체계적인 관찰을 매개로 하는 생물학적·사회학적 과학의 규범과 법칙을 바탕으로 수업과 교육의 문제를 해결하려고 하는 분야이다. 그리고 모이만은 교육학적 청소년 연구로서 아동학를 아동심리학으로부터 구분하였다. 이에 대해 그는 다음과 같이 말한다. "교육학은 교육활동에서 아동(의 정신)이 스스로를 성취하는지, 어떻게 목적과 목표를 위해 노력하는지, 그것을 충족하지 못하는지를 관찰한다. 그리고 교육학은 이러한 노력과 요구의 인과관계를 따를 뿐, 아동에게 심리적 현상의 인과관계를 조사하지는 않는다. 아동의 심리적 현상은 아동심리학에 맡겨야 한다"(Meumann, 1920: 5).

교육과학에서 실험적 교육학의 위상

레이와 모이만의 차이점은 단지 "아동학"이라는 용어의 상반된 쓰임새에만 국한된 것이 아니다. 교육과학의 틀 속에서 이들이 실험적 교육학에 부여한 위상에도 차이가 있다. 그리고 부분적으로는 방법론적 기반에서도 차이를 보인다. 레이(Lay, 1912: 16)에게 실험적 교육학은 유일한 과학적 교육학이자 교육학의 전부이다. 전통적 교육학의 수용은 기껏해야 가설형성으로 흘러들 뿐이다. 반면에 모이만(Meumann, 1920: 9)에게 실험적 교육학은 체계적 교육학(Systemantische Pädagogik)에 경험적 토대만을 제공할 뿐이다. 그에게 있어서 교육목적의 일반적 규정은 여전히 철학적 교육학의 주요 과제로 남는다.

실험의 설계와 실행에 대한 가설형성부터 증명에 이르는 경험적 연구의 과정에 대한 레이의 생각들은 그보다 훨씬 이전에 창안된 논리적 경험주의의 이론과 일견 상당히 일치하는 것처럼 보인다(Ruprecht, 1978: 151). 그러나 인간의 생물학적 기반에 터하여 지구상의 모든 사람들을 위한 교육의 구상 방법이 담겨있는 "세계 교육학"을 약속한 실험적 교육학의 효능에 대한 과도한 기대로 인해 레이는 경험주의적 인식론의 구상으로부터 크게 벗어났다(Lay, 1903/1920: 72). 레이와는 대조적으로, 모이만은 연구지식과 행위지식 사이의 차이점, 실험적-교육학적 통찰들과 교육적 방안들과의 차이점을 명확하게 구분함으로써 실험적 연구들의 진행 가능성을 훨씬 더 정확하게 산정하였다(Tenorth, 1994: 25). 또한, 그는 자신의 경험적 교육학적 접근을 위해 덜 엄격한 기준으로 적용될 수 있는 방법론을 사용하였다. 그 예로써 그는 자신의 교육학적 청소년 연구에서 고전적-해석학적 방법들(예: 어린 시절의 기억 수집)을 들여왔다. 이 방법론들은 외부로부터 들여온 것으로서, 이를 통해 그는 현상학에 더 가깝게 다가갈 수 있었다(Ruprecht, 1978: 152).

(b) 교육학적 사실 연구

교육과학의 한 부분으로서 경험적 연구를 발전시켰던 또 다른 방향은 페테르센(P. Petersen)이 그의 동료들과 함께, 그중 특히 그의 아내(Else Petersen)와 함께 교육적 사실 연구의 근거를 마련한 노력을 들 수 있다. 이 작업은 페테르센이 예나에서 헤르바르트 학파인 라인(R. Rein)의 후계자가 된 1923년에 시작되었으며, 정치적인 이유로 동독 정부에 의해 예나대학 부속학교가 폐쇄된 1950년까지 지속되었다.

페테르센은 그의 교육학적 사실 연구의 기원으로 두 가지의 출처를 제시한다. 하나는 세기의 전환기에 헤르바르트 학파의 이론을 통하여 본질적으로 규정된 학습학교를 비판했던 개혁교육학이다. 다른 하나는 비록 모이만에 의해 제시된 실험적 교육학에 나타나 있지만, 아직 실현되지 못한 교육학적 사실 연구의 경향성이다(Petersen/Petersen, 1965: 95). 페테르센에게 교육학적 사실 연구는 교육철학적 성찰 및 실천척-교육적 과제와 연관되어 있으며, 실천적 질문들에 대한 대답을 찾는 것, 즉 예나의 개혁학교에서 교육과 수업의 실천을 더욱 개선할 방법을 찾는 것을 목표로 하였다. 그래서 페테르센은 심리학 혹은 사회학으로부터 그 방법론을 계승하는 것이 아닌, 교육학의 특수한 목표설정과 교육학적 문제 제기에 적합한 경험적 연구방법론을 개발할 필요가 있다고 보았다.

교육학적 사실 연구의 핵심은 교육적 상황을 관찰하고 기록하는 것이다. 교육적 상황은 "의도적으로 형성되고 유지되는, 문제가 있는 (질문으로 가득 찬) 상황의 생활 반경으로서, 어린이와 청소년의 전면적 발달과 형성 및 순수한 인간적 소질과 정신적 능력을 기르는 데 최상의 환경적 도움을 제공하기 위해 마련된 것"으로 정의된다. 교육적 상황은 청소년들에게 다양한 종류의 과제와 자극을 통하여 모두가 스스로를 온전한 인간과 인격체로서 표현할 수 있게 하고, 활동하고 행위하게 하며, 그리고 비교적 완결된 입장표명과 성취로 응답할 수 있도록 해 준다(Petersen/Petersen, 1965: 109). 이를 통해 페테르센은 교육학적 상황을 매우 복합적이고 문제를 내포하고 있는, 개방적이면서도 과정지향적인 교육상황으로 묘사하고 있다. 이러한 교육적 상황에 대한 교사의 교육적 감수성 향상을 위해 예나 개혁학교에서 교육적 상황에 대한 연구는 교사 스스로에 의해 수행되어야만 했으며, 교원양성과정과 교사연수

교육학적 사실연구의 기원

교육적 상황

에서 확고한 자리가 확보되어야 했다(Wulf, 1983: 71).

　　교육적 상황의 복합성을 올바르게 판단하기 위해 페테르센은 다차원적 관찰법을 사용하였다. 방법론적 측면에서는 개별적 관찰기록(학교라는 세계에 대한 개별학생의 관계에 대한 기록), 교사의 관찰기록(한 개인으로서 교사가 자신의 행위와 의사소통 속에서 드러내는 모습의 기록), 그리고 교사그룹의 전체적 기록 등이 구분되었다. 관찰자료의 평가와 해석에서 그는 평가의 목적을 6가지로 세분하였다. 이들은 이른바 서술적, 현상학적인 평가에서부터 논리적, 수리적, 인과적 평가를 거쳐 목적과 규범의 문제를 해석학적 맥락 속으로 들여와야만 하는 '최종적 의미 파악'에 이르는 스펙트럼에 걸쳐 있다. 이 평가개념으로 볼 때, 페테르센이 교육학적 사실연구에서 경험적, 현상학적 그리고 해석학적 방법의 결합을 시도했다는 것은 분명해진다. 동시에 그의 스승인 모이만의 경험적 입장과 피셔의 현상학 그리고 람프레히트(K. Lamprecht)의 문화역사적 해석학으로부터 직접적 영향을 받았다는 것이 드러난다(Ruprecht, 1978: 127).

　　페테르센과 유사하게 그의 제자인 빈네펠트(Winnefeld, 1955, 1956)는 연구과정의 시작 부분에서 교육적 현실의 현상학적 추론을 제시하였다. 그는 그러나 현상학적 분석으로 도출된 가설들을 경험적-분석적으로 증명하였기 때문에 더욱 일관되게 경험적 입장을 지지하였다. 게다가 레빈(K. Lewin)의 장(場)이론으로부터 영향을 받아 그는 페테르센의 교육적 상황을 아주 많은 요인들이 통합된 교육의 장으로 파악했다. 이러한 교육학적 사실 연구로부터 교육학 분야에서 심리학적 연구가 출현하게 되었다(Petersen/Reinert, 1992: 43).

(C) 서술적 교육학

　　서술적 교육학은 1914년 피셔가 그 틀을 마련하고 1927년에 로흐너가 더 포괄적 연구를 통해 발전시켰다. 피셔에 따르면, 교육의 현상학은 서술과 함께 시작된다. 그에게 서술적인 무엇인가-질문(what-is-question)은 교육과학의 토대이다. 그에 의하면, 이론 형성, 설명 그리고 체계화는 교육과학의 최상층에 위치한다. 그러나 체계적 이론 형성의 출발점은 바로 사심 없고 어떠한 이론으로부터도 자유로운 서술을 통해 마련된다. 그래서 피셔는 다음과 같이 말한다. "모든 학문의 시작점에서 우리는 서술해야 한다. 즉, 해당 영역의 가치를 나타내는 사물과 사태가 무엇인가를 물어야 한다. 이 사태라는 것은 이론 이전에 주어져 있는 자연적인 상태에서야 '사실'로서 가능해지는 것으로서, 이것은 학문이 항상 제기하는 질문의 문제들을 내포하고 있다. … 서술적인 무엇인가-질문에 대한 답이 최종적으로 도출된다면, 이때부터 모든 설명적인 '무엇인가-질문'들, 모든 생성적 질문들은 정교한 학문적 정신 태도 속에서 가능해진다"(Fischer, 1914/1966: 91). 여기에서 피셔가 순수한 서술에 대하여 기대하는 것이 무엇인지 분명해진다. 후설(E. Husserl)을 잘못 이해한 나머지, 그는 어떠한 이론적 선이해 없이 교육의 실재에 대한 순수한 이론 중립적, 사심 없는 서술이 가능하다고 생각하였다.

이와 유사하게 로흐너 역시 1927년에 출판된 그의 연구『서술적 교육학』에서 다음과 같이 적고 있다. "교육적 영역에서도 순수한 서술은 의심할 여지 없이 특별한 의미를 지닌다. … 교육과학은, 그것이 가치와 목표에 대한 그리고 방법론과 절차에 대한 어떤 체계를 세울 수 있거나 그렇게 하도록 허락되기 전에, 우선적으로 교육의 존재와 이념을 인식하고 그리고 기술하는 것을 시도해야만 한다"(Lochner, 1927: 6). 피셔와 유사하게 로흐너는『서술적 교육학』에서 서술적-경험적 그리고 규범적-철학적 교육학이 하나의 학문 분야 내에서 조화될 수 있을 것이라는 견해를 지지했다. 그리고 그는 1934년의 저서『교육과학』에서 교육학의 경험적이고 규범적인 이중적 특성을 거부함으로써, 서술적-경험적 교육학만이 엄밀한 학문에 부합한다는 점을 예고하였다. "이 저서에서 제시하고자 하는 교육과학은 여타의 교육론과 명확하게 구분되어야 한다. 교육과학의 목적은 교육적 행위의 영향에 따라 결정되는 것이 아니다. 그것은, 여타의 다른 학문의 추구하고자 하는 목적과 마찬가지로, 주어진 것을 인식하는 데에 있다. 즉, 모든 목적의식과 목표의식을 배제하여야 한다"(Lochner, 1934: 2). 로흐너는 교육과학을 가치중립적이고 순수한 인식과학으로 규정함과 동시에, 규범적 질문에 대한 논의는 학문 이전의 영역으로, 실천적 교육론의 영역에 위치시켰다.

1963년『독일의 교육과학』에서 로흐너는 이 입장을 더욱 정교화하였다. "교육과학은 교육현상 전체를 향해 있는 이론적이고 독립적이며 '순수한' 과학이다. … 이런 의미에서 교육과학은 실증적, 서술적-경험적, 설명적 특성을 지니는 여타 학문들, 예를 들자면 국가경제학이나 심리학 혹은 생물학과 다르지 않거나 혹은 크게 다르지 않다"(Lochner, 1963: 415). 학문의 통일성과

교육학의 경험적이고
규범적인 이중적 특징

순수 인식과학으로서
교육과학

가치중립성에 대한 요구 및 사실의 확립에 국한하는 교육과학에 대한 이해를 바탕으로 로흐너는 1927년부터 1963년까지 쓰여진 자신의 글에서 가장 뚜렷하게 경험적 교육과학의 실증주의적 입장을 지지하였다.

(d) 통합과학으로서의 교육과학

교육과학을 가치중립적인 경험적 인식과학으로 파악하고 철학적 질문에 대한 논의를 전(前)과학적 사유의 맥락에서 바라보는 로흐너와는 대조적으로, 사실적 과학으로서 교육과학의 토대를 마련하고자 노력하였던 로트(H. Roth)는 전승되어 온 교육학적-철학적 질문을 경험적 연구를 통해 보완하는 것을 목표로 하였다. 이러한 그의 노력은 이미 1958년 "교육학을 위한 경험적 연구의 의미"(Roth, 1958: 20)라는 논문에서 나타났는데, 그는 여기에서 "우리가 지금까지와는 아주 다른 규모로 그리고 훨씬 더 의미 있는 정도로 교육학적 연구, 경험적 연구로 들어설 수 있도록 우리에게 사색적인 능력을 이용하게 했던 것은 철학적으로 주도된 교육학이었다"라고 언급하였다. 그의 이 말은 1962년 "교육학 연구에 있어서 사실주의적 전환"이라는 제목으로 행해진 그의 괴팅겐 대학 취임 강연에서 더욱 뚜렷하게 강조되었다. 그가 보기에, 교육적 실재의 직관적 해석학에 멈추어 서서 경험과학적 방법론을 배제한 것은 바로 기존의 정신과학적 교육학이었다. 이를 대신하여 그는 규범과 사실, 조치와 그 결과들 사이의 지속적인 순환에 대한 이해와 명증을 통한 교육 현실의 확실성, 통제, 비판과 조정을 위한 경험과학적 방법론의 확립을 주장했다(Roth, 1962: 183).

교육과학에서 "사실주의적 전환"

로트의 교육과학의 "사실주의적 전환" 프로그램은 우선 교육학을 다수의 개별과학으로 분해하려는 경향성을 저지하고, 둘째, 이론과 경험의 관계를 새롭게 규정하며, 셋째, 경험적 연구에서 교육적 행위를 중시하는 것을 목표로 한다(Wulf, 1983: 77-79). 이론적으로는 다음과 같은 목적을 지향하여야 하는 하나의 교육과학이 구상된 것이다. 즉, 인간에 대한 수많은 학문들 중에서도 상당 부분 경험적으로 다듬어진 인식들을 교육학적 문제 제기 속으로 통합하는 것이 바로 그것이다. 이러한 통합 성과는 인간에 대한 학문이 인간의 교육적 가능성과 사회학적 규정이 무엇인지를 묻는 교육인간학에 의해 설명되어야만 한다(Roth, 1965: 215). 방법론적으로 로트(1965)와 그의 제자인 티어리쉬(Thiersch, 1966)는 교육과학의 해석학적 방법과 경험적 방법 간의 조화를 주장하였다. 그래서 해석학은 질문수집과 경험적으로 얻은 결과를 해석하는 데 기여해야 한다. 반면에 경험주의의 과제는 교육현실에 대한 정확한 지식을 습득하는 것이다. 이를 통하여 로트와 티어쉬는 "반(反)경험적 교육학이론"과 "맹목적 경험주의" 사이의 균형을 이루려고 하였다.

교육학 연구에서 사실적 전환과 연결된 세 번째 의도는 연구 활동에 대한 교육학적 행위 관심을 유지하는 것이다. 로트는 경험적 연구를 매개로 교육실천 개선에 기여해야 한다는 주장을 고수했다. 그래서 그는 독일교육위원회의 교육과학적 교육연구의 시작을 위한 권장 사항으로 실천에 대한 규명과 개혁을 목표로 하는 연구를 제시하였다. 이러한 개혁 동인은 특히 현장연구를 수행하고 동시에 실천 개혁을 위한 연구에서 관련자들과 그들의 경험을 혼합하는 실천 지향적 교육연구에 적용되었다(Roth/Friedrich, 1975: 28).

(e) 비판적-합리적 교육과학

철학적으로 경도된 교육학과 경험적 교육학 연구 사이에서, 그리고 해석학적 연구방법론과 경험적 연구방법론 사이에서, 그리고 경험적 연구와 교육학적 행위에 대한 관심 사이에서 삼중의 매개를 이루고자 시도하였던 로트와는 대조적으로, 1970년대에 비판적-합리적 교육학의 대표자들은 그 구상에 있어서나 방법론적으로나 완전히 다른 길을 택하였다. 뢰스너(L. Rössner, 1975)와 쿠베(F.v. Cube, 1977)와 더불어, 특별히 브레진카(W. Brezinka)는 자신의 저서인 『교육학에서 교육과학으로(1971)』와 『교육의 메타이론(1978)』에서 비판적 합리주의의 구상을 교육과학에 접목하려고 하였다. 이 저작들에 나타난 그의 제안은 교육과학 내에서 비판적 합리주의에 대한 찬반 논쟁이 가장 오랫동안 지속되는 계기가 되었다(Pollak, 1987: 147).

브레진카는, 로흐너의 구상을 수용하는 가운데, 오로지 경험과학에 기반한 인식의 획득을 목표로 하는 교육과학 프로그램을 개발하였다. 로트의 경우와는 달리, 브레진카는 학문적 이론의 발견이라는 맥락 속에 있는 철학적 질문들 그리고 교육적-경험적 지식을 실천적으로 활용하는 맥락 속에 있는 철학적 질문들이 교육과학의 과제 영역에 속하지 않는다고 보았다. 그렇기 때문에 브레진카(Brezinka, 1989: 73)에게는 경험적 교육과학 외에 이러한 당위적 질문을 다루는 철학적 교육이론과 실천적 교육론이 필수적이다. 이러한 사유와 일관되게, 브레진카는 그의 저서 『교육학에서 교육과학으로』(1971)에서 경험과학적 인식의 이상을 지향하는 교육과학이 교육철학 및 실천적 교육학이라는 두 가지 유형의 교육이론 통하여 보완되어야 한다고 주장한 바 있다.

이론적 교육과학   그는 협의의 그리고 본래적 의미에서 이론적 교육과학과 교육사학을 교육과학에 포함시킨다. 이론적 교육과학의 과제는 법칙론적 지식을 생산하는 것이다. 여기서 교육과학은, 실증주의가 추구하는 것과는 달리, 교육 실재에 대한 무전제적 인식으로부터 출발하여서는 안 된다. "학문은 사실로부터 출발하는 것이 아니라, 문제제기 및 이를 해결하려는 시도로부터 시작된다"(Brezinka, 1971: 50).

비판적 합리주의론에 의지하여 브레진카는 가설과 이론에 대한 상호주관적 검토와 활용을 교육과학 연구의 핵심에 두었다(Brezinka, 1978: 134). 또한 알버트(H. Albert)는 학문적 진술 체계라는 영역을 위한 가치중립성을 요청하였다. 브레진카는 이렇게 얻어진 교육과학의 인식이 무엇보다도 교육과학적 이론의 공학적이고 처방적인 이용이라는 차원에서 교육실천을 위해 유용하다고 생각하였다(Brezinka, 1978: 165).

교육사학   교육의 실재를 온전히 알기 위하여 이론적 교육과학은 무엇보다 교육사학의 성과를 통하여 보완되어야만 한다. 여기에서 브레진카에게 중요한 점은 (Brezinka, 1978: 171), 경험적 교육과학 역시 지나간 사건들의 재구성 및 교육현상의 조건구조를 다루는 역사학의 일부라는 점, 그리고 그것이 사실에 대한 확정과 해석과 설명에 국한될 뿐 교육사적 연구가 규범적 목적에 예속되지 않는다는 점이다.

교육철학   브레진카(Brezinka, 1971: 117)에 의하면 교육의 목적과 목표, 교육학적 진술 체계의 철학적 토대에 관한 질문들은 사실과학으로 이해되는 교육과학에 의해 다루어질 수 없거나 설령 다루어진다 하더라도 매우 불완전하게 다루어질 뿐이다. 이 질문들에 대한 해명은 교육철학의 과제 영역에 속하는데, 브레진카는 이 교육철학을 다시 교육학적 진술의 인식론과 교육의 도덕철학으로 세분화한다. 교육학적 진술의 인식론은 교육학적 문장의 논리적 분석 및 교육과학적 지식에 대한 방법론적 측면을 다루며, 교육학적 체계에 대한 인식론적 비판을 수행한다. 교육의 도덕철학은 교육학적 목적 결정에 대한 근거와 확실성을 다룬다. 따라서 교육의 도덕철학은 공학적이고 가치중립적 과학으로 이해되는 교육과학이 결코 감지할 수 없는 과제를 해결한다(Brezinka, 1971: 141).

브레진카의 견해에 따르면, 교육 실천을 안내하는 것은 경험적 교육과학의 기능이 될 수 없다. 이 과제는 이론과 실천 사이의 중재자인 실천적 교육학 의 임무이다. 교육학의 역사에서 이미 많은 교육적 규범 또는 교육의 실천이 론이 개발되었다. 이러한 맥락에서 브레진카(Brezinka, 1971: 190)는 실천이론 의 필수성에 대한 통찰을 촉진하려 했던 정신과학적 교육학을 특별히 대표적 인 것으로 간주한다. 그에게 있어서, 능력을 발휘한다는 의미에서 예술과 과 학 사이에 자리잡고 있는 이러한 실천적 이론들은 우리가 무엇을 해야 하는 가에 대한 질문을 추구하기 때문에 필수 불가결한 것이다(Brezinka, 1978: 238). 이에 반해 경험적 교육과학은 단지 교육현장에서 나타나는 활동맥락에 대한 정보만 제공할 뿐이다. 경험적 교육과학에 의해 생성된 법칙론적 지식 은 실천에 직접적으로 적용될 수 없으며, 단지 변형되고 응용되는 실천적 교 육이론이다. 이는 "교사의 판단근거를 형성하고 교육적 상황에서 어떤 결정 할 수 있도록" 도와준다(Brezinka, 1989: 75).

실천적 교육학

브레진카의 비판적-합리적 교육과학에 대한 일관된 이론은 지난 수십여 년 동안 서독의 교육과학의 학문이론적 논쟁의 중심에 있었다. 그리고 브레진카 는 자신의 연구에서 라카토스(I. Lakatos)와 쿤(T. Kuhn) 등의 초기 비판적-합 리적 구상의 지속적인 발전과 비판에 대해서는 주목하지 않은 반면, 주로 포 퍼와 알버트를 수용하였기 때문에, 독일 교육학에서 비판적 합리주의에 대한 포퍼-이후의 검토가 아주 드물게 수용되었다는 것은 그리 놀라운 일이 아니 다(Pollak, 1994: 19).

이러한 계속적인 발전은 무엇보다 과학이론의 역사화에 해당한다. 포퍼 이 론의 핵심이 이론에 대한 검증이었다면, 라카토스는 이것을 포괄적인 통일체 로서 "학문적 연구 프로그램"에 할당하였다. 이 틀 내에서 부적절하다고 인 식된 개별 이론들은 모든 연구 과정의 역사적 연속성에 대한 의문을 제기하 지 않으면서 더 나은 이론으로 대체될 수 있다(Lakatos, 1974). 라카토스가 과 학적 연구프로그램의 역사적 연속성을 매우 강조하고, 지극히 자율적으로 진 척되는 인식론의 발전을 따라가는 반면에, 그를 비판하는 사람들, 특히 쿤 (1973) 같은 사람은 외부의 심리적·사회적 영향 요인도 고려하여 학문적 이 론의 역사적 변화를 연구한다. 그 외에도 쿤은, 라카토스와 달리, 과학사에는 지식이 연속적으로 성장하는 이른바 정상적 학문의 단계 외에 과학적 혁명의 단계도 존재한다고 보았다. 예를 들자면, 자연과학에서 코페르니쿠스적 전환

바판적 합리주의의 지속적 발전

이 있는 것처럼 각각 일반 과학적 단계가 급격한 도약을 통해 근본적으로 다른 상위의 단계로 이어질 수 있다는 것이다(Mühlhölzer, 1991: 303).

I.2.4. 전개와 비판

무엇보다 지난 몇 년 동안 비판적 합리적 교육과학의 개념 변화와 구상적 개선의 흔적을 확인할 수 있다. 예를 들어 폴락(G. Pollak)과 하이트(H. Heid)는 근래의 출판물에서(Pollak/Heid, 1990, 1994; Heid 2006) 슈핀너(Spinner)와 파이어아벤트(Feyerabend)의 새로운 비판적-합리적 사상과 포스트모던 철학의 일부 변종 사이의 이론적 유사성을 연구했다. 슈핀너(Spinner, 1982)의 견해에 의지하여 그들은 무엇보다도 포퍼의 과학이론과 사회철학이 사회학 이론적으로 과소결정되었고 비판적-합리적 기본개념에 대한 사회학적 완성이 부족함을 지적하고 있다. 그래서 그들은 베버(M. Weber)의 현대화이론을 바탕으로 비판적 합리주의를 이론연관적, 사실연관적으로 실현하는 것과 수정된 비판적-합리적 교육과학의 틀 속에서 경험적-교육학적 연구를 위한 거시사회학적 관계 틀로써 사용하는 것을 지지한다(Pollak/Heid, 1990: 125). 이와 유사하게, 펜트(Fend, 1994: 33)는 경험적 교육과학의 인식을 포괄적·역사적 진화과정의 맥락에 삽입하고자 하였으며, 근대화 이론의 배경을 통해 얻은 경험적 자료를 기반으로 20세기 성장기의 구조적 변화를 재구성하였다(Fend, 1988, 2005).

펜트 또는 후렐만 등 사회과학적으로 방향지워진 교육연구 및 사회화연구 분야의 저자들은 무엇보다도 브레진카의 메타이론적인 진술을 수정하였다. 왜냐하면 그들이 보기에 학문적 결과의 활용에 대한 반성이나 실천지향적 권고사항의 작성 등의 일은 여전히 교육과학의 독자적인 과제에 속하기 때문이다. 그래서 후렐만(Hurrelmann, 1986: 197)은 사회화 이론 전체가 사회화 과정 중 교육학적 간섭의 정당성 문제에 대한 책임을 져야만 한다고 주장한다. 그리고 그는 상담으로서 교육학적 간섭이라는 실천모델을 개발하였다. 이렇게 파악된 교육연구와 사회화연구 역시 경험적 연구라고 할 수 있는데, 이들은 양적-통계학적 방법과 질적-해석학적 방법 모두를 활용한다(Fend, 1994: 33;

Krüger, 1993: 28). 이를 통해 모이만, 페테르센 혹은 로트 등과 같이 서로 다른 강조점을 지니고 있는 경험적 교육과학의 역사에서 발전된 경험적 연구들과 연결된다.

비판적 교육과학의 대표자들뿐 아니라 여타 학자들을 통해 항상 제기되었던 경험적 교육과학의 구상에 대한 비판들, 즉 연구의 이론정향성 부족, 연구의 사회연관성 부족, 경험적 결과의 이용가능성에 대한 무관심, 해석학적 연구방법의 소홀 등은 사회과학적으로 정향된 경험적 교육과학(Baumert, 2001)의 새로운 접근에는 더 이상 해당되지 않는다. 그 비판들은, 이미 브레진카와 다른 사람들이 표명했듯이, 비판적-합리적 교육과학의 초기 프로그램에는 분명 타당하다. 일부 비판점은 확실히 몇몇 구상과 연구와 관련이 되고 있으며, 이는 교육학적-심리학적 경향을 뚜렷하게 지녔던 "경험적 교육학 연구자 모임"의 경우에 해당된다. 그래서 이 그룹의 대표자들 중 한 명인 잉엔캄프(Ingenkamp, 1992: 12)는 많은 교육학적-경험적 연구들은 "중간 수준의 이론의 지위"에도 이르지 못한다는 자기비판적 고백을 한 적도 있다. 이에 더하여 이 그룹의 연구가 주로 학교연구나 교수-학습 연구 또는 교육적 진단의 문제에 제한될 뿐 아니라 방법적 측면에서는 질적 접근을 거의 수행하지 않았다는 점은 추가적으로 비판받아 마땅하다.

그러나 경험적 교육과학의 현재적 논의 상황과 연구 성과에 대한 평가가 이루어져야 한다면, 긍정적인 측면들도 언급될 필요가 있다(Tenorth, 1991). 경험적 교육과학의 대표자들은 교육과학 내에서 지식의 형식이 다양하고, 철학적 기반에 대한 성찰들이 상이하며, 연구지식 및 전문성과 실천에 관련된 지식의 형태의 다양성들이 서로 구분될 필요가 있다는 점에 대한 환기를 이루었다. 그러나 이러한 의미 있는 세분화가 브레진카의 경우와 같이 서로 아주 상이한 세 가지 유형의 교육이론으로 반드시 이어질 필요는 없다. 오히려 교육 연구와 사회화 연구에서 근래 새롭게 나타난 이론적 정당화 시도들은 지식의 상이성들을 고려하면서도 사회이론적 성찰과 경험적 연구 그리고 교육학적 연구의 실천연관을 위한 숙고를 경험적 교육과학의 세 가지 상이한 과제 영역으로 볼 수 있다는 점을 분명히 하였다.

1960년대 후반부터 교육과학 분야와 경험적 연구 분야 내에서, 특히 경험적 교육학의 지지자들에 의해 시작되었던 경험적 연구 분야에서 주목할 만한 진전이 있었다. 이는 경험적 교육학 연구를 위한 사회설비적 조건, 인적·제

도적 그리고 재정적 조건의 개선, 양적·질적 방법론적 도구의 개선과 확장
뿐만 아니라, 학교교육학부터 직업교육, 평생교육, 청소년 교육에 이르기까지
교육학의 거의 모든 영역에서 경험적 연구 내용과 프로젝트들이 확장되었다
는 것과 관련된다. 교육과학 내부에서 '아웃사이더' 지위를 점하였던 1920년
대 혹은 1950년대와 다르게, 현재 경험적 교육학은 IGLU(Bos, 2004) 혹은
PISA(Baumert u.a. 2001; Prenzel u.a. 2004; Prenzel u.a. 2007)와 같은 국제학업
성취도 연구 및 국가적 교육패널도입(Blossfeld u.a. 2009)으로 인해 더욱 번창
하고 있다. 아울러 근래에는, 그들 중 몇 명이나 비판적 합리주의적 관점에
동의하는지와는 관계없이, 대학에서 경험과학적으로 경도된 교수임용자의 수
가 점점 증가하고 있는 실정이다.

참고문헌

Albert, H.: Diskussionsbeitrag zum Thema: Wertfreiheit und Objektivität. In: Stammer, O. (Hrsg.): Max Weber und die Soziologie heute. Tübingen 1965, S. 70-74.

Albert, H.: Plädoyer für kritischen Rationalismus. München 1971.

Baumert, J./Roeder, P.M.: 'Stille Revolution'. Zur empirischen Lage der Erziehungswissenschaft. In: Krüger, H.-H./Rauschenbach, T. (Hrsg.): Erziehungswissenschaft. Weinheim/ München 1994, S. 29-47.

Baumert, J. u.a.: Zum Status der empirisch-analytischen Pädagogik in der Deutschen Erziehungswissenschaft. In: Ingenkamp, Kh. u.a. (Hrsg.): Empirische Pädagogik 1970-1990. Weinheim 1992, S. 1-89.

Baumert, J. u.a.: PISA 2000. Basiskompetenzen von Schülerinnen und Schülern im internationalen Vergleich. Opladen 2001.

Benner, D.: Hauptströmungen der Erziehungswissenschaft. Weinheim [3]1991.

Blossfeld, P. u.a.: Projekt Nationaler Bildungspanel (NEPS), 2009. http:// www.uni-bamberg. de/neps.

Bos, W. u.a. (Hrsg.): IGLU. Einige Länder der Bundesrepublik Deutschland im nationalen und internationalen Vergleich. Münster/New York/München /Berlin 2004.

Brezinka, W.: Empirische Erziehungswissenschaft und andere Erziehungswissenschaft: Differenzen und Verständigungsmöglichkeiten. In: Röhrs, H./Scheuerl, H. (Hrsg.): Richtungsstreit in der Erziehungswissenschaft und pädagogische Verständigung. Frankfurt a.M. u.a. 1989, S. 71-82.

Brezinka, W.: Metatheorie der Erziehung. München/Basel 1978.

Brezinka, W.: Von der Pädagogik zur Erziehungswissenschaft. Weinheim/ Berlin/Basel 1971.

Cloer, E.: Universitäre Pädagogik in der früheren DDR – ausschließlich Legitimationswissenschaft? In: Krüger, H.-H./Marotzki, W. (Hrsg.): Pädagogik und Erziehungsalltag in der DDR. Opladen 1994, S. 17-36.

Cube, F.v.: Erziehungswissenschaft. Stuttgart 1977.

Fend, H.: Die empirische Pädagogik. In: Gudjons, H./Teske, R./Winkel, R. (Hrsg.): Erziehungswissenschaftliche Theorien. Hamburg [4]1994, S. 27–41.

Fend, H.: Sozialgeschichte des Aufwachsens. Frankfurt a.M. 1988.

Fend, H.: Entwicklungspsychologie des Jugendalters. Wiesbaden [3]2005.

Feyerabend, P.: Erkenntnis für freie Menschen. Frankfurt a.M. 1980.

Fischer, A.: Deskriptive Pädagogik (1914). In: Oppholzer, S. (Hrsg.): Denkformen und Forschungsmethoden der Erziehungswissenschaft. Bd. 1, München 1966, S. 83–99.

Heid, H.: Pädagogik des kritischen Rationalismus. Kurseinheiten 1–4. Fernuniversität Hagen 1985.

Heid, H.: Empirische Pädagogik. In: Krüger, H.-H./Grunert, C. (Hrsg.): Wörterbuch Erziehungswissenschaft. Opladen [2]2006, S. 335–341.

Hoffmann, D.: Heinrich Roth – Realistische Erziehungswissenschaft und engagierte Bildungspolitik. In: Hoffmann, D. (Hrsg.): Pädagogik an der Georg-August-Universität Göttingen. Göttingen 1987, S. 162–187.

Hurrelmann, K.: Einführung in die Sozialisationstheorie. Weinheim 1986.

Ingenkamp, Kh.: Ausbreitung und Akzeptanz der empirisch-orientierten Pädagogik. In: Ingenkamp, Kh. u.a. (Hrsg.): Empirische Pädagogik 1970–1990. Bd. 1, Weinheim 1992, S. 4–14.

Ingenkamp, Kh. u.a. (Hrsg.): Empirische Pädagogik 1970–1990, 2 Bde, Weinheim 1992.

König, E.: Theorie der Erziehungswissenschaft. Bd. 1, München 1975.

Kosse, W.: Peter Petersen. In: Scheuerl, H. (Hrsg.): Klassiker der Pädagogik, Bd. II, München 1979, S. 183–195.

Krüger, H.-H.: Geschichte und Perspektiven der Jugendforschung. In: Krüger, H.-H. (Hrsg.): Handbuch der Jugendforschung. Opladen [2]1993, S. 17–30.

Krumm, V.: Kritisch-rationale Erziehungswissenschaft. In: Lenzen, D./ Mollenhauer, K. (Hrsg.): Theorien und Grundbegriffe der Erziehung und Bildung. Bd. 1 der Enzyklopädie Erziehungswissenschaft. Stuttgart 1983, S. 139–153.

Kuhn, T.S.: Die Struktur wissenschaftlicher Revolutionen. Frankfurt a.M. 1973.

Lakatos, J.: Falsifikation und die Methodologie wissenschaftlicher Forschungsprogramme. In: Lakatos, J./Musgrave, A. (Hrsg.): Kritik und

Erkenntnisfortschritt. Braunschweig 1974, S. 89–189.

Lay, W.A.: Experimentelle Didaktik. (1903). Leipzig [4]1920.

Lay, W.A.: Experimentelle Pädagogik mit besonderer Rücksicht auf die Erziehung durch die Tat. (1908) Leipzig [2]1912.

Lochner, R.: Deskriptive Pädagogik. Reichenberg 1927.

Lochner, R.: Erziehungswissenschaft. München 1934.

Lochner, R.: Deutsche Erziehungswissenschaft. Meisenheim 1963.

Merkens, H.: Empirische Pädagogik. In: Tenorth, H.-E./Tippelt, R. (Hrsg.): Lexikon Pädagogik. Weiheim/Basel 2007, S. 182–183.

Meumann, E.: Abriß der experimentellen Pädagogik (1914). Leipzig [2]1920.

Mühlhölzer, F.: Thomas S. Kuhn. In: Nida-Rümelin, J. (Hrsg.): Philosophie der Gegenwart. Stuttgart 1991, S. 302–308.

Petersen, P./Petersen, E.: Die pädagogische Tatsachenforschung. Paderborn 1965.

Petersen, J./Reinert, G.B.: Empirisch orientierte Pädagogik. In: Petersen, J./Reinert, G.B. (Hrsg.): Pädagogische Konzeptionen. Donauwörth 1992, S. 39–60.

Pollak, G.: Fortschritt und Kritik. Von Popper zu Feyerabend: der kritische Rationalismus in der erziehungswissenschaftlichen Rezeption. Paderborn/ München 1987.

Pollak, G.: Krisen und Verluste – Defizite und Chancen. In: Pollak, G./Heid, H. (Hrsg.): Von der Erziehungswissenschaft zur Pädagogik? Weinheim 1994, S. 5–42.

Pollak, G./Heid, H.: Kritischer Rationalismus – Moderne – Postmoderne – Grundfragen ihrer Wechselbeziehung und Probleme der Bestimmung ihrer Identität. In: Krüger, H.-H. (Hrsg.): Abschied von der Aufklärung? Opladen 1990, S. 123–139.

Pollak, G./Heid, H.: Vorwort. In: Pollak, G./Heid, H. (Hrsg.): Von der Erziehungswissenschaft zur Pädagogik? Weinheim 1994, S. 1–4.

Popper, K.R.: Logik der Forschung (1934). Tübingen [3]1973.

Popper, K.R.: Ausgangspunkte. Hamburg 1979.

Popper, K.R.: Philosophische Selbstinterpretation und Polemik gegen die Dialektiker. In: Großner, K. (Hrsg.): Verfall der Philosophie. Hamburg 1971, S. 278–289.

Prenzel, M. u.a.: PISA 2003. Der Bildungsstand der Jugendlichen in Deutschland — Ergebnisse des zweiten internationalen Vergleichs. Münster/ New York/München/Berlin 2004.

Prenzel, M. u.a.: PISA '06. Die Ergebnisse der dritten internationalen Vergleichsstudie. Münster/NewYork/München/Berlin 2007.

Rössner, L.: Rationalistische Pädagogik. Stuttgart u.a. 1975.

Roth, H.: Die Bedeutung der empirischen Forschung für die Pädagogik (1958). In: Oppolzer, S. (Hrsg.): Denkformen und Forschungsmethoden der Erziehungswissenschaft, Bd. 2, München 1969, S. 15-62.

Roth, H.: Die realistische Wendung in der pädagogischen Forschung. In: Neue Sammlung (1962), H. 2, S. 481ff.

Roth, H.: Empirische pädagogische Anthropologie. In: Zeitschrift für Pädagogik 13 (1965), S. 207-221.

Roth, H.: Pädagogische Anthropologie, 2 Bde, Hannover 1971.

Roth, H./Friedrich, D.: Einleitung. In: Roth, H./Friedrich, D. (Hrsg.): Bildungsforschung. Probleme, Perspektiven, Prioritäten. Stuttgart 1975, S. 19-54.

Ruprecht, H.: Die erfahrungswissenschaftliche Tradition der Erziehungswissenschaft. In: Thiersch, H./Ruprecht, H./Herrmann, U. (Hrsg.): Die Entwicklung der Erziehungswissenschaft. München 1978, S. 109-171.

Spinner, H.: Ist der kritische Rationalismus am Ende? Weinheim/Basel 1982.

Stevenson, Ch.L.: Rudolf Carnap: Philosophie als logische Syntax. In: Hügli, A./Lübcke, P. (Hrsg.): Philosophie im 20. Jahrhundert, Bd. 2, Reinbek 1993, S. 195-210.

Störig, H.J.: Kleine Weltgeschichte der Philosophie, Bd. 2, Frankfurt a.M. 1969.

Tenorth, H.E.: Empirisch-analytisches Paradigma. Programm ohne Praxis – Praxis ohne Programm. In: Hoffmann, D. (Hrsg.): Bilanz der Paradigmendiskussion in der Erziehungswissenschaft. Weinheim 1991, S. 1-16.

Tenorth, H.E.: Profession und Disziplin. Zur Formierung der Erziehungs- wissenschaft. In: Krüger, H.-H./Rauschenbach, T. (Hrsg.): Erziehungs- wissenschaft. Weinheim/München 1994, S. 17-28.

Thiersch, H.: Hermeneutik und Erziehungswissenschaft. Zum Methodenstreit in der Pädagogik. In: Die Deutsche Schule 58 (1966), S. 3-21.

Trapp, E.C.: Versuch einer Pädagogik (1780). Paderborn 1977.

Winnefeld, F.: Zur Methodologie der pädagogischen Tatsachenforschung. In: Wissenschaftliche Zeitschrift der Martin-Luther-Universität Halle-Wittenberg 4 (1955), H. 3, S. 475–484 (Teil I) und 5 (1956), H. 4, S. 559–588 (Teil II).

Wulf, Ch.: Theorien und Konzepte der Erziehungswissenschaft. München ³1983.

I.3. 비판적 교육과학

I.3.1. 발생 맥락과 영향

비판적 교육과학은 정신과학적 교육학뿐만 아니라 경험적 교육과학과 명확하게 거리를 두면서 1960년대 후반 이후 교육학의 세 번째 주요 이론으로 등장했고, 10년이 안 되는 기간 동안 교육학 이론에 관한 논의를 지배하였다. 비판적 교육과학은 학생운동의 정치적 자극에 의해 영향을 받고, 프랑크푸르트학파의 사회철학적 연구성과에 의해 고무되었으며, 교육적 사유를 변화된 사회적 현실과 사회과학의 진보적 성찰 과정에 적응시키고자 했다. 비판적 교육과학은 경험적 교육과학이 내세우는 가치중립성이라는 전제와는 달리, 경험적 연구들이 이루어지는 사회적 발생배경과 활용 맥락에 대한 사회비판적 분석이 학문적 과제영역에 함께 포함되어야 한다는 것을 강조했다. 정신과학적 교육학과 달리 비판적 교육과학은 비판적 사회이론의 맥락 속에서 교육학적 진술의 경제적·정치적 조건을 성찰했고, 교육학의 규범적 지향점을 학습자의 성숙이라는 모호한 관심뿐만 아니라 개인과 사회의 해방의 변증법을 강조하는 해방 개념에 두고 있었다. 이러한 이론적 흐름의 주요 대변자들은 렘페르트(W. Lempert) 이외에, 무엇보다 클라프키(W. Klafki), 블랑케르츠(H. Blankertz), 몰렌하우어(K. Mollenhauer)가 있다. 세 사람 모두 괴팅겐에서 베니거(E. Weniger)에게서 박사학위를 취득하였다. 그들이 발전시킨 비판적 교육이론들은 그 이론적 기초와의 연결지점이 비판이론에 있을 뿐만 아니라 정신과학적 교육학의 자기비판으로부터 도출되었다는 것이 공통적이다.

Wolfgang Klafki

클라프키(W. Klafki. 1927년생)는 동프로이센 앙어부르크에서 김나지움교사의 아들로 태어났다. 학교교육 이수 후 전쟁의 막바지 시기인 1943년부터 1945년까지 공군보조병으로 복무하였고, 1946년부터 1948년까지 하노버 교육대학에서 수학하였다. 1차 교사시험 이후 니더작센주의 여러 학교에서 초등학교 교사로 근무했으며, 1952년부터 1957년까지 본(Bonn)과 괴팅겐에서 속성 대학과정을 이수했다. 1957년 베니거의 지도하에 박사학위논문 『기초교육의 교육학적 문제와 범주적 교육의 이론』을 완성했다. 이 논문은 지도교수였던 베니거와 무엇보다 리트(T. Litt)의 정신과학적 사유의 영향을 여전히 강하게 받고 있었다. 하노버 교육대학과 뮌스터 대학교에서 조교와 강사로 활동한 이후, 클라프키는 1963년 마부르크 대학교 교육학 교수에 임용되었다. 그는 여기서 1992년 정년퇴임까지 재직했다. 1960년대 후반 호프가이스마러 연구집단(Hofgeismarer Arbeitskreis)에서의 교육사회학적 토론 및 마부르크 대학 학생운동의 정치적 활동에 의해 영향을 받았던 클라프키는 1970년대 초반 이후 비판적-구성적 교육과학 구상을 발전시켰다. 그 첫 윤곽은 그가 다른 저자들과 함께 저술한 세 권의『방송통신대학 교육학』(1970)에서 찾아볼 수 있고, 이어서 1976년 단독저서『비판적-구성적 교육과학의 측면들』에서 체계적으로 발전시켰다. 클라프키는 후기 저작들에서, 변증법적 이론 형성과 일반교육학 구상을 새로이 구성해 내려는 노력을 통해 이론적 구상을 계속해서 발전시켰다(Klafki, 1990). 1960년대 이후 클라프키는 헤센주, 노르트라인-베스트팔렌주와 브레멘주의 여러 교육과정과 학교개혁위원회의 위원장이나 위원으로 활동했다. 또한 1966년부터 1988년까지 계속해서 독일교육학회 집행부에 속했고, 1986년부터 1988년까지 학회장을 역임했다.

블랑케르츠(H. Blankertz. 1927년생)는 학교교육을 받은 후, 1950년대 괴팅겐에서 교육학, 역사, 국민경제를 공부하기 이전에, 섬유 산업 분야에서 6년 동안 일했다. 그는 1958년에 당시 괴팅겐에서는 금기시되었던 신칸트주의에 대한 연구로 베니거로부터 박사학위를 받았다. 4년 뒤 만하임에서 신칸트주의자 리첼(W.W. Ritzel)에게서『직업교육과 공리주의』(1963)라는 주제로 정신과학적 관점의 연구로 교수자격논문이 통과되었다. 칸트의 비판주의와 프랑크푸르트학파 비판이론에 근거한 비판적 교육과학으로서의 교육학에 대한 그의 이해는 1970년대 여러 논문에서(Blankertz, 1979 참조) 토대를 세우고 있다. 그리고 그것을 교수법적 연구들과 단독 저서『계몽시기부터 현재까지 교육학의 역사』(1982)에서 구체화하고 있다. 그는 함부르크, 올덴부르크, 만하임, 베를린에서 대학교수로 재직했다. 그는 1969년부터 1983년 사망할 때까지 뮌스터 대학에서 교육학과 철학을 가르치는 교수로 재직하였다. 블랑케르츠는 1970년 이후 교육정책적으로 노르트라인-베스트팔렌의 고등전문학교(Kollegschule) 실험에 적극 참여함으로써 명성을 얻게 되었다. 또한 1974년부터 1978년까지 독일교육학회 회장을 역임했다.

Herwig Blankertz

몰렌하우어(K. Mollenhauer. 1928년생)는 베를린, 코트부스, 폼머른 지역의 노이가르트에서 성장했다. 이미 15살부터 공군보조병으로 복무했다. 포로생활에서 벗어나 늦게 아비투어를 치른 후 1948년부터 1950년까지 괴팅겐 교육대학에서 공부했다. 이어서 2년 동안 브레멘에서 초등학교 교사로 근무했

Klaus Mollenhauer

다. 1952년부터 함부르크와 괴팅겐에서 교육학, 사회학, 독어학을 공부했다. 무엇보다 플리트너(W. Flitner)와 베니거에게 사사하였으며, 베니거의 지도로 『산업사회에서의 사회교육학 기원』(1959)이라는 제목의 박사학위논문을 집필하였다. 괴팅겐과 베를린에서 조교생활을 거친 후, 몰렌하우어는 1965년 베를린 교육대학에서, 이어서 키일과 프랑크푸르트 대학교에서 교수로 재직했다. 1972년부터 1998년까지 괴팅겐 대학에서 일반교육학과 사회교육학 담당 교수로 근무했다. 이미 1968년 저서 『교육과 해방』에서 비판적 교육과학으로의 전환이 암시되고 있었다. 이어서 1972년의 단독저서 『교육과정에 대한 이론들』에서 체계적으로 발전되었고, 다른 저자들과 함께 집필한 4권짜리 대학교재 『비판이론의 교육학』(1978)에서 다시 한번 포괄적으로 종합된다. 또한 몰렌하우어는 1975년 다른 저자들과 함께 독일 교육위원회[1]에 청소년 지원 상황에 대한 연구보고서를 제출했다. 그 이후 이 분야에서는 일련의 연구 프로젝트가 수행되거나 기획되었다. 그리고 그는 1960년대 말 프랑크푸르트 사설유아원(Kinderladen)[2] 운동에 참여했다(Mollenhauer, 1991: 79). 몰렌하우어의 보다 최근 저작 『잃어버린 연관들 - 자기형성(Bildung)·문화·교육』(1983)[3]과 『우회로들 - 형성, 예술 그리고 상호작용』(1986)은 유럽적-근대적 교육 운동을 그 역사적 전제조건과 생활세계적 토대 쌓기 측면에서 새롭게 재구성하고자 하는 시도들이다. 물론 이런 시도들이 비판적 교육과학으로부터 이탈하려는 것인지 혹은 다른 강조점을 지니고 계속 진전시키기 위한 것인지에 대해서는 논의가 필요하다(Mollenhauer, 1995).

비판적 교육과학의 대표적 이론가 세 명에 관한 간략한 생애사를 일별해 보면, 일련의 유사성이 있음을 알게 된다. 세 명 모두 소위 청소년병(Flakhelfer)[4]세대에 속하고, 초기 청소년 시기에 나치 시대를 경험했다. 이들

1) [역자 주] Deutscher Bildungsrat: 연방정부와 각 주정부가 함께 구성하여 1966년부터 1975년까지 활동했던 교육개혁기구이다. 각 연방주의 문화주권(Kulturhoheit)으로 인해 각 주마다 다양했던 당시 서독의 교육제도 통일, 재정문제, 교사교육, 유아교육, 영재교육, 교육의 기회균등, 성인계속교육 등에 대한 권고안, 지침 등을 제공했다. 특히 시범학교로서의 게잠트슐레(Gesamtschule: 통합적 종합학교) 도입을 둘러싼 논쟁을 불러오기도 했다.

2) [역자 주] 1968년 이후 반권위주의적이고 자유로운 아동교육을 목표로 설립된 사설유아원(보육원)이다.

3) [역자 주] 한국어 번역본: 정창호 옮김(2005). 『가르치기 힘든 시대의 교육』. 삼우반

4) [역자 주] 제2차 세계대전 말기 (1943년 이후) 공군과 해군에서 적을 방어하는 데 투입

모두 에리히 베니거로 대변되는 정신과학적 교육학 분위기의 괴팅겐 대학에서 수학하였고 박사학위를 취득했다. 학생운동 안에서 형성된 학문비판의 결과로서, 그리고 1960년대 말의 사회자유주의적[5] 교육개혁 분위기라는 배경 속에서, 정신과학적 교육학을 경험적 교육과학과 이데올로기비판 지향의 교육학으로 전환시키는 데 함께 영향을 미쳤다. 당시의 출발 지점은 서로 달랐다. 클라프키는 리트를 통해 전수된 헤겔의 변증법적 사고로부터 크게 영향을 받았다. 블랑케르츠는 칸트의 비판주의 전통으로부터 왔다. 이에 비해 몰 렌하우어는 괴팅겐의 사회학자 플레스너(H. Plessner)에게서 배우면서, 일찌감치 미드(G.H. Mead)와 엘리아스(N. Elias)의 이론들을 접했다. 그러나 서로 공통 관심사를 가지고 있었는데, 그것은 정신과학적 교육학의 전통적인 입장들을 사회이론적 관점에서 비판적으로 현대화하려고 했다는 점이다. 그들은 정신과학적 교육학자보다 더 단호하게 계몽의 요구를 아직 해결해야 할 프로젝트로 파악했다. 그리고 다양한 교육적 사고영역에서, 일반교육학, 학문이론, 변증법과 학교이론 영역에서부터 사회와 가족교육학에 이르기까지, 이러한 비판적 성찰의 가능성을 보여주었다.

상이한 이론적 출발선

그리고 클라프키, 블랑케르츠, 몰렌하우어는 다양한 방식으로 교육학적, 그리고 교육정책적 활동에 적극적이었다. 클라프키는 교육과정의 개선과 현대화에 참여했고, 촉진단계(Förderstufe)[6]와 게잠트슐레를 지지했다. 블랑케르츠는 고등학교 단계에서 일반교육과 직업교육을 결합하고자 시도했던 노르

교육정책적 활동

된 청소년들을 말한다. 당시 15-17세 청소년들이 대공포대 부사수 등으로 투입되었다. 위에서 말한 공군보조병(Luftwaffenhelfer)이 이것을 지칭하는 용어이다. 1944년부터는 이보다 더 나이 어린 아동들이 투입되기도 했다.

5) [역자 주] 사회민주당(Sozialdemokratie Partei Deutschlands)과 자유민주당(Freie Demokratie Partei)의 연정으로 첫 정권교체가 이루어졌던 시기로 새로운 사회로의 개혁을 꿈꾸던 사회적 분위기를 말한다.

6) [역자 주] 초등학교 4년을 졸업하면 김나지움, 레알슐레, 하웁트슐레의 전기 중등학교 단계로 나누어 진급하게 되어 있는 독일의 학교 제도에 대해, 지나치게 이른 시기에 학생의 진로를 결정한다는 비판이 끊이지 않았다. 이에 대한 대안으로 1950년대 말부터 초등학교 5-6학년에 촉진단계(Förderstufe)를 두어서 진로에 대해 숙고할 수 있는 단계를 설정하자는 제안이 있었다. 그 결과 헤센주는 1969년 촉진단계를 모든 초등학교에 의무화하기도 했다. 1972년 연방헌법재판소는 이에 대해 합헌이라는 판결을 내리기도 했다. 1973년 연방-주정부-위원회(Bund-Länder-Kommission)의 교육종합계획에서도 당시 서독 전역에 이 제도를 도입할 것을 권고했지만, 보수정당이 지배하는 주들은 반대했다.

트라인-베스트팔렌주 고등전문학교(Kollegschule) 실험의 학문적 동반자 역할을 담당했다. 그리고 몰렌하우어는 청소년 지원 분야의 다양한 연구와 개혁 프로젝트에 참여했다.

1970년대 후반 이후 교육개혁이 정체되고 복지국가적 목표설정이 침식되면서, 계몽주의적 자극들이 교육적 실천 속에서 직접적으로 실현될 것이라는 낙관주의가 주도했던 비판적 교육과학도 나락으로 빠져들었다. 비판적 교육과학은 이제 형성되기 시작한 교육학적 이론구상의 다원주의라는 스펙트럼 속에서 그 지배적인 지위를 상실하기 시작했다. 그럼에도 불구하고 클라프키는 자신의 최근 저서에서 비판적 교육과학의 강령적 요구를 분명하게 밝혔다(Klafki, 1990, 2006). 그리고 비판적 교육과학이라는 환경 속에서 1970년대와 1980년대에 의사소통교육학, 상호작용적 교육학, 발달교육학, 진화론과 행위 이론 지향의 교육학 등의 일련의 새로운 이론들이 형성되었다. 이들은 부분적으로 다른 관련 이론의 지원을 받았지만, 무엇보다 하버마스(J. Habermas)의 새로운 연구성과들을 교육학적 이론구성에 활용하고자 시도하고 있다. 게다가 비판적 교육과학의 개선을 둘러싼 최근 논의에서 오히려 진보에 회의적인 호르크하이머(M. Horkheimer)와 아도르노(T. Adorno)의 후기 저작들이 르네상스를 맞고 있다.

I.3.2. 관련 지평으로서의 비판이론

출발상황   비판이론은 1920년대 후반 호르크하이머와 그의 조력자들 ― 아도르노, 프롬(E. Fromm), 마르쿠제(H. Marcuse), 뢰벤탈(L. Löwenthal) 등 ― 에 의해 프랑크푸르트대학교 사회연구소에서 형성되기 시작했다. 그리고 1933년 이후 미국으로 망명한 시기에 계속 발전했다. 그들의 목표는 사회의 경제생활과 개인의 심리적 전개 과정, 그리고 다양한 문화영역에서의 변화 사이의 연관관계를 해명할 수 있는 현재라는 역사적 시기의 전개 과정을 설명할 수 있는 이론을 개발하는 것이었다(Horkheimer, 1931: 3). 이론적으로는 마르크스의 정치적 경제비판에 연결되어 있었고, 이를 사회심리학적 그리고 문화사회학적 이론과 문제제기로까지 확장시켰다. 또한 초기 비판이론은 철학적 성찰, 사회비판적 분석과 경험적 연구를 서로 결합시키려 시도했다. 1930-1940년대에 수행되었던 연구『권위와 가족』(Horkheimer, 1936)과『권위주의적 성격』(Adorno, 1980)은 이러한 학제적 연구프로그램의 분명한 기록들이었다. 호르크하이머 그룹의 이론적 연구프로그램이 1930년대 중반까지 여전히 인간의 해방을 지향하고 있었고 프롤레타리아적 계급투쟁이 실질적인 관점이었다면(Horkheimer, 1937/1970: 37), 유럽에서의 사회주의 운동의 패배, 홀로코스트와의 대립, 그리고 1940년대 초반 미국의 문화산업과의 대면이라는 인상 아래에서 분석은 점점 더 회의적으로 변했고, 결국 깊은 비관주의로 귀결되었다.

계몽의 변증법의
부정주의적 역사철학

1947년 처음 발표된 연구『계몽의 변증법』에서 호르크하이머와 아도르노는 서양의 이성 전통의 뿌리를 향한, 초기 역사적 시작부터 전체주의적으로 펼쳐진 형식적 합리성의 현재까지 이르는 포괄적인 비판을 전개했다. 여기서 역사는, 도구적 이성의 권력 증대가 역사적 전개과정에서 부정적 상수가 되는 몰락의 역사로 여겨지고 있다(Dubiel, 1995: 122). 또한 아도르노가 서독으로 귀국한 뒤 저술한『부정변증법』(1966)은 이와 같은 음산한 기본 곡조를 지속하고 있었다. 아도르노에 따르면, 강요된 계몽의 변증법을 피하기 위해서는 현실과의 어떠한 화해 개념도 거부하는 인식의 부정변증법이 필요하다. 그리고 동일하지 않은, 사고에 의해 정체를 확인할 수 없는 객관적인 것들의 경험을 위해 열려 있어야 한다.

위르겐 하버마스의
비판이론

계몽의 변증법의 부정주의적 역사철학과는 달리, 2세대 비판이론가들 중 가장 중요한 대변자로 평가할 수 있는 하버마스(J. Habermas)는 1960년대 이래로 명확한 "발전" 혹은 "몰락"의 틀을 오가지 않는 역사철학을 발전시켰다. 어떤 풍자도 없이 스스로를 전후 "재교육" 시기의 아이로 묘사하는 하버마스가 자신의 철학적이고 사회적인 이론의 기초로 삼은 것은 법치국가적이고 민주적인 제도와 인식 형태의 도덕적 본질에 대한 이론적 관심이었다. 그 관심은 자신의 교수자격 취득 저서『공론장의 구조변경』(1962)에서부터 최근의 법철학과 국가철학에 관한 저서(Habermas, 1992)에 이르기까지 주도적인 동기로 관통하고 있다. 게다가 하버마스는 사회비판이론을 마르크스의 정치경제학으로부터 벗어나서 베버(M. Weber)와 미드(G.H. Mead)의 행위이론적 연구들뿐만 아니라 체계이론적 사고모형 같은 다른 사회학이론들을 향해 열어놓았다(Habermas, 1968, 1973a, 1981). 그는 피아제(J. Piaget)와 콜버그(L.

Kohlberg)의 사회화와 발달이론적 연구들을 받아들이고 발전시켰으며, 일반적인 진화론으로 파악한 사회이론에 연결시켰다(Habermas, 1976). 하버마스는 보편적 혹은 형식적 화용론의 재구성이라는 맥락 속에서 담론윤리를 발전시켰다. 그리고 아도르노와 호르크하이머에 의해 정당하게 비판받았던 도구적 이성 개념의 대안으로서 이성의 의사소통적 개념의 기초를 세웠다. 그것은 이성적 행위의 기회를 인간학적 기본구조와 인간적 타협의 제도적 형식 안에서 구축하는 것이었다(Habermas, 1983).

(a) 규범적 기초 – 이성과 해방

이성적 사회라는
유토피아적 목표

1937년 처음 발표된 자신의 논문 "전통적 이론과 비판이론"에서 호르크하이머(M. Horkheimer)는 비판이론의 규범적 목표로 "현존하는 기술적 수단들에 의해 가능한" "자유로운 인간들의 공동체로서의 미래사회의 이상"을 서술했다(Horkheimer, 1937/1970: 36). 초기 비판이론은 이성적 사회라는 유토피아적 목표를 시민적 계몽에 의한 자율성 요구와 연결시켰다. 그러나 그것은 헤겔의 변증법과 마르크스의 경제비판이 가르쳤던 선을 넘어서, 자본주의의 계급관계가 자체적인 법칙에 따라 강요하고 있는 인간에 대한 역사적-유물론적 개념으로 나아간다(Keckeisen, 1983: 119). 바로 그러한 이유에서 비판이론은, 시민사회의 실제 상태와 비판이론이 본래적으로 가지는 행운을 예고하는 개념 사이에 어떤 차이들이 존재하는지 역사적 분석을 통해 보여주는 과제를 가지게 된다. 그러나 이러한 모순을 극복하기 위해서는, 지배적 관계들뿐만 아니라 이성으로부터 출현하는 유토피아적 이상에 대해서도 비판적 인식이 필요하다. 집단적 해방 속에서 비로소 – 초기 비판이론에게는 여전히 사회주의자 노동조직에 연결되어 있던 – 진실과 자유가 엄폐물이 될 수 있었다. 호르크하이머는 이미 1930년대 중반 파시즘에 대한 경험으로부터, 사회적 불법의 지양이 여전히 노동운동에 연결될 수 있는지에 대해 의구심을 드러냈다. 그럼에도 불구하고 이 시기에 그는, 10년 뒤에 출판한 『계몽의 변증법』에서와는 달리 여전히 계급의식을 가진 노동세력에 의해 전체 사회의 변화를 추진할 수 있다는 구상에 사로잡혀 있었다(Horkheimer, 1937/1970: 56).

초기 비판이론과는 달리 계급 갈등과 프롤레타리아적 계급 경험이 더 이상 사회적 해방과정의 기초와 동력이 될 수 없음을 인식한 뒤, 하버마스는 1960년대 이후의 저작들에서 비판적 학문들의 해방적 인식관심을 단지 일반적인 종적 관심에 고정시켰다(Habermas, 1968). 폭력에 집중된 관계에 대한 비판은 담론윤리 성숙에 대한 관심에 의해 동기화되었고, 그 구조 속에 일반적이고 이성적인 합의에 대한 관심을 내재하고 있는 언어를 참조하도록 만들었다. 담론윤리에서 하버마스는(1983) 사물에 대한 진술과 규범의 유효성 요구에 대해 이성적으로 판단을 내릴 수 있는 의사소통적 합리성과 언어적 상호이해의 규범적 토대를 지배 없는 의사소통이라는 규제적 이상에 정착시켰다. 그러나 이상적 담화 상황을 통해 하버마스는 유토피아적이고 이상적인 목표 설정이라는 구상을 선보였는데, 이 이상적 담화상화은 역사적 관점에서 보자면 그 자체로는 미래의 사회적 상태라고 보기는 어렵고 마치 역사적 발전과정 밖에서나 존재할 법한 개념이다(Krüger/Lersch, 1993: 156).

(b) 이론적 관련성

초기 비판이론은, 한편으로는 마르크스의 정치경제학 비판을 토대로 기초가 세워지고 1920년대 코르쉬(K. Korsch) 또는 루카치(G. Lukács)와 같은 이론가들에 의해 계속 발전된 마르크스주의 이론에 대한 논의에 연결되었다. 그러나 비판이론가들은 당대의 긴급한 사회적 질문들에 대해 — 예를 들어, 서구국가 노동자들의 권위주의 운동에의 감염 — 해명할 수 있도록 하기 위 권위주의적인 사회
성격 해 이론적 도구들을 확대했다. 계속적으로 도움이 될 것으로 보였던 것은, 마르크스의 사회이론과 프로이트의 심리분석을 결합하는 것이었다. 권위주의적인 사회 성격의 기원에 대한 고찰에 있어서, 호르크하이머, 프롬 등은 후기 부르조아 시대의 가정에서 아버지가 경제적 부양자와 권위 있는 심리적 기관 — 그러나 동시에 젊은이에게는 그와 대립하면서 강력한 자아 구조의 형성을 가능하게 했던 — 으로서의 지배적 지위를 잃게 되었다는 핵심적인 가정에서 출발하고 있다. 아버지로서의 권위의 침식과 가정에서의 기능 상실과 함께 자율적 개인이 여전히 개발될 수 있었던 사회에 대항하는 보호공간이 사라졌다. 주체는 곧바로, 그리고 직접적으로 사회적 강요라는 지배적인 직접성과 사회적 권위주의라는 가족 밖의 형태에 직면했다(Dubiel, 1988: 48).

1940년대와 1950년대 아도르노와 호르크하이머의 저서들에서는, 프로이트 이론, 특히 심리적 발달을 내적 자연의 강요된 형태의 규율화로 묘사하는 문화이론적 서술이 핵심적 위치를 차지한다. 반면에 하버마스의 성격이론에서의 심리분석은 단지 주변적인 의미만 가질 뿐이다. 그의 사회화와 상호작용

상호작용 역량의
개발로서 사회화

역량에 관한 고찰에서는(Habermas, 1973b, 1975) 우선적으로 피아제와 콜버그의 발달이론이 활용되었다. 그것은 전조작적 단계로부터 구체적 조작단계를 거쳐서 형식적 조작 사고단계로 나아가는 인지발달의 성장과정 그리고 인습 이전부터 시작하여 인습 단계를 거쳐서 인습 이후의 도덕적 판단력으로 나아가는 도덕발달을 각각의 발달단계와 구체적 표출 형태로 자세하게 서술하는

사회적 진화이론

것이었다. 하버마스(1976)는 자신의 사회진화이론에서 발달과정에 대한 개체발생사적 모델을 사회진화의 영역에도 적용하고자 했다. 그리하여 그는 기술의 역사를 인지발달을 발생사적으로 치밀하게 분석했던 단계에 모사(模寫)하여 생산력 발달의 논리를 뚜렷하게 드러내고, 도덕적 인식의 발달 도식을 법과 도덕체계의 역사적 발달과정을 해명하는 열쇠로 활용했다(Mc Carthy, 1980: 238ff).

의사소통 행위이론

　이어서 그의 주저 『의사소통 행위이론』에서 하버마스는 다시 더 강력하게 비판적 사회이론의 현실적 문제들을 다루었다. 그러나 사회이론에 대해 두 가지 차원으로 접근한 구상은 그대로 유지했는데, 그 대강은 이미 1968년의 저서 『이데올로기로서의 기술과 학문』에서 발전시켰던 것이었다. 이 저서에서 하버마스는 마르크스가 인간적 실천을 노동과정으로만 축소시키려 했다고 보고 비판적인 시각에서 거리를 두었다. 그리고 베버와 미드의 행위이론에 연결시켜, 합목적적 행위의 하위체계와 제도적 틀이라는 사회이론적 개념쌍을 가지고 하나의 이론적 구상을 발전시켰다. 그것은 역사와 사회체계의 실제적 현황을 하나의 이중적 과정으로서, 즉 합목적적 합리화와 의사소통적 합리화의 과정으로 설명하려는 것이었다. 이러한 행위이론적 논리구조는, 그의 저서 『후기자본주의의 정당성문제』(1973)와 주저 『의사소통적 행위이론』에서 체계이론적 요소에 의해 보완되었다. 그것은 규범적 구조, 사회형성의 생활세계적 측면뿐만 아니라 체계 구조를 그들의 기능적 상호의존의 관점에서 보다 정밀하게 서술할 수 있도록 하기 위해서였다. 이러한 이론적 배경 아래 하버마스는 후기자본주의적 현대라는 현재 사회상황은 생활세계 병리학에 의해 특징지을 수 있다는 진단에 도달했다. 체계적 규정에 의한 생활세계의 식민화는 의사소통적 합리성의 실현을 방해한다(Treibel, 1993: 153ff 참조).

(c) 방법론적 프로그램

　호르크하이머는 1937년 자신의 논문 "전통적 이론과 비판이론"에서 비판

이론의 방법론적 구상에 대해 자세하게 논증했다. 비판이론은 실증주의에서는 전혀 진지하게 의문을 제기하지 않았던, 관찰하는 주체로부터 학문적인 객체를 엄격하게 분리하는 것을 거부했다. 정신과학에서 시도했던 실제를 정신적인 것으로 환원하는 것도 마찬가지였다. 그것은 이상주의적 체계 또는 삶과 이해의 정신과학적 순환에서 존재하는 것이었다. 반면에 비판이론은 대상, 방법 그리고 학문적 성과의 중요성 구조를 사회라는 맥락 속에서 보아야 전체적으로 충분히 이해할 수 있다고 보는 관점에서 출발했다. 그리고 1936년 『권위와 가족』으로부터 1960년대 초반 『학생과 정치』(Habermas/Friedeburg/ Oehler u.a. 1961)에 이르기까지 프랑크푸르트학파가 수행했던 다양한 연구들은 경험적 연구를 사회철학적 성찰과 사회비판적 분석을 꾸준히 연결시키는 시도로 특징지을 수 있다.

아도르노와 하버마스는 1960년대 후반 소위 실증주의 비판에서, 학문은 실증주의 논쟁 가치지향과 무관해야 한다는 가정과 비판적 합리주의의 실증주의에 경도된 반쪽짜리 합리성에 대해 단호하게 학문이론적 비판을 수행했다(Adorno u.a. 1972). 하버마스는 이미 1965년 프랑크푸르트대학 취임 강연에서 비판이론의 방법론적 구상을 밝히고, 『인식과 관심』(1969) 및 『사회과학의 논리』(1970)에서 이것을 더욱 정교화하고 발전시켰다. 하버마스는 연구 과정을 세 가지 범주로 구분했다. 즉, 첫째, 경험적-분석적 학문(여기에는 자연과학과 혼잣말 같은 지식의 창출을 목표로 하는 사회과학을 포함시켰다)과, 둘째, 역사적-해석학적 학문(의미로 가득 찬 구성물의 해석적 이해를 목표로 하는 정신과학, 역사학, 사회과학이 여기에 속한다), 그리고 셋째, 비판 지향적 학문(예를 들어 이데올로기 비판이 여기에 속한다)이 그것이다. 그는 각각의 연구범주는 특별한 인식관심과 연결되 해방적 인식 관심 어 있음을 가정하고 있다. 경험적-분석적 학문에서는 기술적인, 역사적-해석학적 학문에서는 실천적인, 비판지향적 학문에서는 원칙적으로 지배의 해체를 지향하는 해방적 인식관심이 내포되어 있다(Habermas, 1968, 1969). 그러나 비판이론의 방법론적 프로그램은 경험적·해석학적 연구방법을 배제하는 것이 아니라, 역으로 일원론적이고 해석학적으로 생산된 지식을 학문적-이데올로기비판의 틀 속에서 연결하려 시도하고 있다.

(d) 이론과 실천의 관계에 대하여

초기 비판이론은 자기 이해에 있어서 세 가지 측면에서 사회적 실제를 연결시켰다. 역사적으로 구성된 계급이해관계를 연결하여 이해했는데, 동시에 그것의 특수성이 이성적인 사회 상황의 창출이라는 일반적인 이해관계에 의해 지양되는 것으로 보았다. 비판이론은 사회적 관계의 역동적 구조를 그것의 역사적 구성과 변화 가능성 관점에서 분석했다. 그리고 스스로를 결국 사회운동의 틀 속에서 조직화된 정치적 행위에 필수불가결한 계몽의 계기로 이해했다(Keckeisen, 1983: 122). 파시즘과 노동운동의 패배 경험 이후, 호르크하이머와 아도르노가 저술했던 비판이론에 대한 연구들은 점점 사회적 실천의 질문으로부터 멀어졌다. 『계몽의 변증법』에서 기술하고 있는 내적·외적 자연에 대한 철두철미한 지배의 관철이라는 발견은 비판이론을 단지 부정의 형상으로만 가능하게 만들었다.

부정으로서
비판이론

사회이론의
실제 의도

1960년대와 1970년대에 이르러 학생운동과 새로운 사회운동들의 영향으로부터 분명하게 벗어나지 못한 상태에서, 젊은 비판이론 지지자들에게는 다시 해방적 실천의 재획득에 대한 의문이 제기되었다(Negt/Kluge, 1972). 그리하여, 예를 들어 하버마스는 자신의 연구 『이론과 실천』(1972)에서 『계몽의 변증법』의 부정성을 뛰어넘었다. 그는 비판적 명제의 형성뿐만 아니라 계몽 과정의 조직을 실제적 의도로 내놓은 사회이론의 과제로 만들었다(Habermas, 1972: 37). 또한 그의 후기저서에서 계속해서 자율적인 정치적 공론장, 사회의 탈전통적인 집단 정체성의 창출과 유지를 약속하고 절대로 철저하게 조작할 수 없는 시민들의 담론을 제기했다(Habermas, 1985: 422; Dubiel, 1994).

I.3.3. 비판적 교육과학의 학문이론적 기본가정

1920년대부터 1960년대까지 프랑크푸르트학파 이론가들이 내놓은 철학적 연구들의 폭넓은 스펙트럼 그리고 그것이 교육학에서 어떻게 수용되었는지를 비교해 보면, 1960년대 중반부터 1970년대 사이 비판적 교육과학의 논증에 있어서 비판이론은 거의 전적으로 하버마스 이론에 의한 재구축이 중요한 역할을 했다(Peukert, 1983: 197)는 사실이 드러난다. 비판적 교육과학의 학문이론적 기본가정에 결정적 영향을 준 것은 무엇보다 하버마스의 인식이론적·방법론적 고찰이었다.

(a) 해방이라는 계명

이미 1968년에 출간된『교육과 해방』에서 몰렌하우어는 하버마스의 학문이론적 연구에 기대어 비판적 합리주의의 가치중립 계명에 거리를 두면서 비판적 교육과학의 규범적 프로그램을 제시했다. 교육학을 위해서 본질적인 것은, 교육(Erziehung)과 자기형성(Bildung)이 주체의 성숙을 목표로 하고 있다는 원칙이다. 그에 상응하여, 교육학적 인식을 이끄는 관심이 해방에 대한 관심이라는 것이다(Mollenhauer, 1968: 10). 이러한 해방에 대한 이해가, 스스로를 청소년 성숙의 변호인으로 이해하는 정신과학적 교육학과 어떻게 차이가 나는지를 클라프키가 정교하게 해명해냈다. 정신과학적 교육학 맥락의 성숙 개념은 단지 교육받는 청소년 개인에 관련된 것이라면, 비판적 교육과학 틀에서의 성숙은 전체로서의 사회를 향한 것이다(Klafki, 1976: 46).

개인적 해방과 사회적 해방

해방 계명은 교육과정의 실제와 가능성 사이의, 교육 관계의 사실성과 이상 사이의 괴리를 직면하도록 했다. 그리고 우선 역사실제적-정치적 관련성을 더 자유롭고 정의로운 박애에 가득 찬 공생의 조건들을 가능하게 하는 사회에 대한 주도적인 상(像)에서 찾았다(Mollenhauer, 1982: 256).

1970년대를 거치면서 몰렌하우어와 클라프키의 해방 계명은 하버마스의 보편프로그램적 구상에 연결하여 점차 담론이론적으로 정립되었다. 담론은 해방이라는 표현의 의미와 활용의 정당성을 위한 기초를 제공해야 했다. 교육학적 결정과 행위의 목표는, 이성에 따른 합의를 도출하려는 노력 그리고 지배로부터 자유로운 의사소통이라는 규제적 이상을 지향하는 인간의 윤리적 담론 속에서 산출되어야만 유효성을 주장할 수 있다(Mollenhauer, 1972: 67; Klafki, 1989: 155).

규제적 이념으로서의 지배로부터 자유로운 의사소통

(b) 대상에 대한 이해

교육을 정신사적 맥락에서 주제화하는 정신과학적 교육학, 그리고 단지 교육현실의 특정 영역만을 탐색하는 경험적 교육학과는 다르게, 비판적 교육과학은 교육행위를 대상이론적 수준에서 역사적으로 매개된 사회적 실제로 파악하고, 각각의 교육체계와 사회구조 사이의 상호의존성을 해명하기 위해 꾸준히 노력해 왔다. 여기서 교육과 사회는 변증법적으로 연관되었다. 교육은 한편으로는 사회의 기능이고, 다른 한편으로는 시간적 지속으로서의 사회 역

역사적으로 매개된 사회적 실제로서 교육적 행위

시 교육의 한 가지 기능이다. 왜냐하면 교육은 재생산과 혁신을 같은 정도로 수행하기 때문이다(Claußen, 1980: 19). 그래서 클라프키(Klafki, 1982: 45ff)는 경제적 · 결정론적 모델과는 거리를 두고, 하버마스와 오페(C. Offe)의 사회이론연구를 기반으로, 또한 부르디외와 파서론(Bourdieu & Passeron, 1971)과 같은 다른 사회비판이론을 참조하였다. 그리하여 교육기관, 과정, 그리고 의식의 형태가 경제적이고 정치적인 권력과 지배관계에 하나의 단선적인 종속관계에 서 있는 것이 아니라, 그것들의 경제와 정치의 기본조건과의 관계가 교육의 상대적 자율성이라는 슬로건으로 특징지을 수 있음을 밝혔다. 클라프키에 따르면, 바로 이러한 교육기관의 상대적인 자율성이 경제와 사회-정치적 관계에 대한 일정한 거리 속에서 계몽의 과정을 자극하고 비판적인 의식을 일깨우며 변화의 관점을 열어젖힐 가능성을 제공한다.

이와 유사한 논증 방식으로, 몰렌하우어(Mollenhauer, 1972: 12ff)는 교육학적 행위가 단순히 정치경제학 범주만으로 충분히 설명될 수 없음을 분명히 했다. 왜냐하면 모든 교육행위에는 연장자와 나이 어린 사람 사이의 권력 차이로 특징지을 수 있는 다른 구조가 유효하기 때문이다. 그러나 다른 한편으로, 그에게 있어서 교육은 지배의 사실과 그것의 경제적 조건들이 정지될 수 있는 치외법권 지역이 결코 아니었다. 따라서 그는 교육학적 행위의 목표와 과정과 교육행위의 정치적 기초 조건 사이를 구분하는 것을 지지했다. 그리고 그는 교육학적 행위의 목표를 논증하는 데 있어서는 하버마스와 오페의 의사소통이론들에, 교육학적 행위의 과정을 서술하는 데 있어서는 상징적 상호작용 전통의 이론들에, 교육학적 상호작용의 역사적-사회적 형태규정은 마르크스와 존-레텔(A. Sohn-Rethel)[7]의 유물론적 해명에 의존하고 있다.

(c) 방법적 수단 - 이데올로기 비판과 행위연구

교육학적 현상과 사회적 권력과 지배관계 사이의 관련성을 탐구할 수 있도록 하기 위해, 비판적 교육과학은 방법론적으로 사실의 경험적 확증에 머무르지도 않았고 주체의 의미 연관성을 해석학적으로 분석하는 일에만 매몰되지도 않았다. 무엇보다 하버마스의 학문이론적 연구에 의해 자극받아서, 비판적 교육과학 지지자들은 다양한 연구에서 해석학적 방법과 경험적 접근법

---

7) [역자 주] Alfred Sohn-Rethel(1899-1990). 프랑스 태생의 독일 마르크스주의 경제학자이자 철학자이다. 마르크스의 정치경제학 비판 관점에서 칸트 인식론을 비판했다.

을 결합하고 그것을 사회비판적 성찰에 연결하는 것을 지지했다(Blankertz, 1979: 32; Klafki, 1976: 39; Mollenhauer, 1968: 18).

방법적 수단의 중심에는 이데올로기 비판이 있다. 이데올로기는 지배의 관 이데올로기 비판
심에 의해 조종된 정당화 논리로서 이해된다. 이데올로기는 사회적으로 조건
지워지고 현존하는 권력관계를 정당화하는 잘못된 인식이라는 성격을 지닌
다(Klafki, 1976: 50). 이러한 관점에서 이데올로기 개념을 이해하는 경우, 이
데올로기 비판이란 다음을 같은 것을 의미한다: "사회적 발생 조건에 대한
학문적 노출, 제시된 논거 혹은 잘못된 합리화의 폭로, 그리고 제시 가능한
이해관계에 의해 규정된 사회적 상황에 대한 잘못된 평가와 그 결과로서 그
런 상황에 주어진 행위 가능성들에 대한 의미, 규범, 이론들의 영향력 폭
로"(Klafki, 1982: 41).

클라프키(Klafki, 1976: 36)는 어떻게 해석학과 경험적 지식을 그들의 일면
성으로부터 끄집어낼 수 있고, 이데올로기 비판적 문제제기 아래 분업적으로
서로 섞여서 파악될 수 있는지를 지속적이고 역동적인 피드백 과정으로 서술
했는데, 그 내용은 다음과 같다. 사회적 조건과 교육의 명제에 대한 의미이해
적 해명은 이어서 경험과학적으로 검토할 수 있는 문제제기로 이어진다. 경
험과학적으로 획득된 결과는 다시 전체 사회적 관계의 의미맥락 속에서 그
가치가 획득된다. 그래서, 예를 들어 경험과학적 확증은 1993년에도 독일의
전체 대학생들의 단지 12%만이 노동자 자녀들이다라고 말한다(BBWT, 1995:
186). 하지만 아직 충분치 않고, 오히려 그것을 노동자 자녀들의 부족한 지적
재능 혹은 교육에 대한 부족한 욕망으로 해석할지도 모른다. 이데올로기 바
판적 자극을 따르는 단지 하나의 사회과학적 해석은 이런 결과를 역사-사회
적으로 조건지워진 사회관계와 교육과정의 맥락 속에서 정돈한다(Klafki,
1976: 33).

그러나 특히 클라프키는 비판적 교육과학의 방법론적 프로그램을 이데올 행위연구
로기 비판적 분석에 국한하지 않았다. 경험적 연구를 개입하는 실천으로 기
획하는 행위연구 혹은 실천연구를 방법적 수준에서 실천의 중요성과 비판적
의도를 결합하고자 시도하는 하나의 구상으로 함께 논증하고 계속 발전시켰
다. 교육학적 행위연구는 교육기관 개혁을 목표로 함께 수행하는 연구로서,
비판적 교육과학 맥락 속에서 혁신적 연구로 이해된다(Klafki, 1974: 268;
Mollenhauer u.a. 1978: 64ff).

(d) 이론과 실천의 동등성

클라프키가 발전시킨 행위연구의 구상에서 이미 이론과 실천 관계에 대한 이해를 감지할 수 있다. 그러한 이해는 그가 발전시킨, 비판적 인식관심을 구성적 변화에 대한 관심과 꾸준히 연결시키고자 했던 비판적-구성적 교육학이라는 변형에 보편적으로 유효하다. 클라프키도 정신과학적 교육학과 마찬가지로, 역사적으로 형성된 실천이 교육실천가들의 하나의 독자적으로 책임 있는 교육학적 결정의 영역으로 이해되어야 함을 강조했다. 그러나 그는 정신과학적 교육학과는 달리 실천의 우선이라는 기본 가정을 부정했다. 왜냐하면 학문적 이론은 실천 스스로의 관련성 속에서만, 전적으로 실천으로부터 나와서 개발될 수 있는 것이 아니기 때문이다(Klafki, 1982: 50). 그 대신 클라프키는 이론과 실천의 동등한 상호관계라는 가정에서 출발한다. 왜냐하면 이론들은 교육적으로 중요한 주제들을 발견할 수 있고, 이들을 실천에서 다루는 데 필수적인 것으로 여겨지는 요구를 분명히 할 수 있기 때문이다. 또한 클라프키는 실용적인, 사안에 따라서는 교육학이론들의 정당한 구성요소에 대한 유토피아적이기까지 한 사전 구상을 가지고 있다(Klafki, 1984: 143).

교육과학적 이론과 교육적 실천의 협력적 매개

클라프키는 교육학적 이론과 교육적 실천의 협력적 매개에 도달하는 것을 중심과제로 강조했다. 여기서 이론과 실천에 동등한 책임이 주어져야 한다. 그러나 이것이 실용적인 분업이라는 의미에서 이론과 실천의 구분을 배제하는 것은 아니다. 그렇지만 동시에 동등한 자격의 협력이라는 의미에서 그들의 지양이 시도될 수 있다. 이론도 실천도 혼자서는 무엇이 교육적으로 진실이고 유효한지, 이론적으로 논증가능하고 실제적으로 책임질 수 있는지에 대한 충분한 결정 범주를 갖고 있지 못하기 때문에, 이러한 유효성에 대한 요구는 단지 지속적으로 논증하는 협상 속에서, 이론가들과 실천가들의 "실제적 담론" 속에서 탐색될 수 있다(Klafki, 1981: 21). 이론-실천-문제들을 해명함에 있어서, 클라프키는 몰렌하우어(Mollenhauer, 1972: 51)와 유사하게 보편화용론(Universalpragmatik)의 틀 안에서 하버마스에 의해 논증되었던 것과 같은 담론이론적 성찰에 의존했다.

I.3.4. 비판적 교육과학의 내용에 대한 근본 질문들

위에서 스케치한 학문이론적 고찰로부터 출발하여, 비판적 교육과학 지지자들의 연구는 교육학의 역사에서부터 학교와 교육과정 이론에 대한 질문들, 교수법 및 직업교육학을 넘어서 학교 밖 교육과 사회교육학의 문제들까지 교육학의 거의 모든 주제영역을 다루었다. 게다가 흔히 다른 연구들의 방향을 제시하는 중요한 내용에 대한 토론들은, 아래에서 클라프키의 자기형성이론 (Bildungstheorie)과 몰렌하우어의 교육이론(Erziehungstheorie)에 따라 범례적으로 소개되는 자기형성이론적 논증과 교육이론적 성찰에 해당한다.

(a) 계몽이라는 구호 아래의 자기형성(Bildung)

아도르노(Adorno, 1963)는 현존하는 인간 스스로를 소외시키는 사회적 관계 속에서 교육은 기껏해야 반쪽짜리 교육, 신분의 상징 혹은 전문가바보로 파악될 수밖에 없다고 보는 회의적인 자기형성이론적 입장을 가지고 있었다. 이와는 반대로, 비판적 교육과학 창립 세대의 지지자들은(Blankertz, 1974: 68; Klafki, 1985; Mollenhauer, 1968: 153) 이 입장에 가까운 저자들, 예를 들어 교육의 과제와 기회로서 비판적 이성의 해방이 아직 가능하다는 하이돈(Heydorn, 1970)의 주장을 옹호하고 있다(Zedler, 1989: 55).

무엇보다 클라프키의 교육학전집은 자기형성이론적 성찰을 위한 폭넓은 공간을 제공한다. 아직 정신과학적 교육학의 영향 아래 쓰여진 1959년의 『기초적인 것의 교육학적 문제와 범주적 교육의 이론』에서부터, 특히 1980년대 이후 일반형성의 비판적 구상을 논증하려는 시도들에게까지 관철된 그의 연구의 핵심 개념이 자기형성개념이라고 말할 수 있다. 클라프키는 최근 자기형성이론적 연구에서, 계몽시대의 전통적인 자기형성개념에서 교육학적으로 그리고 정치적으로 진보적인 계기들을 추출해 내고, 프랑크푸르트학파의 사회철학적인 연구관점에서 현재의 변화된 관계와 미래의 발전가능성 측면에서 계속 비판적으로 사유하는 것을 목표로 하고 있다(Klafki, 1985: 16). 이에 따라 자기형성의 아이디어는 19세기 중반 이후 소유와 결합하면서 감내해야 했던 보기 싫은 형태로의 변형으로부터 해방되어야 한다는 것이다.

클라프키에 따르면, 여기서 자기형성은 독자적으로 얻어낸 개인적인 책임

하의 세 가지 기본 능력(자기규정능력, 공동결정능력, 연대능력)의 연관으로 이해
된다. 그는 전통적인 자기형성개념에서, 시대에 부합하는 일반형성의 구상을
비판적-생산적으로 계속 발전시키는 데 유효한 의미계기가 들어 있음을 보았
다. 클라프키는, 첫 번째 계기(모두를 위한 자기형성으로서의 일반형성)로부터 모
든 남녀 학생들은 가능한 한 오래 함께 수업을 받아야 한다는 점을 이끌어냈
다. 이어서 그의 설명에 있어서 중심이 되는 두 번째 관점(일반적인 것의 매개
로서의 자기형성)이 자리한다. 여기서 일반형성은 공동의 현재와 가까운 미래
에 있어서 중심이 되는 핵심과제들, 예를 들어 평화문제, 환경문제, 계급 간
혹은 성별에 따른 사회적 불평등에 대한 역사적으로 전달된 인식을 획득하
고, 그것에 대면하고 그것들을 극복하기 위한 노력에 동참하는 것을 의미한
다. 그러므로 각 단계의 교육기관마다 젊은이들은 그러한 핵심 과제들과 대
면해야만 한다는 것이다. 일반형성 개념의 세 번째 계기(다면성 발달로서의 자
기형성)는 일반형성 문제가 단지 인식의 측면뿐만 아니라 논증 능력과 비판
능력, 사회적 감정이입 능력, 그리고 도덕적 결정과 행위능력의 육성에 관한
것임을 가리킨다(Klafki, 1985, 1990; Matthes, 1992: 90ff).

(b) 의사소통, 상호작용, 그리고 사회적 재생산으로서의 교육(Erziehung)

교육에 대한 비판이론을 정립하려는 야심만만한 시도를, 비판적 교육과학
지지자들 중 특히 몰렌하우어가 자신의 저서 『교육과정에 관한 이론들』(1972)
에서 전개했다. 그는 자신의 기본적 사유를 1970년대의 몇몇 논문에서 발전
시켰고(Mollenhauer, 1977), 가족교육 이론을 구상화하는 데서 결실을 맺었다
(Mollenhauer/Brumlik/Wutke, 1975).

보다 정확하게 말해서, 그는 비판적 교육과학을 세 단계의 시도를 통해 발
전시켰다. 먼저, 그는 교육과정을 의사소통 행위 과정으로 서술했다. 교육학
적 영역에서의 의사소통 행위에는 세대 간 상호관계, 전통, 그리고 사회적 불
평등의 재생산과 같은 요소들이 작용한다. 게다가 의사소통적 행위는 교육
규범에 의해 규정된다. 이제 어떤 규범이 교육과정에서 유효해야 하는지는
"담론에서" 탐구되어야 한다. 그리하여 몰렌하우어에게는 아펠(K.O. Apel)과
하버마스 관점의 담론이 교육적 행위를 위한 규범적 연관지점과 기초적인 정
당화의 토대가 된다(Mollenhauer, 1972: 80).

이어서 두 번째 단계에서 상징적 상호작용 이론의 도움을 받아 교육적 상

호작용의 구조가 해명된다. 그에 따르면, 교육상황에서의 상호이해는 다양한 상호작용으로서 교육 개인들에게 동일한 의미를 가지고 관계들의 일반성을 표현할 수 있는 상징들의 도움을 받아서 이루어진다. 또한 상호작용적 역할 모델의 기초 위에서, 교육적 의사소통 상황들과 교육적 기관들이 젊은이들에게 자율적인 정체성을 형성할 수 있는 가능성을 어느 정도 열어주는지가 탐색된다(Mollenhauer, 1972: 84ff).

그러나 몰렌하우어의 견해를 따르는 교육의 이론은, 교육적 의사소통의 형 사회적 재생산으로서 교육태와 내용이 단지 상호작용의 규칙뿐만 아니라 부르조아 사회의 물질적 재생산 과정에 정착하는 세 번째 단계에 도달했을 때만 비판적 교육이론이 된다. 어떤 방식으로 교육적 관계가 사회와 역사의 물질적 토대와 연결되는지를 보여줄 수 있도록 하기 위해, 그의 견해는 구체적인 교육적 의사소통뿐만 아니라 경제적인 관계에 대응하는 추상적인 원칙을 필요로 한다. 몰렌하우어가 존-레텔의 마르크스 상호작용으로부터 가져온 교환개념화가 사회적인 일반성과 구체적인 교육적 행위 사이의 매개역할을 수행한다(Mollenhauer, 1972: 177ff).

비록 몰렌하우어가 이 연구를 통해 의사소통이론 및 상호작용이론과 유물론적 사회이론 구상을 연결하려 했지만, 사실상 세 가지 느슨한 성찰에 머물렀다. 즉, 교육행위의 의사소통이론적 논증, 교육행위의 상호작용적 현상학, 그리고 표면적으로는 교육적 행위의 사회적 형태기원의 유물론적 규정(Krüger/Lersch, 1993: 305) 등이 그것이다. 그럼에도 불구하고 특별히 몰렌하우어는 의사소통이론과 특히 상징적 상호작용의 전통으로부터 나온 연구들을 수용함으로써 비판적 교육과학의 논증과 계속 발전에 크게 기여하였다는 공적을 인정해야 한다.

I.3.5. 비판적 교육과학의 개선 혹은 다양한 변종들

I.3.5.1. 의사소통교육학

몰렌하우어의 연구 『교육과정의 이론들』과 거의 같은 시기에, 쉐퍼(K.-H. 의사소통과정으로서 교육과 수업Schäfer)와 샬러(K. Schaller)의 저서 『비판적 교육과학과 의사소통적 교수법』

(1971)이 출판되었다. 여기서 두 저자는 의사소통적 교육학의 윤곽을 스케치했다. 몰렌하우어와 유사하게 그들은 의사소통적 교육이해로부터 출발했다. 그들은 몰렌하우어보다 더 강조하여 교육과 수업과정을 의사소통과정으로 묘사할 수 있도록 바츠라빅/비어빈/잭슨(Watzlawik/Beavin/Jackson, 1969) 의사소통 이론의 명제와 기본개념을 가져왔다. 이들은 자신들의 이론에서, 모든 인간적인 의사소통은 항상 내용측면과 관계측면으로 특징지을 수 있고, 이들은 오히려 상호 보완적이거나, 즉 위계적이거나 혹은 오히려 체계적인, 즉 동등하게 구조화되어 있을 수 있음을 강조했다. 그러나 이러한 체계적 심리학에서 유래하는 이론은 스스로 어떤 방향으로 의사소통 과정이 발전해야 하는지에 대한 어떤 범주도 제시하지 못하기 때문에, 쉐퍼와 샬러는 이 문제들의 해결을 위해 추가적인 가정을 제시하여야 했다.

쉐퍼는 1971년의 연구에 실린 논문들에서, 그리고 자신의 후기 연구들에서(Schäfer, 1981, 1992) 하버마스의 학문이론과 성격이론적 연구들을 참조했다. 그는 이런 배경하에서, 의사소통 역량과 젊은이의 안정된 정체성 형성을 지원할 목적으로 교육과 수업에서의 보완적 의사소통의 몫을 축소하고 학교에서의 사회적 학습과정을 더 강하게 강조하는 입장을 지지했다.

이에 반해 샬러는 근대적 주체 개념을 반드시 피하고자 했는데, 이 개념에 따를 경우 학습자들은 "주체중심적 자기권력화"만을 목표로 지식을 습득하는 것으로 파악되기 때문이다(Schaller, 1987: 278). 샬러에 따르면, 학습자는 처음부터 비의존성을 추구할 것이 아니라 사안성(Sachlichkeit)과 동료애가 존재로부터 규정된다는 것을 이해해야 한다는 것이다. 객관적이고 거리낌 없는 정보의 원칙과 협상파트너의 동등한 권리 보장에 의해 규정된 합리적 협상과정에서, 개인화와 사회화가 창조될 수 있도록 이끄는, 다시 말해 자연과 인간에 대해 순응하지 않는 그리고 개인화하지 않는 행위로 안내하는 전제조건들이 창조되어야만 한다(Schaller, 1979, 1984). 이와 함께 샬러는 발라우프(T. Ballauf)의 하이데거(M. Heidegger) 수용을 지향하는 독자적으로 변형된 의사소통 교육학을 창안했다. 그가 1970년대 중반 이후 발표한 "의사소통 교육학"에 대한 연구성과들에서는 의사소통이론적 사고의 요소들이 발라우프가 논증한 "부응의 교육학"에 연결되어 있다(Terhart/Uhle, 1991: 58).

의사소통 교육학

I.3.5.2. 상호작용교육학

1970년대 초반 이후 서독 교육학에서 상징적 상호작용주의의 이론적 전통을 수용하는 데 있어서, 미드의 연구에서 주제화되었던 자유민주주의의 사회이론적 질문들은 그렇게 큰 영향을 주지 못했다(Brumlik, 1983: 235). 오히려 그 중심에는 인간학과 사회화이론의 질문들, 미드에 의해 제기되고 고프만(E. Goffmann)과 터너(J. Turner)에 의해 계속 발전되었으며, 서독 사회화 연구에서 크라프만과 하버마스가 주목하고, 우선적으로 몰렌하우어(1972)와 브룸릭(Brumlik, 1973)에 의해 비판적 교육과학의 논의 맥락에 통합되었던 질문들이 있었다.

미드에 따르면 사회적 행위는 상호 간의 의미를 서로 나누고 발전시키고 합의하는 상징적으로 매개된 상호작용으로 이해된다. 미드는 자아의 개체발생사이론에서, 젊은이가 어린아이들의 역할놀이에서 배우고 개별적인 상호작용 파트너의 행위에 대한 기대에 맞추고 있음을 보여 주었다. 그러나 집단행동에 이르게 되면 "일반화된 타자"의 역할을 받아들이도록, 즉 그는 함께 하기 위하여 놀이에서 서로 연결된 역할의 규칙들을 통해 만인의 공통성을 동시에 의식해야만 한다(Mead, 1973: 217). 이러한 방식으로 개인에게 집단의 미드의 '자아' 개념 구성원들이 공유하는 상호작용 지향성의 맥락이 생겨난다. 미드는 관련 인물이나 집단이 나에게 녹아들어 있는 심급을 객체아(Me)라고 했다. 그것과는 달리 스스로를 즉각적이고 창의적이거나 혹은 그럴 수 있는 주체로서의 주체아(I)를 구분했다. 미드의 독일어 번역본에서 정체성으로 번역되기도 한 자아(Self)의 구상 속에서 이제 이러한 두 측면이 상호 연결된다(Treibel, 1993: 112).

이러한 주체 구상은 고프만(Goffman, 1967)에 의해 의미 있는 방식으로 개발되었다. 그는 한 주체가 자기를 재현하는 데 직면한 기대를 두 가지 측면으로 구분했다. 시간 순서에 따라 개인은 이력을 소유하는데, 그것에 대한 자기해석을 자기 정체성으로 묘사할 수 있다. 실제상황에서 개인은 다양한 집단과 역할구조에 연결된다. 그에 관련된 자기해석이 사회적 정체성이다. 개인적 정체성과 사회적 정체성 사이의 균형으로부터 다시 자아-정체성이 형성 자아-정체성 구상 된다. 하버마스(1973b)와 크라프만(Krappmann, 1971)은 그들의 사회화이론적 고찰 속에서 이러한 자아-정체성 구상을 계속 발전시켰다. 그리고 비판적 역할이론을 정립함에 있어서, 개인은 단지 그가 사회적 감정이입, 좌절에 대한 관용, 모호성에 대한 인내, 그리고 역할 거리두기를 동시에 소유했을 때, 일상적인 상호작용 속에서 균형 잡힌 정체성을 유지할 수 있다는 것을 보여주었다.

교육학은 이러한 자아-정체성 모델 그리고 이와 관련된 역할행위에 대한 기본자격 부여에 대해 주목했고, 이것은 1970년대의 해방적 교육학에 사회화 이론적으로 규정된 규범적 목표관점을 제공했다(Brumlik, 1989: 128). 이러한 규범적 배경 앞에서, 흔히 볼 수 있는 교육기관, 예를 들어 학교나 기숙사에 정체성 발달의 전제조건들이 유리한지 혹은 불리한지에 대해 질문할 수 있게 되었다. 교육기관 혹은 제도적 구조에서 지배적인 역할체계가, 젊은이가 그들의 정체성을 보여주고 검증하고, 감정이입과 역할 거리두기를 발전시키고 자율적인 행위를 연습할 수 있는가에 대해 어느 정도 방해받거나 어려워질 수 있는지 탐구될 수 있었다.

상호작용적 정체성 구상은 일반교육학, 학교교육학, 그리고 사회교육학적 이론의 토론에 있어서 중심적인 의미를 가질 뿐만 아니라(Mollenhauer, 1972; Schäfer, 1976; Tillmann, 1989; Thiersch, 1977), 가령 가정교육(Mollenhauer/ Brumlik/ Wutke, 1975), 학교(Projektgruppe Jugendbüro und Hauptschularbeit, 1975; Terhart, 1978) 또는 사회복지사업(Kieper, 1980)에서의 일련의 제도비판적 연구들의 이론적인 배경으로 기능했다.

"낙인찍기 접근법"

게다가 경험적 연구환경에서는 흔히 씨코우렐(Cicourel, 1968)이 발전시킨 일탈행동을 해명하기 위한 상호작용 구상, 소위 "낙인찍기 접근법" 혹은 꼬리표붙이기 이론에 의존했다. 이것은 먼저 제도의 정상성에 대한 기대, 그것의 규정권력 그리고 사회적 통제의 네트워크에 의해, 공식적인 의미에서 일탈이 이차적인 이상행위로서 생산된다는 것을 의미한다(Parmentier, 1983). 그리하여, 예를 들어 브루스텐/후렐만(Brusten/Hurrelmann, 1973)은 학교에서의 일탈행위의 과정, 혹은 가령 페터스와 크레머-쉐퍼(Peters/Cremer-Schäfer, 1975) 또는 카사코스(Kasakos, 1980)는 청소년 사회복지에서 현실구성과 그에 상응하는 교육적-통제적 제도의 행위전략을 분석했다. 이런 연구들에서 일탈이 어떻게 교육적 통제제도의 분류와 대응 절차에 기인하고, 전문적인 교육자들의 유형화와 책임전가가 함께 영향을 미치는지를 보여주고 있다.

I.3.5.3. 발달교육학

발달교육학 구상에 대해서는 아우펜앙어(Aufenanger, 1992)가 가장 상세하게 논증하고 있다. 그러나 포이케르트(Peukert, 1979), 오저(Oser, 1981), 가르쯔(Garz, 1989)의 연구들도 발달교육학 이론들로 분류할 수 있다. 발달교육학의 목표관점을 규정함에 있어서, 아우펜앙어는 먼저 교육의 목표는 교육받는 주체의 자율성을 향해 있어야만 한다는 클라프키의 주장을 제시한다. 그는 발달교육학 개념을 로트(H. Roth)의 『교육인간학』(1971) 두 권에서 가져왔다. 이 두 권의 책은 "발달과 교육. 발달교육학의 기초"라는 부제가 달려 있었고, 독자적인 발달교육학 이론을 정초하려고 시도했다. 자신의 『교육인간학』에서, 다양한 관점에서 인간발달을 다루고 있는 분과학문들에서 산출한 모든 중요한 연구결과를 다루고, 포착하고, 교육적으로 문제제기하고 있는 로트와는 달리, 아우펜앙어는 자신의 연구에서 사회발생적 관점이라 지칭한 선택된 측면들에만 한정하고 있다. "여기서는 역량이라는 개념 속에 포괄될 수 있고, 가지고 태어난 것이 아니라 사회화적 상호작용 과정에서 습득된 것으로 받아들여지는 보편적 능력과 숙련의 사회적 구성에 관련된 측면들이 중요하다"(Aufenanger, 1992: 12). 사회발생적 관점

이제 발달교육학이론의 목표 관점, "완전히 발달된 주체"의 구조를 규정할 수 있도록, 아우펜앙어는 하버마스(1975)와 외버만(Oevermann, 1976)에 의해 재구성적 사회화 연구의 틀 속에서 이론적으로 정립된, 혹은 피아제에 의해 인식능력의 구조와 발생이, 또는 콜버그의 도덕적 판단능력의 구조와 발생이 발달이론적으로 서술된 것과 같은 역량이론적 고찰을 활용했다. 피아제는 그 역량이론들의 지능심리학에서 인지발달을 네 단계로 구분했다. 즉, 감각운동적 지능의 단계, 직관적 사고의 단계, 구체적 조작의 단계, 형식적 조작의 단계가 그것이다. 또한 사회적 역량의 발생에 관한 콜버그 이론에서는 도덕적 판단능력이 다음과 같은 단계로 세분화된더. 즉, 타율적이고 도구적으로 규정된 인습 이전의 도덕적 인식 단계로부터 인습적인 단계를 거쳐서 인습 이후의 원칙에 따르는 도덕적 인식에 이르는 여러 단계의 발달수준으로의 세분화가 그것이다.

아우펜앙어(Aufenanger, 1992: 167)에게 피아제와 콜버그의 역량이론에서 서술된 사고와 도덕성 판단능력의 가장 높은 발달단계는 완전히 발달된 주체의 부분적인 측면들을 규정하기 위한 고귀한 참조대상으로 기능한다. 이어서

그는 어떤 사회적 발달조건들이 이러한 인지적이고 사회적인 능력 육성을 촉진하거나 혹은 방해하는지에 대해 경험적 연구들을 토론한다. 이런 맥락에서 교육적 행위에는 역량의 육성과 보편적인 특성을 촉진하는 과제, 그리고 사람들이 의사소통하고 협력하는 능력을 키우는 과제가 주어진다. 여기서 방법론적 지식의 토론, 즉 지식 전달의 문제들과 정의의 질문들, 그리고 동시에 젊은이들의 호기심을 일깨울 수 있는 질문들이 교육적 행위의 중심에 놓이게 된다(Aufenanger, 1992: 197ff).

I.3.5.4. 진화론 지향의 교육과학

발달교육학에 우호적인 환경에서 나온 연구들이 주로 하버마스의 사회화와 성격이론적 연구성과를 끌어들이는 반면, 무엇보다 렌하르트(Lenhart, 1987, 1992)가 논증한 진화론 지향의 교육과학은 하버마스의 사회진화이론에 토대를 두고 있다. 가령 인공지능적 정보이론 혹은 최근에는 생물학적 접근이 교육의 진화이론을 압도하는 트레믈(Treml, 1987, 2004)식의 접근과는 달리, 렌하르트는 교육이론적으로 유의미한 사회-문화적 진화의 이론 제안을 목표로 한다. 여기서는 하버마스의 사회진화이론이 가장 중요한 참조이론이다. 더욱이 이 이론에는 베버(M. Weber)에 의존한 슐루흐터(W. Schluchter)의 교육을 대상으로 뻗어나간 사회사적 구상과 파슨스(T. Parsons)와 루만(N. Luhmann)의 체계이론 지향의 진화론이 마치 구성요소처럼 포함되어 있다 (Lenhart, 1992: 148).

교육학적 진화론에
대한 질문들

그러한 교육학적으로 중요한 진화이론은 두 가지 질문에 대답을 해야 한다. 즉, 사회의 진화와 함께 교육이 어떻게 변화하고, 교육이 사회진화에 어떻게 영향을 주는가? 여기서 이론은 높은 수준의 추상화된 모델을 가지고 작업한다. 그 이론은 발달논리와 발달역동성 사이를 구분한다(Habermas, 1976). 전자에서는 추후에 재구성된 구조의 전형을 다룬다. 후자에서는 구체적인 사건의 진행과정을 다룬다. 사회적 진화이론에서는, 구체적인 개별사회들이 분류될 수 있는 고급문화 이전 사회, 즉 부족사회, 고급문화사회, 근대사회적 구조원칙이 구분된다(Habermas, 1976; Schluchter, 1979).

사회문화적 발달 맥락
속의 교육기관들

이러한 사회문화발달이론의 배경하에 이제 렌하르트는 교육기관들의 서술 가능한 분화를 두 가지 측면에서, 즉 그들의 조직과 특수화수준에서 역사적으로 분석한다. 부족사회는 이미 교육받을 수 있는 기관들을 안다(예를 들어

성년식 축제). 그러나 복잡하고 교육에 전문화된 기관에 대해서는 전혀 알지 못한다. 발달된 조직 수준에서 교육에 폭넓게 전문화된 기관으로서 학교의 발생은 고급문화로의 완벽한 이행을 보여주는 하나의 지표이다. 마지막으로 근대사회는 그 부분들이 서로 연결되어 있는 형식화된 교육과 형성체계의 전문화된 기관들의 네트워크를 안다(Lenhart, 1992: 150; Tenorth, 1988).

교육이 사회를 변화시킬 수 있는가라는 질문에 대답함에 있어서, 렌하르트 교육의 발달사적
그리고 발달혁신적
기능
는 교육의 발달사적 그리고 발달 혁신적 기능을 구분한다(Lenhart, 1992: 151). 그의 테제는, 고급문화 이전 사회에서는 교육이 단지 발달을 재생산하는 혹은 발달을 방해하는 기능만 가졌다면, 근대사회에서 교육은 그 이외에도 생산적인 그리고 창의적인 기능을 가질 수 있다는 것이다.

I.3.5.5. 행위이론 지향의 교육과학

나는 레르쉬(R. Lersch)와 함께 행위이론 지향의 교육과학 구상을 개발하고 학교행위이론 영역을 구체화하려고 시도했다(Krüger/Lersch, 1993; König, 1992). 여기서 교육학적 행위이론은 듀이(J. Dewey)의 미국 프래그머티즘 전통의 틀 속에서 논증되었다(Brüggen, 1980). 여기에다가 행위이론에 기초한 인성이론, 조직이론, 기관이론이 연결되었고, 역사적으로 민감하면서 비판지향의 사회변동이론이 행위이론 기초 위에 결합되었다.

발달교육학과 유사하게 이러한 다양한 행위이론적 교육학들에서는, 듀이에 연결하여 교육을 경험의 적응적-구성적 과정으로서 이해하고, 목표관점을 명확히 젊은이의 인지적, 언어적 그리고 사회적 행위역량을 최적의 상태로 촉진하는 것으로 설정했다. 그러나 발달교육학과는 달리, 이러한 이론구상에서는 분석에 있어서 역량과 경험을 촉진하는 학습과정을 오히려 지원하거나 또 역량 촉진적
학습과정으로서 교육
는 방해하는 조직적 혹은 제도적 그리고 전체 사회적 배경조건들을 함께 고려했다. 조직적 그리고 제도적 조건요소들을 탐구함에 있어서 저자들은 베버 전통의 조직이론들과 상징적 상호작용 전통의 제도이론적 구상들을 참조했다. 교육학적 기관들과 행위과정의 전체사회적 결정요인들 분석에서는, 하버마스 사회이론의 행위이론적 해석에 기초한 비판적 사회이론의 분석도구들을 활용했다(Krüger/Lersch, 1993: 321).

I.3.6. 비판과 결산

이미 1970년대에 비판적 교육과학은 그 원천프로그램에 대해 다른 교육학적 입장의 지지자들로부터 격렬하게 비판받았다. 비판적 합리주의의 대변자들, 예를 들어 뢰스너(Rössner, 1972)는 부정확한 개념설명을 비난하면서 해방 개념은 단지 조작적으로 규정할 수 있을 때 사용할 수 있다는 테제를 내놓았다. 보수적인 교육정책 맥락의 교육학자들은 비판적-해방적 지향성으로부터 전향할 것을 대대적으로 촉구하고, 비판적 교육과학은 단지 마르크스주의의 새로운 판이라고 보았다. 이와는 반대로, 마르크스주의 교육학자들은 비판적 교육과학을 "개량주의적"이라고 낙인찍었다. 왜냐하면 그들이 교육개혁을 통해 사회개혁을 이뤄내려 하고 계급투쟁의 질문들에 대해서는 무관심하기 때문이라는 것이다.

우선, 무엇보다 외부로부터, 다른 학문이론적 입장의 지지자들로부터 비판적 논평이 제기되고, 그리하여 1980년대에 이러한 이론 흐름 내부에서도 비판적 담론이 제기되었다. 몰렌하우어(Mollenhauer, 1991: 75)는 자기비판적 회고에서, 사회화 또는 학습과 같은 사회과학적 개념들을 과도하게 수용함에 따라 교육학 내부의 개념들이 사라지게 되었다고 확언했다. 다른 저자들은 담론모델이 도대체 교육학적 상황에 전이 가능한지를 문제삼았다. 왜냐하면 교육은 근본적으로 성인들과 성장세대들 사이의 나이 차이에 따른 불평등 간극에 의해 특징지어지기 때문이라는 것이다. 행동연구의 방법론적 구상 또한 문제시되었다. 왜냐하면 경험적 연구와 실천변화에 대한 관심은 허용되지 않는 방식으로 혼합되기 때문이라는 것이다(Krüger, 1997). 여기서 하버마스의 다음과 같은 정당한 주장을 마주하게 된다(Habermas, 1971: 18). 즉, 행동연구와 같은 형식의 방법론적 요구가 사회과학 분야에서 유효한 환경을 간과하고 있다는 지적, 그리고 현장에서의 통제되지 않은 변화가 같은 시기의 현장데이터 조사와 합치되지 않는다는 지적이 바로 그것이다.

좀 더 급진적으로는, 1980년대 후반 이후 몇몇 젊은 교육학자들은 처음으로 진보에 회의적인 호르크하이머와 아도르노의 후기 저서들과 아도르노의 역설적-부정주의적 교육이론을 비판적 교육과학 논증을 위한 토론의 중심에 끌어들였다. 그들에 의해 비판적 교육과학 원천프로그램의 이론적 전제조건들이 의문시되었다(Paffrath, 1987, 1992). 그리하여, 예를 들어 그루쉬카(A. Gruschka)는 사회 진보와 계몽을 지향하는 해방교육학이 과연 교육학 그 자체가 계몽의 변증법에 어떤 기여를 하였는가에 대한 질문을 소홀히 했다는 비판을 제기했다. 클라프키의 비판적-구성적 교육학 이론과는 달리, 그루쉬카는 아도르노를 기반으로 긍정적인 교육적 실천 비판에 한정하면서, 비판으로부터 무엇이 직접적이고 건설적으로 추론될 수 있는지 말할 수 없다는 『부정적 교육학』(1988)을 내놓았다. 그리고 형성이론적 담론에서 쉐퍼(Schäfer, 1991)는 학문적 합리성을 점점 더 스스로 마비시키고 이성에 의해 매개되지 않는 개인화에 의해 특징지어지는 사회적 상황 속에서, 클라프키의 자기형성 이론에서와 같은, 그러나 또한 자율적인 주체라는 목표를 지향하는 비판적 교육과학의 발달교육학적 혹은 행위이론적 이론의 시도가 여전히 추진되고 있더라도, 이성적 주체의 가능성 이론을 고집하는 것은 더 이상 유의미하지 않다는 테제를 내놓았다(Sünker/Krüger, 1999).

부정적 교육학

그러므로 여기 요약된 비판적 교육과학에 대한 일련의 비판지점들은 정당하다. 이것은 무엇보다 이 이론적 흐름의 원천프로그램이 보이기 시작한 교육과 자기형성을 통해 혹은 연구를 통해 사회를 근본적으로 바꾸려는, 또는 나아가 인류의 해방에 함께 기여할 수 있다는 희망들에게도 유효하다. 그러나 그것을 넘어서, 이 이론적 흐름의 다양한 업적을 간과해서는 안 된다. 비판적 교육과학은 비판이론, 상징적 상호작용이론, 그리고 사회와 발달심리학 분야에서 나온 흥미로운 거시사회학 및 성격이론적 담론을 교육학적 이론구상을 위해 열어놓았다. 이 이론은 역사적 교육학 분야에 사상사에서 사회사적 방향으로 연구를 전환하는 데 현저하게 기여했다. 방법론적 토론에서는 경험적 연구와 사회비판적 성찰의 결합이라는 건설적인 제안들을 내놓았다. 그리고 비판적 교육과학은 무엇보다 상징적 상호작용의 방법론적 연구전통의 수용을 통해 교육학에서 질적연구의 재활성화를 위한 결정적인 자극을 주었고, 또한 이런 맥락에서 일련의 경험적 연구들을 함께 자극했다. 바로 이러한 역사적인 그리고 현재와 관련한, 미래의 인간에 대한 거대한 교육적 구상이 아니라 교육의 한계 또는, 예를 들어 학교 혹은 사회복지활동 일상에서의 낙인과 꼬리표 붙이기의 과정이 비판적으로 분석되는 경험적 연구들에서 무엇보다 비판적 교육과학의 업적능력이 잘 드러난다. 호네트(Honneth, 1992, 2005)가 창안한 인정이론의 배경하에 정치적 교육과정을 설명한 청소년과 학교연구 분야에서 나온 현재의 몇몇 연구성과들은, 비판이론 맥락에서 나온 경험적 연구와 사회철학적 담론의 결합이 얼마나 생산적일 수 있는지 잘 보여준다(Helsper/Krüger u.a. 2006).

Adorno, Th.W.: Erziehung zur Mündigkeit. Frankfurt a.M. 1963.

Adorno, Th.W.: Negative Dialektik. Frankfurt a.M. 1966.

Adorno, Th.W.: Studien zum autoritären Charakter. Frankfurt a.M. 1980.

Adorno, Th.W. u.a.: Der Positivismusstreit in der deutschen Soziologie. Darmstadt/Neuwied 1972.

Aufenanger, St.: Entwicklungspädagogik. Die soziogenetische Perspektive. Weinheim 1992.

Blankertz, H.: Berufsbildung und Utilitarismus – Problemgeschichtliche Untersuchungen. Düsseldorf 1963.

Blankertz, H.: Bildung – Bildungstheorie. In: Wulf, Ch. (Hrsg.): Wörterbuch der Erziehung. München 1974, S. 65–69.

Blankertz, H.: Die Geschichte der Pädagogik. Wetzlar 1982.

Blankertz, H.: Kritische Erziehungswissenschaft. In: Schaller, K. (Hrsg.): Erziehungswissenschaft der Gegenwart. Bochum 1979, S. 28–48.

Bourdieu, P./Passeron, J.C.: Die Illusion der Chancengleichheit. Stuttgart 1971.

Brüggen, F.: Strukturen pädagogischer Handlungstheorie. Freiburg 1980.

Brumlik, M.: Der symbolische Interaktionismus und seine pädagogische Bedeutung. Frankfurt a.M. 1973.

Brumlik, M.: Kritische Theorie und Symbolischer Interaktionismus. In: Röhrs, H./Scheuerl, H. (Hrsg.): Richtungsstreit in der Erziehungswissenschaft und pädagogische Verständigung. Frankfiirt a.M. u.a. 1989, S. 113–130.

Brumlik, M.: Symbolischer Interaktionismus. In: Lenzen, D./Mollenhauer, K. (Hrsg.): Theorien und Grundbegriffe der Erziehungswissenschaft, Band I der Enzyklopädie Erziehungswissenschaft. Stuttgart 1983, S. 232–244.

Brusten, M./Hurrelmann, K.: Abweichendes Verhalten in der Schule. München 1973.

Bundesministerium für Bildung, Wissenschaft, Forschung und Technologie: Grund- und Strukturdaten 1994/95. Bad Honnef 1995.

Cicourel, A.: The social Organisation of juvenile justice. New York 1968.

Claußen, B.: Zur Aktualität und Problematik einer kritischen Erziehungs-wissenschaft. In: Claußen, B./Scarbath, H. (Hrsg.): Konzepte einer kritischen Erziehungswissenschaft. München/Basel 1980, S. 13–34.

Dubiel, H.: Der Streit über die Erbschaft der Kritischen Theorie. In: Schäfers, B. (Hrsg.): Soziologie in Deutschland. Opladen 1995, S. 119–130.

Dubiel, H.: Kritische Theorie der Gesellschaft. Weinheim/München 1988.

Dubiel, H.: Ungewißheit und Politik. Frankfurt a.M. 1994.

Garz, D.: Noch einmal: Entwicklung als Ziel der Erziehung. In: Zeitschrift für internationale erziehungs- und sozialwissenschaftliche Forschung 6 (1989), S. 377–398.

Goffman, E.: Stigma. Über Techniken der Bewältigung beschädigter Identität. Frankfurt a.M. 1967.

Gruschka, A.: Negative Pädagogik. Wetzlar 1988.

Habermas, J.: Der philosophische Diskurs der Moderne. Frankfurt a.M. 1985.

Habermas, J.: Diskursethik. In: Habermas, J.: Moralbewußtsein und kommunikatives Handeln. Frankfurt a.M. 1983, S. 53–125.

Habermas, J.: Erkenntnis und Interesse. Frankfurt a.M. 1969.

Habermas, J.: Faktizität und Geltung. Beiträge zur Diskurstheorie des Rechts und des demokratischen Rechtsstaates. Frankfurt a.M. 1992.

Habermas, J.: Legitimationsprobleme im Spätkapitalismus. Frankfurt a.M. 1973 (a).

Habermas, J.: Stichworte zur Theorie der Sozialisation. In: Habermas, J.: Kultur und Kritik. Frankfurt a.M. 1973 (b), S. 118–194.

Habermas, J.: Strukturwandel der Öffentlichkeit. Neuwied/Berlin 1962.

Habermas, J.: Theorie des kommunikativen Handelns, 2 Bde. Frankfurt a.M. 1981.

Habermas, J.: Theorie und Praxis. Frankfurt a.M. 1971.

Habermas, J.: Technik und Wissenschaft als Ideologie. Frankfurt a.M. 1968.

Habermas, J.: Zeit der Übergänge. Frankfurt a.M. 2001.

Habermas, J.: Zur Entwicklung der Interaktionskompetenz. o.O. 1975.

Habermas, J.: Zur Logik der Sozialwissenschaften. Frankfurt a.M. 1970.

Habermas, J.: Zur Rekonstruktion des Historischen Materialismus. Frankfurt a.M. 1976.

Habermas, J./Friedeburg, L. v./Oehler, C. u.a.: Student und Politik. Neuwied /Berlin 1961.

Helsper, W./Krüger, H.-H. u.a.: Unpolitische Jugend? Eine Studie zum Verhältnis von Schule, Anerkennung und Politik. Wiesbaden 2006.

Heydorn, H.-J.: Über den Widerspruch von Bildung und Herrschaft. Frankfurt a.M. 1970.

Honneth, A.: Kampf um Anerkennung. Zur moralischen Grammatik sozialer Konflikte Frankfurt a.M. 1992.

Honneth, A.: Verdinglichung. Eine anerkennungstheoretische Studie. Frankfurt a.M. 2005.

Horkheimer, M.: Die gegenwärtige Lage der Sozialphilosophie und die Aufgaben eines Institutes für Sozialfdrschung (1931). In: Horkheimer, M.: Sozialphilosophische Studien. Frankfurt a.M. 1972, S. 33ff.

Horkheimer, M.: Traditionelle und Kritische Theorie (1937). In: Horkheimer, M.: Traditionelle und Kritische Theorie. Frankfurt a.M.²1970, S. 12−56.

Horkheimer, M./Adorno, Th.W.: Dialektik der Aufklärung. Amsterdam 1947.

Horkheimer, M. (Hrsg.): Studien über Autorität und Familie. Paris 1936.

Kasakos, G.: Familienfürsorge zwischen Beratung und Zwang. München 1980.

Keckeisen, W.: Kritische Erziehungswissenschaft. In: Lenzen, D./ Mollenhauer, K. (Hrsg.): Theorien und Grundbegriffe der Erziehung und Bildung. Band 1 der Enzyklopädie Erziehungswissenschaft. Stuttgart 1983, S. 117−138.

Kieper, M.: Lebenswelten verwahrloster Mädchen. München 1980.

Klafki, W.: Abschied von der Aufklärung? Grundzüge eines bildungs-theoretischen Gegenentwurfs. In: Krüger, H.-H. (Hrsg.): Abschied von der Aufklärung? Perspektiven der Erziehungswissenschaft. Opladen 1990, S. 91 −104.

Klafki, W.: Aspekte einer kritisch−konstruktiven Erziehungswissenschaft. Weinheim/Basel 1976.

Klafki, W.: Das pädagogische Problem des Elementaren und die Theorie der kategorialen Bildung. Weinheim 1959.

Klafki, W.: Handlungsforschung. In: Wulf, Ch. (Hrsg.): Wörterbuch der Erziehung. München 1974, S. 267−272.

Klafki, W.: Kann Erziehungswissenschaft bei der Begründung pädagogischer Zielsetzungen beitragen? In: Röhrs, H./Scheuerl, H. (Hrsg.): Richtungsstreit in der Erziehungswissen− schaft und pädagogische Verständigung. Frankfurt a.M. 1989, S. 147−159.

Klafki, W.: Kritisch-konstruktive Erziehungswissenschaft. In: Winkel, R. (Hrsg.): Deutsche Pädagogen der Gegenwart, Bd. I, München 1984, S. 137-162.

Klafki, W.: Neue Studien zur Bildungstheorie und Didaktik. Weinheim/Basel 1985.

Klafki, W.: Thesen und Argumentationsansätze zum Selbstverständnis „kritisch-konstruktiver Erziehungswissenschaft". In: König, E./Zedler, P. (Hrsg.): Erziehungswissenschaftliche Forschung. Paderbom/München 1982, S. 15-52.

Klafki, W.: Im Gespräch mit W. Lingelbach. In: Kaufmann, H.B. u.a. (Hrsg.): Kontinuität und Traditionsbrüche in der Pädagogik. Weinheim/Basel 1991, S. 153-191.

Klafki, W.: Kritische Erziehungswissenschaft. In: Krüger, H.-H./Grunert, C. (Hrsg.): Wörterbuch Erziehungswissenschaft. Opladen²2006, S. 172-177.

Klafki, W. u.a.: Erziehungswissenschaft. 3 Bde., Frankfurt a.M. 1970.

König, E.: Handlungstheoretische Pädagogik. In: Petersen, J./Reinert, G.B. (Hrsg.): Pädagogische Konzeptionen. Donauwörth 1992, S. 130-145.

Krappmann, L.: Soziologische Dimensionen der Identität. Stuttgart 1971.

Krüger, H.-H.: Von der pädagogischen Handlungsforschung zur Kritischen Bildungsfbrschung- Oder hat empirische Forschung einen Zukunftsbezug? In: Braun, K.-H./Krüger, H.-H. (Hrsg.): Pädagogische Zukunftsentwürfe. Opladen 1997, S. 71-84.

Krüger, H.H./Lersch, R.: Lernen und Erfahrung. Perspektiven einer Theorie schulischen Handelns. Opladen²1993.

Lenhart, V.: Die Evolution erzieherischen Handelns. Frankfurt a.M. u.a. 1987.

Lenhart, V.: Evolutionstheoretisch orientierte Pädagogik. In: Petersen, J./Reinert, G.-B. (Hrsg.):Pädagogische Konzeptionen. Donauwörth 1992, S. 146-158.

Mc Carthy, Th.: Kritik der Verständigungsverhältnisse. Zur Theorie von Jürgen Habermas. Frankfurt a.M. 1980.

Matthes, E.: Von der geisteswissenschaftlichen zur kritisch-konstruktiven Pädagogik und Didaktik. Bad Heilbrunn 1992.

Mead, G.H.: Geist, Identität und Gesellschaft aus der Sicht des Sozial-behaviorismus. Frankfurt a.M. 1973.

Mollenhauer, K.: Erziehung und Emanzipation. München 1968.

Mollenhauer, K.: Marginalien zur Lage der Erziehungswissenschaft. In: König, E./Zedler, P. (Hrsg.): Erziehungswissenschaftliche Forschung. Paderborn/München 1982, S. 252–265.

Mollenhauer, K.: Im Gespräch mit Th. Schulze. In: Kaufmann, H.B. u.a. (Hrsg.): Kontinuität und Traditionsbrüche in der Pädagogik. Weinheim/Basel 1991, S. 67–82.

Mollenhauer, K.: Theorien zum Erziehungsprozeß. München 1972.

Mollenhauer, K.: Umwege. Über Bildung, Kunst und Interaktion. Weinheim/München 1986.

Mollenhauer, K.: Vergessene Zusammenhänge. Über Kultur und Erziehung. Weinheim/Mün– chen 1983.

Mollenhauer, K.: Grundfragen ästhetischer Bildung. Weinheim/München 1995.

Mollenhauer, K./Brumlik, M./Wutke, H.: Familienerziehung. München 1975.

Mollenhauer, K. u.a.: Pädagogik der „kritischen Theorie". 4 Studienbriefe der Femuniversität Hagen 1978.

Negt, O./Kluge, A.: Öffentlichkeit und Erfahrung. Frankfurt a.M. 1972.

Oevermann, U.: Programmatische Überlegungen zu einer Theorie der Bildungsprozesse und zur Strategie der Sozialisationsfbrschung. In: Hurrelmann, K. (Hrsg.): Sozialisation und Lebenslauf. Reinbek 1976, S. 34–52.

Oser, F.: Moralisches Urteil in Gruppen. Frankfurt a.M. 1981.

Paffrath, F.H.: Die Wendung aufs Subjekt. Pädagogische Perspektiven im Werk Theodor W. Adornos. Weinheim 1992.

Paffrath, F.H. (Hrsg.): Kritische Theorie und Pädagogik der Gegenwart. Weinheim 1987.

Parmentier, M.: Ethnomethodologie. In: Lenzen D./Mollenhauer, K. (Hrsg.): Theorien und Grundbegriffe der Erziehungswissenschaft. Band 1 der Enzyklopädie Erziehungswissenschaft. Stuttgart 1983, S. 246–260.

Peters, H./Cremer–Schäfer, H.: Die sanften Kontrolleure. Stuttgart 1975.

Peukert, H.: Kritische Theorie und Pädagogik. In: Zeitschrift für Pädagogik 30 (1983), H.2, S.195–217.

Peukert, U.: Interaktive Kompetenz und Identität. Düsseldorf 1979.

Projektgruppe Jugendbüro und Hauptschülerarbeit: Die Lebenswelt von Hauptschülem. München 1975.

Rössner, L.: Emanzipatorische Didaktik und Entscheidungslogik. In: Zeitschrift für Pädagogik 18 (1972), S. 607f.

Roth, H.: Pädagogische Anthropologie. Bd. II; Hannover 1971.

Schäfer, A.: Kritische Pädagogik – vom paradigmatischen Scheitern eines Paradigmas. In: Hoffinann, D. (Hrsg.): Bilanz der Paradigmendiskussion in der Erziehungswissenschaft. Weinheim 1991, S. 111–126.

Schäfer, K.-H.: Aspekte einer kommunikativen Theorie der Schule. In: Twellmann, W. (Hrsg.): Handbuch Schule und Unterricht. Bd. 1, Düsseldorf 1981.

Schäfer, K.-H.: Partizipation und Identität im Schulfeld. In: Popp, W. (Hrsg.): Kommunikative Didaktik. Weinheim/Basel 1976, S. 55–76.

Schäfer, K.-H.: Kommunikative Pädagogik. In: Petersen, J./Reinert, G.B. (Hrsg.): Pädagogische Konzeptionen. Donauwörth 1992, S. 227–268.

Schäfer, K.-H./Schaller, K.: Kritische Erziehungswissenschaft und kommunikative Didaktik. Heidelberg 1971.

Schalter, K.: Pädagogik der Kommunikation. In: Schaller, K. (Hrsg.): Erziehungswissenschaft der Gegenwart. Bochum 1979, S. 155–181.

Schaller, K.: Pädagogik der Kommunikation. Bad Augustin 1987.

Schaller, K.: Rationale Kommunikation. Prinzip humaner Handlungsorientierung. In: Winkel, R. (Hrsg.): Deutsche Pädagogen der Gegenwart. Bd. 1, Düsseldorf 1984, S. 319ff.

Schluchter, W.: Die Entwicklung des okzidentalen Rationalismus. Tübingen 1979.

Sünker, H./Krüger, H.-H. (Hrsg.): Kritische Erziehungswissenschaft am Neubeginn? Frankfurt a.M. 1999.

Tenorth, H.-E.: Geschichte der Erziehung. Weinheim/München 1988.

Terhart, E.: Interpretative Unterrichtsfbrschung. Stuttgart 1978.

Terhart, E./Uhle, R.: Kommunikative Pädagogik. Versuch einer Bilanzierung. In: Hoffmann, D./Heid, H. (Hrsg.): Bilanzierungen erziehungswissenschaftlicher Theorieentwicklung. Weinheim 1991, S. 51–88.

Thiersch, H.: Kritik und Handeln. Interaktionistische Aspekte der Sozialpädagogik. Neuwied/Darmstadt 1977.

Tillmann, K.J.: Sozialisationstheorien. Reinbek 1989.

Treibei, A.: Einführung in soziologische Theorien der Gegenwart. Opladen 1993

Treml, A.K.: Allgemeine Pädagogik. Grundlagen, Handlungsfelder und Perspektiven der Erziehung. Stuttgart 2000.

Treml, A.K.: Einführung in die Allgemeine Pädagogik. Stuttgart u.a. 1987.

Treml, A.K.: Evolutionäre P致dagogik. Stuttgart 2004.

Watzlawick, P./Beavin, J.H./Jackson, D.D.: Menschliche Kommunikation. Bonn/Stuttgart 1969.

Zedier, P.: Bildungstheorie in praktischer Absicht. Kritische Theorie und pädagogische Theo- rietradition bei Herwig Blankertz. In: Kutscha, G. (Hrsg.): Bildung unter dem Anspruch von Aufklärung. Weinheim/Basel 1989, S. 45-68.

I.4. 교육과학의 여타 갈래들

I.4.1. 실천학적 교육학

I.4.1.1. 발생배경과 영향

실천학적 교육학(praxeologische Pädagogik)이라는 개념은 1970년대 데어볼라프(J. Derbolav. 1912-1987)에 의해 정초되었으며, 1980년대에 벤너(D. Benner. 1941년 출생)에 의해 교육학의 행위지향적 이론으로 계승되어 독자적인 발전을 이룩하게 되었다.

데어볼라프는 1930년부터 1935년까지 빈(Wien) 대학에서 독문학, 고전 언어학, 철학 및 교육학을 공부했고, 국가시험을 통해 김나지움 교사자격을 취득한 후, 독문학에서 박사과정에 진학하게 되었다. 오스트리아의 여러 김나지움에서 오랜 기간 교사로 근무한 후 1951년 자브뤼켄 대학교의 교육학 정원 외 교수로 임명되었다. 1953년 실천철학 분야에서 "인식과 결정. 플라톤에 기원을 둔 정신적 수용의 철학"이라는 제목의 교수임용논문을 내놓았다. 그는 1955년 리트(T. Litt) 교수의 후임으로 본(Bonn) 대학의 철학 및 교육학 교수로 초청받았고, 1970년대 퇴임하기까지 교수직을 유지했다.

Josef Derbolav

데어볼라프는 리트의 교육적 사유를 계승하고 헤겔의 변증법적 철학에 접맥하면서 1950년대와 1960년대의 연구논문을 통해 변증법적-반성적 교육과학을 정초하였다. 변증법적-반성적 교육과학은 교육적 경험의 변증법적 구조를 분석하고 교육학의 전제를 반성적으로 통찰하려고 시도한다. 데어볼라프는 정신과학적 교육학의 입장 및 그 대변자들과는 비판적인 거리를 유지했다 (1979: 55). 왜냐하면 정신과학적 교육학은, 특히 교육학자에게 "참여적 성찰"

의 의무를 부여하고 그를 통해 실천가들과 책임을 공유하도록 요구함으로써, 교육적 경험의 변증법적인 요소들을 해석학적으로 해체해 버리고, 교육학을 지나치게 교육론에 가깝도록 만들기 때문이었다. 그의 자기평가에 따르면, 자신의 이론적 입장은 탈종교적인 교육적 전통에 접맥하여 철학적-체계적 기초를 유지하고 존속하려고 애쓰는 이론으로 특징지어진다. 즉, 그는 교육현상에 대해 오로지 경험적인 기술에만 전념하는 실증주의적 교육학과 대립할 뿐만 아니라, 또한 해방적 교육학의 야심찬 사회개혁적인 입장과도 대립한다 (1971: 13 이하 비교).

데어볼라프는 이어서 1970년대의 수많은 논문을 통해 실천학적 모델을 발전시켰다. 이것은 교육학에 대한 변증법적이고 반성적인 개념의 포괄적인 틀을 제공하게 된다(1975, 1978, 1979). 그는 인간의 총체적 실천을 근본적으로 서로 상이하고 실제적으로 불가피한 과제들, 즉 사회 속에서 설정되며 전문적으로 해결되어야 할 과제들로 분류하려고 시도한다. 그러면서 그는 한편으로 고대 그리스의 실천철학에 기대고, 다른 한편으로 전문직업의 발생사와 관련된 성찰에 의지한다. 데어볼라프가 수행한 연구의 중심에는 교육철학적이고 학문론적인 연구가 자리하고 있다. 하지만 그는 또한 교육인류학과 윤리학, 교육과정이론, 교육사회학 및 교육정치학의 주제들에도 헌신하여, 그에 따른 성과를 『총체교육학(Gesamtpädagogik) 개요』(1987)라는 후기 저서로 통합하게 된다.

벤너는 1961년부터 1965년까지 본(Bonn) 대학과 빈(Wien) 대학에서 철학, 교육학, 역사학 및 독문학을 공부하고, 빈 대학에서 하인텔(E. Heintel) 교수에게서 철학전공으로 박사학위를 받는다. 이어서 본(Bonn) 대학 데어볼라프 교수의 조교가 되어, 그의 지도하에서 교수임용자격을 획득한다. 그는 프라이부르크 대학교의 대리교수를 거친 후 1973년에 뮌스터 대학교의 정교수로 초청을 받는다. 1991년 이후 벤너는 베를린 훔볼트 대학교의 일반교육학 정교수로 재직하게 된다. 1981년 이후 그는 독일의 학술지 *Zeitschrift für Pädagogik*의 공동편집자가 되며, 1988년부터 1994년까지 독일교육학회 회장단의 일원으로 활약했다.

Dietrich Benner

벤너는 자신의 행위이론적인 교육학 개념을 "실천학적-경험과학적(praxe-ologisch-erfahrungswissenschaftlich)" 방법론으로 정초한다. 교육학은 행위과학으로 발전되어야 하며, 이론과 연구는 실천에 우선권을 부여해야 한다. 따라서 벤너의 판단에 따를 때(Benner, 1973: 323), 교육학은 원인과 결과를 분석하는 방법이나 역사적이고 해석학적인 방법에 정초할 수 없고 또한 그 둘의 혼합적 연구 방법에도 정초할 수 없다. 그보다는, 이와 관련해서는 분명 칸트를 참조하고 있는데, 필연적으로 실천적 경험개념을 지향하는 행위과학적인 연구방법을 발전시켜야 한다. 행위지향적 교육과학의 중심적인 방법은 교육실천적 실험이다. 그러한 교육실천적 실험에서는, 인과분석적인 성과에 대한 상호주관적인(intersubjektiv) 검증가능성이 중심적인 관심사가 아니라, 인간적인 실천에 대한 개인들 간의 의미이해가 핵심이며, 보다 진보된 사회의 형성이라는 목표점을 향해 나아가는 것이 핵심이다(1973: 338; 1994: 113 비교).

벤너는 『일반교육학』(1987)에서 이론과 경험, 그리고 실천을 통일성으로 이끌고자 하는 행위지향적 교육학을 위해 체계적이고 이론적인 틀을 발전시킨다. 이 책은, 고대 그리스의 실천철학에 기대면서 또한 특히 칸트, 훔볼트, 헤르바르트에 의해 발전된 교육적 성찰에 대한 체계적인 해석을 통해, 교육실천과 교육학에 대한 실천학적인 이해를 시도한다. 그러한 이해는 인간적인 총체적 실천의 질서라는 합리성을 개별실천들 간의 비-위계적인 관계규정 속에 정초시키고, 실천이성이라는 개념을 통해 총체적 실천의 목적을 파악하려고 시도한다(Benner, 1987: 17). 이처럼 체계적이고 방법론적인 저작에서 공식화된 기본생각에서 출발해서, 벤너는 헤르바르트(Benner, 1986)와 훔볼트(Benner, 1990)에 대한 두 권의 문제사적인 연구서를 남겼고, 그 외에 지난 수십 년간 교육윤리, 인간형성(Bildung)이론, 교육(Erziehung)이론, 학교이론, 교육개혁 및 교수법과 관련된 수많은 연구물들을 내어놓았고, 1990년대 중반에는 3권으로 된 연구서(1994, 1995)로 묶어냈다.

영향   데어볼라프와 벤너에 의해 정초된 실천학적 교육학의 영향에 대해 묻는다면, 그 이론은, 아마도 복잡한 개념성 때문에, 지금까지 인간형성(Bildung)철학에 이끌리는 몇몇 교육학의 전문 독자들에게 제한되어 있다고 평가해야 할 것 같다. 나아가 실천학적인 교육학의 전통은 여전히 학파형성에까지는 이르지 못했다고 평가할 수 있다. 왜냐하면 데어볼라프와 벤너의 일부 제자들은 오히려 다른 학문적인 연구 경향을 따르고 있는 것으로 분류되기 때문이다(Schmied-Kowarzik, 1988; Schöfer, 1992; Peukert, 1983).

I.4.1.2. 데어볼라프 - 교육학의 실천학적 기초놓기

데어볼라프는 자신의 실천학적인 모델을 정초하고 나서 인간의 총체적인 실 실천학의 역사적 기원
천을 일련의 핵심적인 구성과제로 분화시키려는 시도를 하게 된다(Derbolav,
1975: 91). 그러한 구성적 과제들은 인간의 사회생활에서 필수적으로 발생하
며, 역사적 연속성이라는 측면에서 하나의 교수(전수)체계를 발달시키며, 그
것의 수행 수준과 관련해서 일종의 전문성 의식을 발달시키게 된다. 실천적
과제라는 개념에 대한 최초의 접점은 플라톤과 아리스토텔레스의 실천철학
에서 발견된다. 이들은 가족, 가정, 마을공동체, 제례결사와 방위결사에서 국
가에 이르기까지 사회를 위계적으로 분화시켰을 뿐만 아니라, 또한 각 삶의
영역에서 축적된 사회적으로 타당한 기술들을 서로 구분하였으며, 그러한 기
술들이 정치술이라는 최고의 기술을 지향하도록 구조화시켰다(Derbolav, 1979:
47). 두 번째 접점은 중세로부터 현대까지 지속적이고 완전한 형태로 구현되
고 있는 학술적·전문적 직업교육과정이다. 사회적으로 타당한 모든 실천들
에 대해서는 전문적인 직업교육과정이 존재한다. 그래서 대학에서 기술적인
학과, 경제학과, 군사학과, 법학과, 교육학과, 신학과, 자연과학과, 예술학과
및 정치학과 등이 제도화되었고 특수하고 전문적인 직업 활동을 위해 직업교
육을 실시하고 있다.

실천학의 구성과 관련해서, 데어볼라프는 사회에서 요구되는 인간들 간의
핵심과제는 모두 세 겹의 투쟁으로부터 성장한다는 기본생각에서 출발한다.
인간들은 상호간에 투쟁하고, 자연과는 공동으로 투쟁하며, 인간 고유의 이
중결합, 즉 병에 감염되기 쉬움과 제도적인 미완결성이라는 결핍구조와는 실
존적으로 투쟁한다. 이러한 투쟁으로부터 교육과 인간형성이 요청된다. 데어 실천학적 모델
볼라프는 그것으로부터 7개의 과제를 극복하기 위한 실천들이 생겨난다고
본다. 모든 실천들의 중심에는 ① 정치실천이 자리하게 되고, 그 주변에 ②
기술적·경제적 실천, ③ 국방과 법적 실천, ④ 가족과 사회적 실천, 그리고
⑤ 치료적 실천과 교육적 실천이 놓이게 된다. 정치적 실천 곁에는 또한 ⑥
예술실천과 종교실천이 한편에 놓이게 되고 ⑦ 언론과 학문적 실천이 다른
한편에 놓이게 된다(Derbolav, 1979: 48 이하).

데어볼라프가 보기에, 교육학은 실천지향적인 학문이다. 즉, 교육학은 교 실천지향적 학문으로서 교육학
육이라는 실천에서 생겨나고, 또한 동시에 모든 다른 실천들을 관통한다. 왜

냐하면 다른 실천들은 고등교육기관에서의 교수체계 속에서 자신의 경험과 자신의 역량을 지속적으로 발전시키기 때문이다. 데어볼라프는 반성적 교육과학의 변증법적 사고에 입각하여, 이러한 실천들의 내적 구조를 3단계적인 역동성으로 체계화한다. 부자연적인 단계에서 출발하여 중간적인 단계에 이를 때, 말하자면 합리성의 단계와 소외의 단계에 이를 때, 첫 번째 부정이 이루어진다. 그리고 이것은 다시금 실천들 각각의 선(善)과 관련되는 규제적 이념에 의해 두 번째 부정을 겪게 된다(Derbolav, 1979: 50 이하). 그러한 3단계의 발전을 교육과 관련했을 때, 교육학은 첫 번째 단계에서 자연적인 교육에서 생겨났고, 합리성의 단계, 즉 지식과 행위의 원초적 결합에서 탈출하는 [두 번째] 단계에서는 지도하기(Führen)와 성장하게 놔두기(Wachsenlassen)라는 모델을 발전시켰으며, [세 번째 단계에서는] 학습자의 성숙이라는 규제적 이념을 통해 합의될 수 있는 내용으로 채우면서도 또한 동시에 현실 속에서는 결코 완전히 충족될 수 없는 목적이라는 관점을 확보하게 된다(Derbolav, 1979: 62).

총체적 교육학의 요소들

데어볼라프의 변증법적-반성적 교육과학을 위한 메타이론적인 틀과 출발점을 이루고 있는 것은 거의 대부분 실천학이지만, 교육학의 실제적인 내용과 관련해서는 인간형성(Bildung)이론이 중심에 서 있다. 데어볼라프는 리트의 인간형성이론을 계속해서 발전시키는 가운데, 인간형성의 과정을 사실에 대한 논쟁을 통해 매개되는 형성자인 교육자와 형성 주체인 학습자 간의 중재로 파악하며, 헤겔과 더불어 "타자 속에서 자기 자신으로 돌아옴(Im-anderen-zu-sich-selber-Kommen)"으로 개념화한다(Derbolav, 1971: 71). 이러한 인간형성이론은 총체적 교육학이 교육영역에 따라 분화되는 과정 속에서 구체적인 모습으로 전개된다. 말하자면, 총체적 교육학은 '교육적 인간학'과 '교육윤리학', '일반교수학'과 '교육과정이론', 그리고 '교육사회학'과 '교육정치학' 등으로 분화된다. 이러한 분과학문들은, 데어볼라프에 따르면, 서로 짝을 이루면서 같은 영역에 속한다. 왜냐하면 첫 번째 두 분과학문은 교육적 관계를 다루고, 일반교수학과 교육과정이론은 인간형성의 세계를 다루며, 마지막에 등장하는 교육사회학과 교육정치학은 교육적 공간 안에서의 제도적 행위를 다루기 때문이다. 그와 동시에 데어볼라프는 교육사회학의 주장과 연구성과를 통해 경험적 연구를 교육과학 속으로 끌어들일 수 있기를 희망한다. 하지만 교육과학의 위상과 체계적인 위치는 오직 인간형성에 대한 철학적 지향을 가진 원칙학문이라는 배경으로부터만 확립될 수 있다는 입장을 여전히 견지한다(Derbolav, 1970: 317 이하; Derbolav, 1979, 57).

I.4.1.3. 벤너의 교육학의 행위지향적인 이론

벤너는 특히 『일반교육학』(*Allgemeine Pädagogik*, 1987)이라는 책에서 행위지향적 교육학이론의 체계적인 정초를 확립하게 된다. 이 책에서 그는 교육학적 근본사고를 발전시키려고 시도한다. 즉, 그는 교육적 사고와 행위의 구조, 즉 한편으로 교육학의 행위이론적 문제제기와 다른 한편으로 교육실천과 교육학적 행위이론 그리고 교육학연구 간의 매개적 연관성을 해명해 줄 수 있는 교육학적 근본사고를 발전시키려고 시도한다. 그러면서 그는, 데어볼라프와 유사하게, 실천학을 착수지점으로 선택한다. 벤너(Benner, 1987: 20)는 실천학적 출발점 인간역사의 시작에서부터 인간적인 공동생활을 규정해 온 인간적인 실천의 여섯 개의 근본현상과 형식을 구분한다. 인간은 노동을 통해 자기 삶의 기초를 다지고 유지해야 하고(경제), 인간적인 이해의 규범을 상호적으로 인정하고 문제화하며 지속적으로 발전시켜야 하며(윤리), 자신의 사회적인 삶의 미래를 기획하고 형성해야 하며(정치), 미적 제시 속에서 현재를 넘어서며(예술), 자기 자신의 죽음과 동료의 유한성이라는 문제에 직면하게 된다(종교). 이러한 근본현상과 인간적인 실천에는 여섯 번째로 교육이라는 현상도 속하게 된다. 인간은 세대관계 속에 묶여 있으며, 자신에 앞서 나간 세대에 의해 교육되는 한편, 자신을 뒤따르는 세대를 교육하게 된다.

벤너에 따르면(Benner, 1987: 22), 철학사 속에는 실천학과 관련된 그와 같 실천학의 역사적 구상 은 거대한 시도가 이미 두 번 있었다. 첫째, 고대 그리스의 철학, 특히 플라톤과 아리스토텔레스에서 실천에 대해 위계적이고 목적론적인 질서를 부여하려는 기도가 있었다. 그들이 제안한 질서에 따르면, 정치는 모든 실천의 정점에 서고, 교육실천은 미리 주어진 정치적 질서연관 아래로 종속된다. 둘째, 이어서 근대 실천철학의 시도가 있었다. 예컨대 칸트에서 처음으로 다양한 실천들의 비-위계적인 관계가 기획되었고, 교육실천에 대한 경제적·정치적·종교적 규정의 통제가 명백히 포기되었으며, 그와 더불어 교육실천에 처음으로 인간적인 실천의 다른 형태들과 동일한 의미가 인정되었다(Benner, 1994: 305). 벤너(Benner, 1987: 23)에 따르면, 오늘날 교육행위가 유아교육부터 노령교육까지 분화된 것은 교육적 사고와 행위가 말하자면 총체적 실천이라는 틀 속에서 점점 더 인간적인 위치와 가치를 확보해 나가고 있다는 증거가 된다. 물론 그와 동시에 근대의 체계적인 교육학에서 표명된 교육적 사고와 행위의 고유한 근본구조, 즉 인간적인 총체적 실천 안에서 교육적 실천에게 비-위계적 위치를 허용해 주는 교육적 사고는 아직도 사회적으로 관철되지 않고 있다는 것도 알려준다. 벤너(Benner, 1987, 18)는 여전히 그러한 목표지점을 지향할 필요가 있다고 믿는다. 왜냐하면 그는 또한 미래에서도 실천적 이성이라는 개념을 포기하고 싶지 않기 때문이다.

교육학적 사유와
행위의 원칙들

이어서 벤너는 『일반교육학』의 추가적인 체계구축을 위해서 교육적 사고와 행위의 네 가지 원칙에 기대어 논의한다. 네 가지 원칙은, 비록 오래 전부터 실천적으로 인정되어 왔지만, 아직까지도 교육학이라는 전문적 탐구와 교육의 제도화 속에서 적합한 정도의 인정을 받고 있지 못하다. 벤너는 교육적 사고와 행위의 원칙들을, 칸트의 체계적 성찰에 느슨하게 기대면서, 구성적(konstitutive) 원칙과 규제적(regualtive) 원칙으로 구분한다. 구성적 원칙은 바로 '형성가능성'이라는 원칙과 '자기 활동성으로의 요청'이라는 원칙이다. 벤너는 그것을 교육적 사고와 행위의 구성적 원칙, 즉 "역사적·선험적" 원칙이라고 부른다. 구성적 원칙들은 사실 18세기 시민사회의 철학과 교육학에 의해 문헌적으로 확립되었다. 하지만 그 원칙의 타당성은 항상, 말하자면 인간의 실존과 함께 이미 주어져 있는 것으로 상정되어야 한다. 나머지 두 가지 원칙들은 규제적 원칙이다. 규제적 원칙은 "역사적-경험적" 원칙이며, 근대사회의 형성과 함께 처음으로 발전되어 온 과제와 연관된 원칙이다. 즉, '사회적 결정을 교육적 결정으로 전환함'이라는 원칙과 '인간적인 총체적 실천을 비-위계적이고 비-목적론적인 질서로 향하게 함'이라는 원칙이다(Benner, 1987: 47 이하).

교육적 사고와 행위의 구성적 원칙과 규제적 원칙의 결합으로부터 벤너는 교육학을 교육이론, 인간형성이론, 교육제도이론 등으로 체계적으로 분화시켰다. 그러한 분화 속에서는 서로 강조점이 다른 여러 구성적·규제적 원칙들이 각각의 이론을 위해 방향을 지시해 주는 참조 원칙으로 작동하게 된다.

그림 2 | 교육적 사고와 행위의 원칙들

	교육적 사고와 행위의 원칙들	
	개인적 측면의 구성적 원칙들	사회적 측면의 규제적 원칙들
A. 교육 (Erziehung) 이론 (2) : (3)	(2) 자기 활동성을 요청(촉진)함	(3) 사회적 결정을 교육적 결정으로 전환함
B. 인간형성 (Bildung) 이론 (1) : (4)	(1) 인간은 자유, 언어, 역사성으로 규정되어 있음이라는 의미의 형성가능성	(4) 인간적인 총체적 실천이 비-위계적 질서로 상호 연관되어 있음
	C. 교육제도와 제도개혁 이론 (1)/(2) : (3)/(4)	

출처: Benner, 1987: 106

'자기 활동성으로의 요청'이라는 원칙과 '교육적 실천을 사회에 대한 정당한 영향으로 전환함'이라는 교육이념은 교육적 작용(영향)이라는 교육이론 문제에 대한 근본적인 진술을 담아내게 된다. 이와 같은 교육적 작용(영향)에 대한 체계적인 성찰이 바로 교육이론의 탐구대상과 주제를 구성하게 된다. **교육의 이론** '형성가능성'이라는 원칙과 '경제와 윤리 및 정치의 비-위계적 관계설정'이라는 목표점은 교육적 사고라는 과제와 문제에 대한 핵심적인 진술을 구성하게 된다. 그러한 주제는 인간형성이론의 틀 속에서 체계적으로 탐구된다. **교육** **인간형성(Bildung)의** 제도이론의 주제는 바로 교육적 행위를 수행하는 현존하는 제도다. 교육제도 **이론** 는 다음과 같은 관점에서 탐구된다. 그러한 교육제도 속에서 한편으로 교육 **교육제도의 이론** 의 '개인적인 측면', 즉 형성가능성과 자기 활동성으로의 요청이라는 구성적 원칙에 뿌리를 둔 교육의 측면과 다른 한편으로 '사회적인 측면', 말하자면 인간성의 분화된 개별실천들 간의 비-위계적 관계와 사회적 결정을 교육적 결정으로 전환함이라는 규제적 원칙에 입각한 교육행위의 '사회적 측면'이 과연 그리고 어떻게 일치하게 되느냐를 탐구하게 된다(Benner, 1994: 310 이하).

끝으로 벤너는 근본적인 교육적 행위를 교육적 행위의 목적성으로부터 도 **교육적 행위의** 출되는 세 가지의 차원으로 구분한다. 교육적 행위의 첫 번째 차원은 자기 **세 가지 차원** 스스로를 부정하게 되는 '교육적 권력관계'로 나타나고, 두 번째 차원은 '교육적 수업'을 통한 경험과 교제의 형성적 확장으로 나타나며, 세 번째 차원은 교육적 실천을 인간의 '총체적 실천으로 복귀시킴'으로 나타난다(Benner, 1987: 184 비교). 벤너(Benner, 1994, 314 이하)는 여기에서 간략하게 요약된 체계적 인 관점이 다음과 같은 세 가지 주장을 동시적으로 정당화할 수 있다고 믿는 다. 첫째, 체계적인 접근은 행위에서의 상호이해를 위해 그리고 교육적 결정 상황에서의 자문을 위해 도움이 된다. 둘째, 체계적인 접근은 근대 교육학의 발생사를 역사적으로 연구하는 것과 현재의 교육적 행위영역을 경험적으로 연구하는 데 있어서 준거의 망으로 기능할 것이다. 마지막으로 셋째, 체계적 인 접근은 교육적 직업의 다양성과 교육학의 분과학문들의 다양성과 관련해 서 교육학의 통일성을 포착하여 이해하는 데 기여하게 될 것이다.

I.4.1.4. 비판적 고찰

실천학적 교육학의 기본입장을 비판적으로 고찰하기 위해서는, 데어볼라프 와 벤너의 입장을 서로 구별하는 것이 의미 있고 필수적인 것 같다. 왜냐하 면 그 둘은, 실천학적인 출발점과 학문의 원칙탐구적인 지향점에서는 눈에 띄게 유사성을 보임에도 불구하고, 매우 고유한 입장을 개진하기 때문이다.

데어볼라프의 교육학적 입장에 대해서는 여러 차례 비판이 제기되었다. 즉, 교육학을 실천학적으로 정초하려는 그의 시도는 고대의 본질철학이라는 사유지평과 전통이라는 콘텍스트에 매우 강하게 사로잡혀 있다는 비판이 있 다(예컨대 Oelkers, 1990: 620 비교). 그 외에도 데어볼라프가 교육학에 대해 규 제적 주도이념으로 제안한 '성숙'과 '주체의 자기결정'이라는 목표점은, 헤겔 의 인륜성 이론에서와 마찬가지로, 우선적으로 객관적 필연성의 소산으로 파 악된다는 비판이 있다(Wigger, 1983: 128). 또한 데어볼라프는 인간형성철학에 바탕을 둔 원칙학문과 경험적 연구를 매개하려는 선구적인 연구를 수행하였 지만, 그러한 매개의 문제는 해소되지 않았다는 지적이 있다. 예컨대 데어볼 라프는 교육학적 사유의 틀 안에서 경험적 사회과학과의 논쟁지점을 설정하 려고 했다. 하지만 여전히 교육학의 외부에 머물고 말았다고 비판받는다. 왜 냐하면 그가 제기한 모든 핵심적인 질문, 예컨대 일반교육과 직업교육의 관 계라는 질문은, 오직 철학적인 논의의 틀에 의해서만 규정될 뿐, 결코 경험적 으로는 규정되지 않기 때문이다. 또한 그가 선호하는 변증법적 방법이 경험 의 인식방식과 어떻게 그리고 과연 결합될 수 있는가라는 질문은 여전히 해 명되지 않은 채 남아 있다(Oelkers, 1990: 627). 거기에 덧붙여 마지막으로 지적할 비판적인 사항은 데어볼라프가 자신의 시도를 통해 "총체적 교육학"을 개념화하겠다는 주장과 관련된다. 그렇지만 그는 사실상 교육학을 학교중심으로 변형하는 문제만을 다루고 있을 뿐이다. 왜냐하면 그에 의해 제안된 총체적 교육학의 분야별 분화라는 것 안에는 예컨대 사회교육학이나 성인교육학과 같은 교육학의 핵심적인 분과학문이 아예 등장하지 않기 때문이다.

벤너는, 데어볼라프와는 달리, 교육학의 행위이론적인 변형을 보다 분명하게 계몽주의 시대의 진보지향적인 역사철학의 전통과 맥락 속에 위치시킨다. 그러한 역사철학은 개인의 진보는 물론이고 전체 인류의 진보를 염두에 두고 있으며, 그것을 교육의 과제로 고찰하고 있다(Lenzen, 1994: 33). 그와 동시에 그가 공식화한 교육적 원칙들에 대해 그는 보편적인 타당성을 설정하였다. 하지만 그 원칙들은, 특정한 역사적인 시대의 표현이기 때문에, 역사의 변천에 따라서 언제든지 의문이 제기되고 수정되어야 한다. 하지만 벤너는 그와 관련된 문제를 별로 고려하지 않았다(Gängler, 1988: 63 비교). 그 외에도 다음과 같은 의문이 생겨난다. 행위이론을 교육학의 이론화라는 건축술의 유일한 참조이론으로 삼게 되는 것은 교육적 행위의 '사회적 조건'에 대한 시선을 아예 차단해 버리는 게 아닌가 하는 의문이 제기된다(Krüger, 1994: 120; Mollenhauer, 1996: 283 비교). 여전히 비판적으로 점검해야 될 마지막 지점은, 벤너가 교육적 사고의 근본개념과 핵심적인 차원들을 규정하면서 교육적 관계가 항상 세대차 및 연령차에 [학교교육의 상황에] 기초하고 있다고 가정했다는 점이다. 하지만 새로운 교육활동 영역, 예컨대 문화교육이나 여성교육에서는 성장세대가 교육자의 유일한 고객인 것은 아니다. 벤너는 교육학이 다양한 실천영역으로 분화되는 과정을 체계적으로 고려하지 않음으로써 자신의 이론적 기획을 통해 교육학의 통일성을 구축하는 데 어느 정도 성공할 수 있었다. 그와 같은 비판적인 평가에도 불구하고, 다음과 같은 사실은 여전히 유효하고 타당하다. 벤너는 자신의 『일반교육학』을 통해 지난 수십 년간의 거대한 교육철학의 흐름에는 속하지 않는 새로운 체계기획들 중의 하나를 제안했다. 그럼에도 불구하고 벤너는, 교육학의 이론형성의 역사를 깊이 탐구함으로써, 그리고 자기 이론에서의 일관성을 통해서, 자신이 내놓은 이론적 기획에 대한 신뢰를 확보할 수 있었다(Schäfer/Thompson, 2006).

Benner, D.: Allgemeine Pädagogik. Weinheim/München 1987.

Benner, D.: Hauptströmungen der Erziehungswissenschaften (1973). Weinheim ³1991.

Benner, D.: Humboldts Bildungstheorie. Weinheim/München 1990.

Benner, D.: Die Pädagogik Herbarts. Weinheim/München 1986.

Benner, D.: Studien zur Theorie der Erziehungswissenschaft. Bd. 1, Weinheim/München 1994.

Benner, D.: Studien zur Theorie der Erziehung und Bildung. Bd. 2, Weinheim/München 1995.

Benner, D.: Studien zur Didaktik und Schultheorie. Bd. 3, Weinheim/München 1995.

Derbolav, J.: Frage und Anspruch. Pädagogische Studien und Analysen. Wuppertal/Kastellaun/Düsseldorf 1970.

Derbolav, J.: Pädagogik und Politik. Eine systematisch-kritische Analyse ihrer Beziehungen. Stuttgart 1975.

Derbolav, J.: Praxeologische Grundlegung der Erziehungswissenschaft. In: Schaller, K. (Hrsg.): Erziehungswissenschaft der Gegenwart. Bochum 1979, S. 46-69.

Derbolav, J.: Metapraxeologische Überlegungen zur Praxeologie. In: Pädagogische Rundschau 32(1978), S. 548-561.

Derbolav, J.: Systematische Perspektiven der Pädagogik. Heidelberg 1971.

Derbolav, J.: Grundriß einer Gesamtpädagogik. Hrsg, von B. Reifenrath. Frankfurt a.M. 1987.

Gängler, H.: Rezension zu Dietrich Benners Allgemeine Pädagogik. In: Sozialwissenschaftliche Literaturrundschau 11 (1988), H. 16, S. 61-64.

Krüger, H.-H.: Allgemeine Pädagogik auf dem Rückzug? In: Krüger, H.-H./Rauschenbach, Th.(Hrsg.): Erziehungswissenschaft. Die Disziplin am Beginn einer neuen Epoche. Weinheim/München 1994, S. 115-130.

Lenzen, D.: Erziehungswissenschaft - Pädagogik. In: Lenzen, E. (Hrsg.): Erziehungswissen- schaft. Ein Grundkurs. Reinbek 1994, S. 11-41.

Mollenhauer, K.: Über Mutmaßungen zum „Niedergang" der Allgemeinen Pädagogik. In: Zeitschrift für Pädagogik 42 (1996), H. 2, S. 277-288

Oelkers, J.: Rezension zu Josef Derbolavs Gesamtpädagogik. In: Zeitschrift für Pädagogik 36 (1990), H. 4, S. 625-628.

Peukert, H.: Kritische Theorie und Pädagogik. In: Zeitschrift für Pädagogik 30 (1983), H. 3, S. 195-217.

Schäfer, A./Thompson, Ch..: Transzendentalphilosophische/praxeologische Pädagogik. In: Krüger, H.-H./Grunert, C. (Hrsg.): Wörterbuch Erziehungswissenschaft. Opladen²2006, S. 387-392.

Schäfer, K.H.: Kommunikative Pädagogik und Didaktik. In: Petersen, J./Reinert, G.E. (Hrsg.): Pädagogische Konzeptionen. Donauwörth 1992, S. 237-268.

Schmied-Kowarzik, W.: Kritische Theorie und revolutionäre Praxis. Bochum 1988.

Wigger, L.: Handlungstheorie und Pädagogik. Bad Augustin 1983.

I.4.2. 초월론철학적 교육학

I.4.2.1. 발생 배경과 영향

초월론철학적 교육학(Transzendentalphilosophische Pädagogik)은 현재 다양한 강조점 속에서 전개되고 있다. 그에 대한 다양한 명칭들 속에는 이미 서로 다른 인식들이 암시되고 있다. 예컨대 딕코프(Dickopp, 1983)는 인격적-초월론적 교육학(Personal-transzendentale Pädagogik)을 내세우고, 하이트거(Heitger, 1989)는 원칙학문적인 교육학(Prinzipienwissenschaftliche Pädagogik)을 주장하며, 피셔(Fischer, 1986)는 초월론비판적인 교육학(Traszendentalkritische Pädagogik)을 내세운다. 그런데도 이들 입장에는 공통적인 점이 있다. 그것은 바로 초월론철학적인 문제제기에서 출발하여 교육학의 이론을 구축하려고 시도한다는 점이다. 다시 말하면, 그들은 공통적으로 교육적 행위, 교육적 기획의 전개, 그리고 교육적 사실 등에 들어 있는 논리적 전제와 기초가 무엇인지를 묻고, 교육적인 주장의 조건, 즉 교육적 주장의 출발지점과 정초지점, 그리고 교육적 인식의 종류를 탐색한다(Dickopp, 1983: 189; Fischer, 1986: 40).

신칸트주의적 전통 　　그와 같은 문제제기의 연결지점은 바로 칸트의 철학이다. 왜냐하면 칸트(1974)는 자신의 초월론철학[1]에서 다음과 같은 전제를 출발점으로 삼고 있기 때문이다. 즉, 인간적인 인식은 "순수이성"의 기본개념, 기본명제, 그리고 이

---

1) [역자 주] 초월론철학(Transzendentalphilosophie)은 칸트의 철학을 의미한다. "대상 일반에 관한 우리의 선험적인 개념들"에 관한 모든 인식은 "초월론적(transzendental)" 이라고 불리며 (순수이성비판, A 11f.), "선험적 개념들의 체계", 즉 "범주들의 체계" (Prolegomena. §39)를 가리켜 초월론철학이라고 한다(칸트사전).

념에서 자신의 기초를 발견하며, 순수이성은 경험에서 완전히 독립적이지만 경험과 관련되며, 순수한 경험에서 얻어질 수 없거나 경험에서 비롯될 수 없는 "객관적 타당성"을 자연과학의 명제에게 부여한다. 그에 따라 초월론철학적으로 추구되는 교육학의 실제적인 주장들은 보다 많이 혹은 보다 적게 칸트철학의 전통에 서며 신칸트학파의 주장에 접맥하고 있다. 신칸트학파의 이론들은 코헨(H. Cohen), 콘(J. Cohn), 카시러(E. Cassirer), 빈델반트(W. Windelband) 등 지난 세기말 전후에 발전되었다(Oelkers/Schulz/Tenorth, 1989). 이러한 신칸트학파의 흐름은 균질적이지 않지만, 그들의 활동은 무엇보다도 수학과 자연과학에서 긍정적인 결과를 가져다 준 칸트의 초월론철학적인 선험성 이론을 문화와 학문 전체 영역에 활용 가능하도록 만들려고 시도했다는 점에서 균질적이다. 다시 말하면, 그들은 개별학문으로 또는 문화의 요소로서 출현하는 모든 인간정신의 객관화에 대해 초월론적인 기초, 즉 모든 경험과 관찰에 선행하는 논리적 기초를 규정하려고 노력했다. 교육학에서 교육적 사고의 인식론적 전제와 개념적 기초 그리고 일반적인 원칙에 대한 탐구에 몰두한 것은 무엇보다도 나토르프(P. Natorp)와 회니히스발트(R. Hönigswald)였다. 그렇지만 이러한 신칸트학파의 전통은 나치의 독재로 인해 중단되었다. 왜냐하면 그 이론의 대변자들 중의 많은 이들이 유대인 출신이라는 이유로 독일을 떠나야 했기 때문이다.

1945년 이후 신칸트학파 교육학의 전통은 무엇보다도 처음으로 페첼트(A. Petzelt)에 의해 다시 계승되었다. 페첼트는 1930년 회니히스발트에게서 교수임용 논문을 썼고, 1933년 교수직을 잃은 후 맹인을 가르치는 교사로 나치 시대를 살아남았다(Lassahn, 1988: 98). 페첼트는 원칙을 지향하는 교육학이라는 기획을 정초하려고 시도했다. 원칙을 지향하는 교육학은 교육학 일체의 가능성을 담지하는 보편타당하고 필수적인 조건을 분석하려고 했고, 그것으로부터 교육적 실제를 파악하려고 했다.

페첼드의 작업에 대한 지금까지의 수용 중에서 신학적인 이론요소가 원칙을 지향하는 교육학에서 과연 어떤 체계적인 위치와 가치를 가지는가라는 질문은 아직까지도 해명되지 않고 있다. 데어볼라프(Derbolav, 1956: 18 이하)가 페첼드의 이론을 규범적이고 교리적이며 가톨릭적인 교육학의 맥락 속에 위치시키고, 또한 블랑케르츠(Blankertz, 1982: 288)는 칸트와는 달리, 페첼트의 교육학이 기독교적인 형이상학 속에서 자신의 원칙문제를 해결하려고 시도했다고 주장한 반면에, 포겔(Vogel, 1989: 159)은 페첼트가 자신의 이론에서 고도의 추상적인 수준에서 철학과 종교를 연관시키는 지점을 선택했다고 시사했다.

반면에 기독교적인 근거부여와 관련된 위치를 보다 분명하게 설정할 수 있는 것은 딕코프(1993: 85)의 인격적-초월론철학적 교육학이다. 딕코프는 자신의 인간학에서 인격적인 것을 인간의 인류학적인 기본 상태로 특징지었으며, 이러한 기본 상태는 유사-신적인 입장에서 자유와 불멸의 이념에 의해 규정된다. 그에 반해 하이트거와 피셔의 논의들은 종교적인 근거와 아무런 연관도 없다. 이들의 연구는 거의 전적으로 초월론철학적으로 추구되는 교육학의 현재적 스펙트럼에서 양 극단을 대표하고 있는 셈이다.

Marian Heitger

하이트거(M. Heitger)는 1927년 베스트팔렌에 있는 함(Hamm)에서 태어났고, 1949년부터 1954년까지 뮌스터 대학교에서 교육학, 철학, 가톨릭신학, 그리고 독문학을 공부했으며, 같은 대학에서 1954년 페첼트에게서 박사논문을 썼다. 수년간의 학교봉사 이후에 그는 1962년 뮌스터 대학교에서 교수임용 논문을 마무리했다. 이어서 그는 밤베르크 교육대학의 교수가 되었다가, 다시금 마인츠 대학교의 교수가 되었다. 1967년부터 1990년대 초 퇴임까지 그는 빈(Wien) 대학교의 교육학 교수로 근무했다.

하이트거는, 훨씬 더 강하게 페첼트의 전통에 서서, 초월론철학적으로 탐구되는 교육학이란 원칙을 탐구하는 학문이라고 이해한다. 이것은 교육적 행위의 원칙뿐만 아니라, 인간형성(Bildung)이라는 성공적인 삶의 수행원칙에 대해 묻고, 그 원칙들 속에서 교육실천에 대한 방향정립으로 봉사할 수 있는 비판적 척도를 찾는다. 교육행위의 근본토대에 대한 다양한 이론작업을 통해서(Heitger, 1969, 1983, 1989), 그는 자신의 교육학적 입장에 대한 근거를 마련했으며, 그것을 인간형성이론과 학교이론에 대한 연구물(Heitger/Breinbauer, 1987)을 통해 구체화했다.

Wolfgang Fischer

피셔(W. Fischer. 1927년 출생)는 1947년부터 1951년까지 라이프치히 대학교에서, 1951년부터 1953년까지는 뮌스터 대학교에서 철학, 교육학, 그리고 개신교신학을 공부했고, 1953년 "청년시절의 문학적 표현의 문제"라는 주제로 페첼트에게서 박사학위를 받았다. 학교뿐만 아니라, 학교 이외의 영역에서 다양한 실천 활동을 전개한 후 그는 부퍼탈과 뉘른베르트의 교육대학에서 일반교육학 교수가 되었다. 1973년부터 1993년 퇴임하기까지 그는 두이스부르크 대학교에서 교육철학 교수로 근무했다.

피셔는 초기 저작에서 스승인 페첼트의 원칙학문적인 교육학에 완전히 서 영향 있었다. 하지만 1970년대 이후 초월론철학적인 교육학의 회의적인 형태를 발 전시켰다. 이것은 기존의 교육학적 시도들의 전제들을 비판적으로 파고드는 일에 전념하는 탐구 형태였다(Vogel, 1988: 35 이하). 초월론비판적인 교육학 은 무엇보다도 다른 교육학의 시도들, 예컨대 경험적 교육학 또는 비판적 교 육학과 구별된다. 왜냐하면 그것은 후자의 교육학에서는 근본적으로 캐물어 지지 않는 것을 그것의 가능성의 조건과 관련하여 파고들기 때문이다 (Fischer, 1986: 60). 수많은 연구물에서 피셔는 자신의 회의적 교육학의 다양 한 전개 양상을 보여준다(예컨대 Fischer, 1979, 1986, 1996). 그리고 그는 일반 교육학, 학교이론, 예술교육, 청년교육과 관련된 다양한 문제들에 대해 풍성 한 이론적 생산물을 내놓았다(Fischer/Löwisch/Ruloff, 1979; Fischer/Müller, 1978; Fischer/ Michel, 1980).

피셔의 유명한 제자인 룰로프(J. Ruhloff)는 무엇보다도 교육학적 정당화 문 제에 몰두하였고, 뢰비쉬(D. Löwisch)는 피셔와는 대비되게 교육학의 구성적 인 기능을 강조하였으며, 포겔(P. Vogel)은 초월론비판적 사고와 교육학의 실 제적인 학문연구 간의 연결 관계를 밝혀내려고 시도했다. 초월론철학적인 교 육학은 다양한 변형을 겪어오면서도 강하게 인간형성(Bildung)철학을 지향하 고 있으며, 그들의 영향은 아직까지 학문적인 교육학을 탐구하는 전문 독자 들에게 국한되어 있는 셈이다. 하이트거에 의해 편집되고 학술적 방향이 설 정된 *Vierteljahresschrift für wissenschaftliche Pädagogik*이라는 학술지와 더불어, 초월론철학적 교육학의 대변자들에게는 독자적인 출판매체가 활용될 수 있게 되었다.

I.4.2.2. 하이트거 – 원칙학문적 교육학

하이트거(Heitger, 1989: 162)의 관점에 따르면, 초월론철학적인 교육학은, 연구대상을 지향하는 개별학문들과 대비되게, 연구대상 자체에 대한 인식이 아니라, 연구대상에 대한 인식의 종류가 어떤 것인지에 관여하는 인식을 목 적으로 한다. 그렇기 때문에 초월론철학적인 교육학은 교육적 실천의 해석학 교육적 행위의 원칙에 적 해석이나 경험적 고양으로부터 자신의 인식과 탐구목적을 얻는 것이 아니 대한 초월론철학적 라, 교육적 행위의 원칙에 대한 초월론철학적인 성찰로부터 인식과 탐구목적 성찰을 얻는다. 교육적 행위의 원칙에서는 당위가 표현된다. 그러한 당위는 이론적이고 실천적인 이성의 전개로 파악될 수 있다. 그럼에도 불구하고 원칙학문적인 교육학은, 하이트거의 이해에 따르면(Heitger, 1989: 169 이하), 규범적 교육학은 아니다. 왜냐하면 그것은 어떤 구체적인 행위의 규범을 제시하는 것이 아니라, 단지 자립적인 규정 속에 서 있는 고유한 행위를 위한 원칙으로서 일반적인 틀만을 제시할 뿐이기 때문이다. 원칙학문적인 교육학은 또한 교육적 행위의 과정을 조정하기 위해 "조건과 결과의 결합법칙"이라는 형태의 규정과 법칙을 제공하는 기술적인 행위모델 지향의 교육학의 변형도 아니다. 그렇기보다는 교육자에게 자신의 실천에 대해 판단력과 비판력을 갖출 수 있게 해 주며, 교육적 상황의 특수성에 대한 감수성 계발에 기여하는 것을 자신의 과업으로 삼는다.

이론적·실천적 이성의 전개로서 인간형성(Bildung)

초월론철학적인 교육학의 중심에는, 하이트거에 따르면(Heitger, 1989: 165), 인간형성(Bildung)의 이상과 관련해서 확정되지 않고 특수한 자격요구에 의해서 미리 결정되지도 않는 인간형성 개념이 서 있다. 원칙학문적인 교육학은 인간형성을 이론적이고 실천적인 이성의 자기전개로 이해한다. 그리고 초월론철학적인 교육학은 대화라는 원칙 속에서 교육적 지도(指導)를 구축하기 위한 척도를 발견한다. 대화적인 원칙 속에서 전개되는 교육적 지도는 지배의 활용으로 전락하지 않으면서도 성공할 수 있고, 교육적 지도의 타당성의 요구에 대한 비판과 점검에서도 성공할 수 있다. 하이트거의 의견에 따르면(Heitger, 1989: 170), 원칙은 불변적이다. 왜냐하면 교육원칙은 교육실천과 동일한 방식으로 역사적 변천에 종속되는 것이 아니기 때문이다. 게다가 원칙들은 단지 "형식적인" 내용성으로만 규정되는데, 이 원칙들은 구체적이고 내용적인 활동에 대해서 단지 성찰의 틀만 제공하고자 하기 때문이다. 그렇지만 원칙학문적인 진술의 추상성과 형식주의는, 하이트거에 있어서(1988: 54), 교육학 이론의 단점이라기보다는 오히려 이성의 법칙에 대해 묻고 자유와 이성성이라는 행위의 준칙에서 자신의 연관지점을 확보해야 하는 교육적 개념화에 부합하는 장점이다.

I.4.2.3. 피셔 – 초월론비판적 교육학

페첼트의 작업을 계승·발전시키면서, 하이트거는 무엇보다도 교육학적으로 제시된 개념들을 판단하고 궁극적으로 교육적 행위를 정당화하는 가능성을 제공하는 원칙을 제시하는 것에서 초월론비판적인 교육학의 과업을 발견하고자 한다. 그에 반해 피셔(Fischer, 1986)는 초월론철학적인 분석의 수행을 여전히 단지 소극적으로만 규정하면서 수행하게 된다. 초월론철학적인 분석은, 하위에 놓인 논거들을 확신하기 위해서, 먼저 근거를 부여하면서 스스로는 근거가 부여된 것으로 인정받는 근본확신, 근본전제, 믿음의 명제를 제대로 의식하게 되는 과정이다. 그렇기 때문에 초월론비판적인 작업은 끝이 나지 않는다. 왜냐하면 교육학에서는 거듭해서 새로운 개념과 이론이 생성되는데, 그것들 각각은 거듭 비판되어야 하기 때문이다. 피셔는 자신의 회의적인   초월론적 분석의 교육학에서 칸트의 인식론을 극단으로 몰고 간다. 그러면서 동시에 소크라테   부정적 기능 스로부터 몽테뉴로 이어지는 철학사의 회의적 사고라는 논의 방식을 참조한다(Fischer, 1996: 17). 교육학에서 회의라는 장치는, 피셔에 따르면(1996, 18), 교육학의 새로운 입장이나 개념을 지향하는 것이 아니라, 교육학의 영역에서 이론적으로 잘 근거지어진 것, 즉 교육학적으로 입증되거나 실천적으로 보존되는 것으로 간주되는 거의 모든 영역을 가로지르게 된다. 회의적인 교육학은 교육학적으로 타당한 주장들을 정당화하고자 한다. 즉, 인간형성 이론가나 교육학 이론가, 교육학 연구가 및 교육실천가들이 적어도 부분적으로 자신의 발아래 확고한 지반을 가졌다고 믿고 있는 지점에서 그들의 교육적 주장들을 면밀한 회의적 고찰에 붙이고자 한다(Schäfer/Thompson, 2006: 389).

회의적-비판적 교육학은 또한 교육적 실천의 구성을 위한 건설적인 관점을 구상해내지 않는다(Fischer, 1986: 62). 회의적-비판적 교육학의 기여는 기껏해야 간접적이다. 즉, 회의적인 비판을 통해 미래의 행위에서는 피해야 할 과거의 잘못에 주목하게 만든다. 또한 회의적 비판적 교육학이론은 특정한 인간형성 개념을 적극적으로 제시하는 것을 거부한다. 그보다는 예컨대 평생학습으로서 인간형성(Bildung)의 필요성에 대한 생각처럼 실질적인 인간형성 이론과 인간형성 정치학의 입장들을 파고들며 캐묻는다. 그러면서 인간형성(Bildung)이 앎을 위한 영구적인 노력으로서 정당화될 수 있는지 또는 학습한 것을 폐기하는 법을 배우는 곳에서도 인간형성이라는 과제가 또한 발견될 수 있는지를 묻는다. 초월론비판적 교육학은, 전체적으로 볼 때, 회의적 계몽   회의적 계몽 (skeptische Aufklärung)이다. 즉, 교육학이라는 문제 사태와 관련하여 지금 그리고 언제나 어느 정도 결정적인 답변을 내놓을 수 있다는 주장을 내놓는 것이면 무엇이든 간에 질문하지 않고 내버려두는 법이 없다는 점에서 회의적 계몽으로 특징지어질 수 있다(Fischer, 1986: 62-63).

I.4.2.4. 비판적 고찰

피셔의 제자인 포겔(Vogel, 1988: 44)은 정당하게도, 초월론철학에 바탕을 둔 교육학이 철학적 기본성찰과 인간형성(Bildung)의 사회사 및 경험적 연구 간의 관계를 간과하지는 않았지만, 지금까지 또한 그것을 이론화한 것도 아니라고 비판했다. 그보다 더 예리하게 다음과 같이 문제를 제기할 수도 있을 것이다. 초월론철학적 교육학은 자신의 작업을 특히 교육철학과 인간형성(Bdilung)철학이라는 문제에만 집중시켰고, 지금까지 해석학적인 또는 계량적인 교육학 연구를 위한 방법론적인 프로그램을 제시한 적도 없고, 그것을 사회사적이고 경험적인 연구 속에서 구체화시킨 적도 없다. 초월론철학적인 교육학 이론의 흐름이라는 틀 속에서는 사회사적인 분석과 사회이론적인 성찰이 지속적으로 간과되어 왔다.

초월론철학적으로 이끌리는 교육학 중에서 특히 원칙학문적이면서 인격적-초월론적인 연구경향을 띤 탐구에서 교육적 시스템의 구축과 교육적 행위를 위한 소위 말하는 궁극적인(적극적인) 것을 찾고자 할 때는, 어느 정도 규범적 교육학의 가까이에 서게 된다. 물론 이러한 비판은 초월론비판적 교육학이라는 피셔의 회의주의적 연구경향에는 들어맞지 않는다. 피셔의 교육학은 교육적 지식과 교육적 과제설정을 특징짓는 가설적인 성격을 강조한다. 그 속에는 또한 포퍼(K. Popper) 철학프로그램의 출발지점을 확인할 수 있다(Tenorth, 1988, 24). 실천에 직접적으로 방향 설정된 교육학의 의미에 대한 피셔의 비판적 회의는 나중에 다른 곳에서 기술될 경험적 교육학 또는 시스템이론적인 교육학의 입장과 어느 정도 일치한다.

참고문헌

Blankertz, H.: Die Geschichte der Pädagogik. Wetzlar 1982.

Derbolav, J.: Die gegenwärtige Situation des Wissens von der Erziehung. Bonn 1956.

Dickopp, K.H.: Lehrbuch der systematischen Pädagogik. Düsseldorf 1983.

Dickopp, K.H.: Personal-transzendentale Pädagogik. In: Borrelli, M. (Hrsg.): Deutsche Gegenwartspädagogik. Baltmannsweiler 1993, S. 84-96.

Fischer, W. Transzendentalkritische Pädagogik. In: Schaller, K. (Hrsg.): Erziehungswissenschäft der Gegenwart. Bochum 1979, S. 90-112.

Fischer, W.: Pädagogik und Skepsis. In: Borrelli, M./Ruhloff, J. (Hrsg.): Deutsche Gegenwartspädagogik. Bd. II, Baltmannsweiler 1996, S. 16-27.

Fischer, W.: Die Transzendentalkritische Pädagogik. In: Gudjons, H./Teske, R./Winkel, R. (Hrsg.): Erziehungswissenschaftliche Theorien. Hamburg 1986, S. 57-66.

Fischer, W./Löwisch, J./Ruhloff, J.: Arbeitsbuch Pädagogik 5: Grundlegende Ansätze der Erziehungswissenschaft. Düsseldorf 1979.

Fischer, W./Müller, W.: Schule als parapädagogische Organisation. Kastellaun 1978.

Fischer, W./Michel, N.: Die besondere Problematik im Jugendalter höherer Schüler. Wien 1980.

Heitger, M. u.a. (Hrsg.): Pädagogische Grundprobleme in transzenden-talkritischer Sicht. Bad Heilbrunn 1969.

Heitger, M.: Beiträge zu einer Pädagogik des Dialogs. 1983.

Heitger, M.: Vom Selbstverständnis transzendentalphilosophischer Pädagogik. In: Röhrs, H./ Scheueri, H. (Hrsg.): Richtungsstreit in der Erziehungs-wissenschaft und pädagogische Verständigung. Frankfurt a.M. u.a. 1989, S. 161-172.

Heitger, M.: Vom notwendigen Dogmatismus in der Pädagogik. In: Löwisch, D. J./Ruhloff, J./Vogel, P. (Hrsg.): Pädagogische Skepsis. Sankt Augustin 1988, S. 49-58.

Heitger, M./Breinbauer, J. (Hrsg.): Erziehung zur Demokratie. Wien 1987.

Kant, J.: Kritik der praktischen Vernunft. Grundlegung zur Metaphysik der Sitten. Frankfurt a. M. 1974.

Lassahn, R.: Einführung in die Pädagogik. Heidelberg[5] 1988.

Oelkers, J./Schulz, W. K./Tenorth, H. E. (Hrsg.): Neukantianismus. Kulturtheorie, Pädagogik und Philosophie. Weinheim 1989.

Schäfer, A./Thompson, Ch.: Transzendentalphilosophische/Praxeologische Pädagogik. In: Krüger, H.-H./Grunert, C.(Hrsg.): Wörterbuch Erziehungswissenschaft. Opladen[2] 2006, S. 387-392.

Tenorth, H. E.: Skepsis und Kritik. Über die Leistungen kritischer Philosophie im System des Erziehungswissens. In: Löwisch, D. J./Ruhloff, J./Vogel, P. (Hrsg.): Pädagogische Skepsis. Sankt Augustin 1988, S. 23-34.

Vogel, P.: Die neukantianische Pädagogik und die Erfahrungswissenschaften vom Menschen. In: Oelkers, J./Schulz, W. K./Tenorth, H. E.(Hrsg.): Neukantianismus. Weinheim 1989, S. 107-126.

Vogel, P.: Von der dogmatischen zur skeptischen Pädagogik. In: Löwisch, D.J./Ruhloff, J./ Vogel, P. (Hrsg.): Pädagogische Skepsis. Sankt Augustin 1988. S. 35-48.

I.4.3. 역사유물론적 교육학

I.4.3.1. 등장배경과 영향

독일의 유물론적 교육학은 부르주아 교육에 대한 근본적 비판이다(Schmied-Kowarzik, 1983: 102). 비판적 교육학과 비교해서 볼 때, 유물론적 교육학은 마르크스(K. Marx)의 역사 및 사회이론과 훨씬 더 긴밀한 관련을 맺는다.

프랑스 계몽주의의 고전적 유물론 및 포이에르바하(L. Feuerbach)의 종교비판적-유물론적 논저를 비판하는 속에서 마르크스는 엥겔스(F. Engels)와 더불어서 역사적 유물론의 기초를 마련했다. 이들의 학설은 "노동" 및 "실천" 개념에 집중적으로 의존하며, 경제적 구조 및 권력 관계와 지배 관계에서 출발하고, 자본주의 사회질서의 물질적 토대를 실제로 변화시키는 혁명적 노동운동을 지향한다(Schmied-Kowarzik, 1988: 27). 이 이론의 틀 내에서 좁은 의미에서의 교육학적 물음들은 단지 주변적인 역할을 할지라도, 적어도 두 가지 이론적 요소는 교육 현상을 반성하는 데 매우 중요한 의미를 갖게 되었다. 그중 하나는 교육의 지배적인 학설을 비판하는 데 안성맞춤인 "이데올로기"라는 개념이다. 마르크스와 엥겔스는 『독일 이데올로기』(1985)에서 이데올로기란 지배적 사회계급의 사상이며 거짓된 의식의 표현형태라고 폭로했다. 다른 하나는 3번째 포이에르바하 테제에서 드러나는 것으로, 사회적 해방운동에서 교육이 지닌 위상과 가치에 대한 가정이다. 마르크스는 초기 사회주의자들이 교육과 결부했던 유토피아적-낙관적 요구를 거부하면서, 교육은 사회적 변화의 자율적 요소가 아니며, 현재 상태의 변화는 사회적, 기술공학적, 경제적 변화에 의존한다고 주장했다(Tenorth, 1992: 193).

연결점으로서 역사적 유물론

마르크스의 근본 사상은 19세기 말 리프크네히트(W. Liebknecht)나 슐츠 (H. Schulz) 같은 사회민주주의자들의 교육정책 관련 논문들에 먼저 수용되었다. 그리고 1917/1918년 독일에서 일어난 혁명적인 사건들의 여파로 유물론적 교육학의 정립을 둘러싼 광범한 논쟁이 일어났다. 거기서 다시 두 개의 노선 전통이 구분될 수 있다. 하나는 유물론적이고 사회주의적인 사유의 과학적 경향을 강조하는 교육학이다. 여기에는 20세기의 중요한 사회학적 교육론들 가운데 일부, 예를 들면, 카버라우(S. Kaverau), 짐젠(A. Siemsen), 뢰빈자인(K. Löwensein)의 교육론적 성찰이 포함된다. 오스트리아에서 학교개혁을 둘러싼 교육문제는 글뢰켈(O. Glöckel), 카니츠(O. F. Kanitz)에 의해서 사회론적으로 연구되었다. 카니츠는 "오스트리아 마르크시스트"의 일원으로서, 아동 친화적 교육 운동의 가장 대표적인 이론가였다(Schmied-Kowarzik, 1988: 151). 이 노선 전통에는 마르크스주의자이자 정신분석학자인 베른펠트(S. Bernfeld)도 속하는데, 그는 대표작 『시지포스』(1924)에서 교육의 한계를 경제적, 사회적인 지배질서라는 조건 그리고 교육자의 심리와 교육적 상황의 구조에 기초해 분명히 폭로했다.

다른 한편 이 시대 유물론적 사유는 독일 사회 민주당과 공산당의 정강 정책 속에 정치적 이데올로기의 모습을 띠고 존재했다. 교육과 사회개혁이 사회민주주의 진영의 주도개념이었다. 이에 비해 독일 공산당의 창립 멤버이자 공산주의적 아동 운동의 주요 이론가였던 회른레(E. Hörnle)는 교육을 전적으로 프롤레타리아 계급투쟁의 수단으로 간주했다(Tenorth, 1988: 229).

1933년 이 유물론적 독일 교육학의 두 노선 전통은 나치즘의 등장과 더불어 갑작스레 중단되었다. 그리고 소련 군정과 동독 체제에서도 이 두 노선 전통은 완전한 부흥을 이루지 못했다(Tenorth, 1992: 197). 늦어도 1950년대 중반에 이르면 유물론적 교육학 전통은 속류 마르크스-레닌주의의 정치적 관념에 굴복하게 되었다. 동독에서의 교육 담론은 독일 사회주의 통일당(SED)의 교육정책에 종속되었고, 그리하여 동유럽과 서유럽의 비판적 마르크스주의 담론으로부터 고립되었다(Kirchhöfer/Wessel, 1991: 60; Kirchhöfer, 1994: 102). 공식적 국가 교육학 차원 아래에서도 과연 이론적 논쟁과 다수의 교육학적 입장들이 존재했는가는 여전히 해명되어야 할 문제이며, 현재 동독 교육학의 역사에 대한 분석을 통해서 연구되고 있다(이에 관한 선도적인 연구는 Krüger/Marotzki, 1994; Cloer/Wernstedt, 1994; Kirchhöfer, 2006).

사회주의 교육학과 유물론적 사고는 서독에서 1960년대 후반의 학생운동에 힘입어 잠시 번성했다. 1920년대에 나온 마르크스주의 교육학의 고전적 문헌들이 다시 출판되었다. 자본주의적 기업가 연맹이 교육정책에 미치는 직간접적 영향에 관한 연구(Baethge, 1970; Nyssen, 1969) 이외에도, 소위 직업교육 영역의 정치경제학과 더불어 일종의 마르크스주의 편향의 저작들이 등장했다. 이 문헌들은 교육과 인간형성(Bildung)을 그것 고유의 재생산 메커니즘 속에서 파악하지 않은 채(Schmied-Kowarzik, 1979: 201), 노동력의 자격 부여 과정을 단지 자본주의적 생산의 요구에 따라서 규정하려 시도했다(Altvater/Huisken 1971). 이와 더불어 유물론적 교육과학을 더욱 발전시키려는 더 야심적인 시도가 등장했다.

이런 방향을 대변하는 사람 중 가장 생산적이고 영향력 있는 학자는 적어도 지금까지는 감(H.J. Gamm)이다. 1925년생인 감은 2차 세계대전에 참전했고 포로 생활을 한 뒤 1949년에서 1953년까지 로스토크 대학과 함부르크 대학교에서 교육학, 역사학, 신학 그리고 사회심리학을 공부했다. 잠시 교사 생활을 한 뒤 1950년대에 함부르크 대학에서 플리트너(W. Flitner)의 지도 아래 『되르펠츠(Dörpfelds)의 교육학 저작에서 개인과 공동체』라는 주제로 박사학위를 취득하고, 강사로 일했다. 1961년에 올덴부르크 교육대학에서 일반교육학 담당 교수가 되었다. 1967년부터 1993년 정년 퇴임할 때까지 다름슈타트 공과대학에서 일반교육학 정교수로 봉직했다.

Hans Jochen Gamm

감은 1960년대 초에 이미 나치 치하에서 교육학이 한 역할을 연구했다(Gamm, 1964). 『후기시민적 교육학의 빈곤』(1972)이라는 책에서 그는 정신과학적 교육학과 경험적 교육과학을 마르크스주의적 관점에서 비판했다. 그리고 『일반교육학』(Gamm, 1979)에서 일반교육학을 유물론적인 토대 위에서 확립하려고 시도했다. 이 시도는 그의 연구 논저 『유물론적 사고와 교육학적 행위』(1983)와 1980년대와 1990년대에 걸쳐 발표된 논문들에서 더 발전되고 구체화되었다(Gamm, 1986, 1989, 1992). 감은 괴테의 교육학적 유산(1980), 교육학적 윤리학(1988) 그리고 학교 비판(1970)에 관한 연구 외에도 인간형성(Bildung)의 문제(1986)를 다루었다. 여기서 그는 프랑크푸르트의 하이돈(Heydorn, 1970)과 다름슈타트의 코네프케(Heydorn/Koneffke, 1973)의 유물론적 교육사와 교육이론의 출발점들을 받아들였다. 그리고 감은 마르크스주의에 정향된 거의 모든 박사논문, 예를 들면 교사 역할에 대한 비판(Combe,

1970), 부르주아적 교수학과 교육경제학(Huisken, 1972) 그리고 성인교육 이론들에 대한 비판(Markert, 1973) 등을 지도했다.

감, 하이돈, 코네프케 이외에 특히 슈미트-코바르칙(Schmied-Kowarzik, 1983, 1985)이 서독에서 유물론적 교육학의 세련화와 발전에 큰 공을 세웠다. 그는 특히 그람시(Gramsci, 1967)가 정초하고 르페브르(Lefebvre, 1974)가 발전시킨 전통, 즉 실천철학 중심의 서구 마르크스주의를 수용한다. 이와 유사한 입장을 택한 사람은 쥔커(H. Sünker)이다. 그는 르페브르(Lefebvre, 1974)와 헬러(Heller, 1978)의 유물론적 일상생활 비판[1]에서 출발하여 교육과 교육적 행위에 대한 비판적 이론을 정립하려고 시도했다.

영향

유물론적으로 정향된 교육학적 사고는 오늘날 독일의 교육학적 담론에서 주변부에 머물러 있다. 과거의 주인공 중 몇 사람은 슬픈 추도사와 함께 자신의 역할에서 벗어났다(Marzahn, 1988). 다른 사람들은 동독의 붕괴와 더불어 유물론적 교육학이 유명무실해졌다는 렌첸(Lenzen, 1994: 32)의 진단에 단호히 반대할 것이다. 서독에서 유물론적인 교육을 내세운 주요 인물들은 대부분 어용학문으로 전락한 동독 교육학과 자신의 교육학을 엄격히 분리했다. 그래서 그들은 현실 사회주의 국가의 붕괴와 그로 인해 유발된 마르크스-레닌주의 세계관의 해체를 마르크스 철학 실천의 종말로 보지 않는다. 오히려 비판적 마르크스주의의 부활을 위한 기회로 간주한다. 즉, 비판적 마르크스주의는 오늘날 현실적인 경제 위기와 자본주의 생산양식이 초래한 제3세계의 착취 그리고 생태계 파괴로 인해서 새로운 기회를 맞고 있다는 것이다(Schmied-Kowarzik, 1993: 201; Gamm, 1992: 72).

I.4.3.2. 감(H.J. Gamm)의 유물론적 교육학의 특징

인간학적
원천영역으로서의
경제와 노동

감은 여러 논저에서 현실의 유물론적 교육학을 위해 아직 유의미한 3가지 요소가 마르크스 이론에 있다고 보고, 바로 거기서 유물론적 교육학의 기초를 찾는다. 그것은 첫째로 경제가 바로 인간의 기본적 욕구를 충족시키는 도구와 재화를 산출하는 주요한 원천적 활동영역이라는 역사적 유물론의 인식

---

1) [역자 주] 르페브르는 유물론적 관점에서의 일상생활 비판으로 유명하다. 그는 일상적인 것 속에 있는 "살아있는 구체성"을 밝혀냄으로써 일상생활 및 규명되지 않은 상황과 사건 그리고 역사를 체계적으로 제시한다. 거기서 그는 일상적 의사소통의 변방에 있는 무의미하고 상투적인 것들이 중요한 의미를 갖는다는 사실을 보여주었다.

이다. 노동이 처음으로 인간적 삶을 유인원과 영장류의 삶의 초기 형태와 구분하는 질적 변화를 만들어 냈다는 것이다. 특히 노동 개념과 더불어 미래는 열린 것으로 이해되며, 역사적이고 사회적인 변동은 삶의 생산을 지속할 수 있게 하는 인간 능력을 변화시킨다. 그러므로 감(Gamm, 1989: 133)이 볼 때, 인간은 새로운 과제를 위해서 자신을 먼저 개조해야만 한다는 마르크스의 사상은 여전히 교육학적으로 중요한 원칙이다.

감이 현실의 유물론적 교육학을 위해 적합하다고 간주하는 두 번째 요소는 정치경제학이다. 정치경제학은 단지 경제적인 것으로만 환원되어서는 안 된다. 감은 가장 광의로 이해된 생산 관계가 개인적, 집단적인 현존을 결정적으로 규제한다는 것을 믿어 의심치 않았다. 정치경제학 비판은 교육적 관계를 포함한 사회적 관계를 해명하고 표피와 현상의 뒤를 꿰뚫어 보기 위한 방법적 수단을 제공한다(Gamm, 1989: 133; Gamm, 1983: 64). 방법적 도구로서의 정치경제학 비판

유물론적 교육학을 위한 세 번째 구성적 계기는 모든 후속적 규정들의 완전한 내재성을 요구한다는 데에 있다. 마르크스에 따르면 유물론은 세계의 전적인 현세성을 강하게 고집하는 인식적 입장으로 이해된다(Gamm, 1983: 21). 그러므로 유물론적 교육학은 존재를 초역사적인 권능이나 초월적인 힘의 개입 없이 오직 전제된 세계 내재성으로부터 해명하는 이론으로 규정된다. 세계의 현세성에 집중

현실의 유물론적 교육학은 역사적 유물론의 이 세 가지 고전적 이론요소를 넘어서 그람시, 알튀세르(L. Althusser) 등 서방세계의 자립적인 사회주의 이론과 정신분석적 연구에 관련을 맺어야 한다. 그래야만 19세기 이래 사회적, 산업적 그리고 기술공학적 혁명으로 변화된 세계와 주체성의 변화된 형태들을 더 날카롭고 풍부하게 분석할 수 있기 때문이다. 그럼에도 불구하고 가치이론, 생산력과 생산 관계의 영역에서의 절대적인 전제, 즉 정치경제학 비판의 기본전제들은 여전히 정당하다고 감(Gamm, 1989: 137)은 주장한다.

이러한 이론적 요소들로 구성된 유물론적 교육학의 구상은 이제 교육제도에 대한 비판적 분석의 수단이 된다. 이 비판적 분석은 눈에 띄는 결점들을 드러내는 데에 한정되지 않고, 사회의 은폐된 전제들도 문제로 삼는다. 예를 들어 학교라는 교육기관에서의 학습 과정이 결국 개인을 사회적인 규범 틀에 적응하게 하고, 학생들을 사회적 출신에 따라서 선발하는 과제를 수행한다는 사실을 폭로한다. 그러나 감(Gamm, 1986: 53)이 보기에 학습 과정은 이러한 경제적이고 사회적인 재생산 기능과 더불어 동시에 사회의식을 체계적으로 교육함으로써

– 비록 국민을 훈육하려는 강력한 경향성을 가짐에도 불구하고 – 사회적 관계를 변화시킬 수 있는 잠재능력을 기를 가능성을 갖는다.

감(Gamm, 1986: 44 이하)은 이와 유사한 변증법적 논증 방식을 통해서 교육의 모순성도 포착했다. 교육은 한편으로 – 지금까지의 인간 지배의 역사가 충분히 보여 주었듯이 – 사회적 관계의 재생산에 기여한다. 그러나 동시에 교육은 인간을 자연에의 의존과 지배자의 억압에서 벗어나게 하는 잠재력을 갖는다. 교육의 본질에 대한 성찰에서 감(Gamm, 1989: 140)은 하이돈의 비판적 교육이론을 수용한다. 하이돈은 특히 『교육과 지배의 모순에 대하여』(1970)라는 저작에서 자신의 교육이론을 제시한 바 있다. 하이돈에 따르면 기술적 진보와 기술적 생산력의 혁명은 경제적인 효율화로 인해서 더 많은 사람을 위한 더 폭넓은 교육을 요구한다. 다른 한편 의식의 혁명을 저지하기 위해서 대중의 의식은 동시에 마비되어야 한다. 하이돈(Heydorn, 1970: 159)이 보기에 혁명적 교육활동(Bildungsarbeit)을 위한 출발점은 이러한 모순에 놓여 있다. 그러므로 유물론적 교육학의 교육이론은 단지 순응적인 노동력의 양성에만 치우친 직업교육(Ausbildung)의 과정을 해방적인 교육으로 전환할 가능성에 근거하고 있다(Euler/Pongratz, 1995 참고). 내용적인 면에서 감(1986: 46)의 교육(Bildung)은 세계적인 자본주의 체제와 지속적인 기술공학적 혁명이 점한 경제적 우위를 직시하면서, 자유롭고 평등한 생산자가 연합하여 공동으로 이룩한 부를 이성적으로 분배하는 경제 질서를 생각해 냄을 뜻한다. 이런 의미에서 교육은 곧 인간성의 개념을 향한 담대한 결단을 견지한다는 것을 뜻한다.

유물론적 인간형성(Bildung) 이론

I.4.3.3. 비판과 전망

첫째, 우리는 감의 유물론적 교육학에 대해, 그리고 유물론적 교육학을 확립하려는 다른 시도에 대해서 이들이 일련의 점들에서 철학적으로 마르크스-엥겔스의 독단론에 사로잡혀 있다고 비판할 수 있다. 그것은 무엇보다도 인간학적 반성 영역에서 잘 드러난다. 그들은 마르크스에 기대어 노동 중심적인 인간상을 고집하는 반면 인간적 실천과 발달의 다른 측면들 예를 들면 의사소통적 행위나 도덕 발달은 충분히 고려하지 않는다(Habermas, 1976: 148; Krüger/Lersch, 1993: 320). 둘째로, 그들의 독단론적 측면은 사회이론의 영역에서도 나타난다. 그들은 사회이론 영역에서 마르크스의 정치경제학 비판을 수용하면서, 19세기의 사회 이론적 설명 모델을 무비판적으로 답습하고 있다. 그러나 최근의 비판적 사회이론 및 비판적인 교육사와 관련된 논의는 재생산 영역이 단지 자본의 논리에 귀속될 수 없으며, 교육의 과정(Bildungsprozesse) 의 생성과 현실 구조는 단지 물질적인 사회적 조건으로는 해명될 수 없고, 실천적 지식과 의사소통적 행위 차원에서 독립적인 학습 과정이 일어난다는 것을 분명히 했다(Baethge, 1984: 44; Titze, 1983: 52). 셋째로 감의 유물론적 교육학의 이론기획에서 아직 불명료한 점은 그가 애호하는 정신분석이 전체 이론구조 속에서 도대체 어떤 체계적 지위를 지니는가이다. 유물론적 전제와 정신분석적 전제 사이의 메타이론적이고 범주적인 연결성은 거의 해명되지 않고 있다(하나의 대안 제시로는 Lorenzer, 1972). 넷째로 감의 유물론적 교육이 론(Bildungstheorie)에서 문제가 되는 것은 특히 계몽운동 및 노동운동과 연관 해서 정립된 강력한 교육 개념이다. 그의 교육 개념은 이성적 주체라는 이념 에 굳건히 의지하고 있다. 그러나 이성적이지 못한 개인화가 특징인 사회적 상황에서 그런 이성적 주체가 도대체 어디서 자신의 경험적인 대응물을 갖는 지는 전혀 제시하지 못한다.

이제 결론적으로 유물론적 교육과학이 지금까지 이룩한 연구성과를 총괄 적으로 평가한다면, 유물론적 교육과학은 교육과 인간 형성의 사회사 영역에 서 많은 흥미로운 연구(Heydorn/Koneffke 1973; Hofmann 1960; Titze, 1983)를 산출했지만, 경험적 교육과학의 관점에서 볼 때, 그것의 연구 잠재력은 사실 빈약하다는 평가를 받을 수밖에 없다.

거기서 예외인 것은 프랑스 지역에서 나온 부르디외(Bourdieu, 1982)와 부 르디외/파서론(Bourdieu & Passeron, 1971)의 문화 사회학적인 연구들과 신교 육사회학에 의해 촉발된 연구들, 예를 들면 영미권의 애플(Apple, 1979) 또는 웩슬러(Wexler, 1992)의 연구이다(Kolbe/Sünker/Timmermann, 1994; Sünker, 1996, 2003, 2006). 이러한 접근과 연구들은 교육제도(Bildungswesen)와 사회 제도에 내재하는 변화된 사회적 불평등 형태를 폭로하기 위해서 사회 구조적 으로 논증하고 기능적 경험적으로 분석한다. 내가 보기에는 이런 접근과 연 구를 통해서만 유물론적 사고는 아직도 발전의 가능성을 갖는다. 그리고 그 것을 통해서 유물론적 사고는 베른펠트(S. Bernfeld)가 1920년대에 발전시켰 던 유물론적 교육학의 전통을 이어받게 될 것이다. 베른펠트는 교육학적 환 상을 부추기지 않으며, 교육의 한계를 정확하게 포착했다.

참고문헌

Altvater, E./Huisken, F. (Hrsg.): Materialien zur politischen Ökonomie des Ausbildungssek⁻ tors. Erlangen 1970.

Apple, M.W.: Ideology and Curriculum. Boston/London 1979.

Baethge, M.: Ausbildung und Herrschaft. Frankfurt a.M. 1970.

Baethge, M.: Materielle Produktion, gesellschaftliche Arbeitsteilung und Institutionalisierung von Bildung. In: Baethge, M./Nevermann, K. (Hrsg.): Organisation, Recht und Ökonomie des Bildungswesens. Bd. 5 der Enzyklopädie Erziehungswissenschaft. Stuttgart 1984, S. 21⁻53.

Bernfeld, S.: Sisyphos oder die Grenzen der Erziehung (1924). Frankfurt a.M. 1967.

Bourdieu, P.: Die feinen Unterschiede. Frankfurt a.M. 1982.

Bourdieu, P./Passeron, J.⁻C.: Die Illusion der Chancengleichheit. Stuttgart 1971.

Cloer, E./Wemstedt, R. (Hrsg.): Pädagogik in der DDR. Weinheim 1994.

Combe, A.: Zur Kritik der Lehrerrolle. München 1970.

Euler, P./Pongratz, L.A. (Hrsg.): Kritische Bildungstheorie. Zur Aktualität Heinz⁻Joachim Heydorns. Weinheim 1995.

Gamm, H.J.: Allgemeine Pädagogik. Reinbek 1979.

Gamm, H.J.: Das pädagogische Erbe Goethes. Frankfurt a.M./New York 1980.

Gamm, H.J.: Die materialistische Pädagogik. In: Gudjons, H./Teske, R./Winkel, R. (Hrsg.): Erziehungswissenschaftliche Theorien. Hamburg, 1986, S. 41⁻56.

Gamm, H.J.: Führung und Verführung. Pädagogik des Nationalsozialismus (1964). Frankfurt a.M./New York²1984.

Gamm, H.J.: Materialistisches Denken und pädagogisches Handeln. Frankfurt a.M./New York 1983.

Gamm, H.J.: Pädagogische Ethik. Weinheim 1988.

Gamm, H.J.: Erziehungswissenschaft auf kritisch⁻materialistischer Basis. In: Röhrs, H./Scheuerl, H. (Hrsg.): Richtungsstreit in der Erziehungswissenschaft und pädagogische Verselbständigung. Frankfurt a.M. u.a. 1989, S. 131-146.

Gamm, H.J.: Das Elend der spätbürgerlichen Pädagogik. München 1972.

Gamm, H.J.: Kritische Schule. München 1970.

Gamm, H.J.: Die bleibende Bedeutung eines kritischen Marxismus für die erziehungswissenschaftliche Diskussion. In: Benner, D./Lenzen, D./Otto, H.U. (Hrsg.): Erziehungswissenschaft zwischen Modernisierung und Modernitätskrise. 29. Beiheft der Zeitschrift für Pädagogik. Weinheim/Basel 1992, S. 59-74.

Gramsci, A.: Philosophie der Praxis. Rankfürt a.M. 1967.

Habermas, J.: Zur Rekonstruktion des historischen Materialismus. Frankfurt a.M. 1976.

Heller, A.: Alltagsleben. Versuch einer Erklärung der individuellen Reproduktion. Frankfurt a.M. 1978.

Heydorn, H.J.: Über den Widerspruch von Bildung und Herrschaft. Frankfurt a.M. 1970.

Heydorn, H.J./Koneffke, G.: Studien zur Sozialgeschichte und Philosophie der Bildung. 2 Bde., München 1973.

Hofmann, F.: Die Pansophie des J.A. Comenius und ihre Bedeutung für seine Pädagogik (Habil. Schrift). Halle 1960.

Huisken, F.: Zur Kritik der bürgerlichen Didaktik und Bildungsökonomie. München 1972.

Kirchhöfer, D.: Das Paradigma der materialistischen Dialektik in den Erziehungswissenschaftten. In: Müller, D.K. (Hrsg.): Pädagogik, Erziehungswissenschaft, Bildung. Köln/Weimar/ Wien 1994, S. 93-116.

Kirchhöfer, D.: DDR, Pädagogik Bildungspolitik. In: Krüger, H.-H./Grunert, C. (Hrsg.): Wörterbuch Erziehungswissenschaft. Wiesbaden²2006, S. 95-101.

Kirchhöfer, D./Wessel, K.-F.: Erziehungs- und Bildungsphilosophie in der DDR. In: Benner, D./ Lenzen, D. (Hrsg.): Erziehung, Bildung, Normativität. Weinheim/ München 1991, S. 55-78.

Kolbe, F.-U./Sünker, H./Timmermann, D.: Neue bildungssoziologische Beiträge zur Theorie institutionalisierter Bildung. In: Sünker, H./Timmermann, D./Kolbe, F.-U. (Hrsg.): Bildung, Gesellschaft, soziale Ungleichheit. Frankfurt a.M. 1994, S. 11-33.

Krüger, H.-H./Lersch, R.: Lernen und Erfahrung. Perspektiven einer Theorie schulischen Handelns. Opladen² 1993.

Krüger, H.-H./Marotzki, W. (Hrsg.): Pädagogik und Erziehungsalltag in der DDR. Opladen 1994.

Lefebvre, H.: Kritik des Alltagslebens. 3 Bde., München 1974.

Lenzen, D.: Erziehungswissenschaft – Pädagogik. In: Lenzen, D. (Hrsg.): Erziehungswissenschaft. Ein Grundkurs. Reinbek 1994, S. 11-14.

Lorenzer, A.: Zur Begründung einer materialistischen Sozialisationstheorie. Frankfurt a.M. 1972.

Markert, W.: Erwachsenenbildung als Ideologie. Zur Kritik ihrer Theorien im Kapitalismus. München 1973.

Marx, K./Engels, F.: Die deutsche Ideologie. In: Marx, K./Engels, F.: Ausgewählte Schriften in sechs Bänden, Bd. 1, Berlin 1985, S. 201ff.

Marzahn, C: Sozialistische Pädagogik – Aufbruch wohin? In: Soukup, C./Koch, R. (Hrsg.): Es kamen härtere Tage. Weinheim/München 1988.

Nyssen, F.: Schule im Kapitalismus. Köln 1969.

Schmied-Kowarzik, W.-D.: Konzept einer radikalen Kritik der bürgerlichen Erziehung – eine Bestandsaufnahme. In: Schaller, K. (Hrsg.): Erziehungs-wissenschaft der Gegenwart. Bochum 1979, S. 182-214.

Schmied-Kowarzik, W.-D.: Kritische Theorie und revolutionäre Praxis. Bochum 1988.

Schmied-Kowarzik, W.-D.: Materialistische Erziehungstheorie. In: Lenzen, D./ Mollenhauer, K. (Hrsg.): Theorien und Grundbegriffe der Erziehungswissenschaft. Bd. 1 der Enzyklopädie Erziehungswissenschaft. Stuttgart 1983, S. 101-116.

Schmied-Kowarzik, W.-D.: Materialistische Erziehungstheorie. In: Borrelli, M. (Hrsg.): Deutsche Gegenwartspädagogik. Baltmannsweiler 1993, S. 201-220.

Sünker, H.: Bildung, Alltag, Subjektivität. Elemente zu einer Theorie der Sozialpädagogik. Weinheim 1989.

Sünker, H.: Bildungstheorie und Erziehungspraxis. Bielefeld 1984.

Sünker, H.: Bildungsforschung und Bildungstheorie. In: Helsper, W./Krüger, H.-H./ Wenzel, H. (Hrsg.): Schule und Gesellschaft im Umbruch. Bd. 1, Weinheim 1996, S. 71-82.

Sünker, H.: Materialistische Erziehungswissenschaft. In: Krüger, H.-H./
    Grunert, C. (Hrsg.): Wörterbuch Erziehungswissenschaft. Wiesbaden ²2006,
    S. 364-369.

Sünker, H. Politik, Bildung und soziale Gerechtigkeit. Frankfurt a.M. 2003.

Tenorth, H -E.: Geschichte der Erziehung. Weinheim/München 1988.

Tenorth, H.-E.: Materialistisch orientierte Pädagogik. In: Petersen, J./Reinert,
    G.-B. (Hrsg.): / Pädagogische Konzeptionen. Donauwörth 1992, S. 190-
    203.

Titze, H.: Erziehung und Bildung in der historisch-materialistischen Position.
    In: Lenzen, D./Mollenhauer, K. (Hrsg.): Theorien und Grundbegriffe der
    Erziehungswissenschaft. Bd. 1 der Enzyklopädie Erziehungswissenschaft.
    Stuttgart 1983, S. 101-116.

Wexler, P.: Becoming Somebody. Toward a Social Psychology of School.
    Washington/London 1992.

I.4.4. 정신분석적 교육학

I.4.4.1. 등장 배경과 영향

정신분석적 교육학의 등장과 발전에 대한 집중적인 논의가 최근 10년 동안에 독일어권에서 새롭게 시작되었지만, 이 논의의 시원은 멀리 20세기로의 전환기에까지 소급된다. 예를 들어, 프로이트(S. Freud)의 제자였던 페렌치(S. Ferenczi)는 1908년 잘츠부르크 정신분석 학회에서 이미 "정신분석과 교육"이라는 주제로 강연했다. 이 강연에서 그는 정신분석학적 성(性) 이론, 쾌–불쾌 원칙, 억압 등등이 초래하는 결과에 대해 탐색했다. 그리고 정신분석학의 창시자인 프로이트도 무의식적 갈등의 기원, 구조, 동학(動學)에 대한 그리고 심리적 현상에서 자아의 역할에 관한 핵심적 연구를 이미 20세기 초에 수행했다(Brauner, 1989: 1220). 프로이트에 따르면, '정신분석'(Psychoanalytik)은 3개의 차원을 포괄하는 개념이다. "그것은 첫째 영혼에서 일어나는 일들을 탐구하는 유일한 방법이며, 둘째로 이 탐구에 기초해서 정신적 장애를 치료하는 방법이고, 셋째로 그 과정에서 발견된 일련의 지식으로서 점진적으로 발전하여 새로운 학문 분과로 된 것을 가리킨다"(Freud, 1955: 211).[1]

프로이트 이론의 교육학적 연관성

프로이트가 자신의 논문들에서 교육의 문제만을 명시적으로 다룬 적은 없지만, 다음 세 가지 연구성과는 교육학 이론과 실천에 깊은 영향을 미쳤다.

---

[1] [역자 주] 이렇게 'Psychoanalytik'이 영혼 탐구 및 치료의 방법 그리고 체계적 학문 등의 복합적인 의미를 지니고 있기 때문에, 이 글은 이 개념을 대개 '정신분석'으로 번역하고 단지 맥락에 따라 필요할 경우 '정신분석학'이라는 번역어를 사용할 것이다.

첫째로 아동이 성적으로 순진하다는 통념을 무너뜨린 유아 성애의 발견이다. 성적 발달에 대한 정신분석적 이해와 그 밖의 다른 심리-사회적 발달에 기초가 되는 가정은 생애 초기의 경험일수록 후기의 발달과정에서 토대가 되며, 어린 나이에서의 오발달(Fehlentwicklung)과 고착(Fixierungen)은 나중의 심리적 질환의 원인이 될 수 있다는 것이다. 이른바 성 심리적 발달의 단계모델은 성 충동의 성숙 및 발달, 대상 관계의 발달 그리고 자아-조직화의 발달이 어떻게 환경과의 상호작용 속에서 단계별로 이루어지는가를 규명한다(Brauner, 1989: 1222). 이와 연관해서 특히 중요한 것은, 프로이트가『성 이론에 관한 세 논문』(1905)에서 처음 정식화했고 그 후 부모-자식 관계와 가족에 관한 정신분석 심리학 연구에서 핵심적 역할을 했던, 오이디푸스 콤플렉스 이론이다. 아버지를 죽이고 어머니와 결혼했던 오이디푸스 왕 신화에 기대서 프로이트는 남근기(3-5세)에 있는 아이의 심리적 갈등을 오이디푸스 콤플렉스 개념으로 설명했다. 이 시기의 아이는 어머니에 대한 근친상간적 성애와 경쟁자로 느껴지는 아버지에 대한 — 경외하면서도 — 적대적인 감정 사이에서 혼란을 느낀다. 오이디푸스적 갈등의 이상적인 해결은 프로이트에 따르면 아이가 아버지에 대한 두려움 때문에 근친상간적 성애를 부정하고, 동성의 부모와 자신을 동일시하며, 이를 통해 그들의 명령과 금지를 초(超)자아의 핵심으로서 양심 속으로 받아들이는 것이다.

둘째로, 프로이트의 정신분석이 교육학에 선사한 두 번째의 자극은 그가 남긴 병력기록을 교육에 관한 이야기로도 간주할 수 있다는 데에 있다. 예를 들어 '꼬마 한스'의 이야기로 잘 알려진 유아 공포에 대한 프로이트(1909)의 분석은 병력기록일 뿐 아니라, 동시에 정신분석적 교육실험에 대한 보고서이다(Bittner, 1979: 64).

교육학과 연관된 프로이트의 세 번째 문제 제기는 무엇보다도 그의 문화론적 저서들에서 논의되었다. 다형도착적(polymorphpervese) 충동 존재인 아이가 어떻게 문화인, 문명화된 어른이 되는가? 정신분석학에 따르면 교육의 목적은 — "현실로의 교육"이라는 키워드하에 — 현실원칙을 연속적으로 강화하는 데 있다. 현실원칙은 아동의 충동적 욕구들을 충분히 고려하면서도 충동본능과 쾌락원칙을 이성의 의식적 지배 아래에 두고, 동시에 이로 인해 병리적인 억압이 발생하지 않도록 한다.

제1차 세계 대전 이전에 이미 프로이트의 직계 제자들은 정신분석을 교육 실천의 문제에 적용하려 노력했다. 예를 들어 스위스 출신 피스터(O. Pfister)와 츌리거(H. Zulliger)는 견진 세례자 상담(Konfirmantenseelsorge)과 초등 교육 분야에서의 교육적 영향을 정신분석학적인 해명과 결부시키려 했다. 그러나 정신분석적 교육학의 첫 전성기는 1920년대에 비로소 시작되었다. 정신분석의 토대 위에서 고유한 개념과 방법을 개발하고 실천적으로 검증하려는 최초의 체계적인 시도가 이때 이루어졌다. 불량 청소년들에 대한 정신분석적 교육을 시도한 아이히호른(Aichhorn, 1925)의 실험은 지대한 관심을 끌었다. 이와 연관해서 슈미트(Schmidt, 1924)가 그의 <모스크바 고아원 연구소>에서 했던 실험, 베른펠트(Bernfeld, 1921)가 <바움가르텐 고아원>에서 정신분석적 인식을 토대로 대안적인 교육 개념을 구현하려 했던 시도도 언급될 필요가 있다. 베른펠트(1925)는 더 나아가 정신분석 이론을 마르크스주의적 사회비판과 연결하고, 어린이와 청소년이 성장하는 사회적 장소는 교육 및 사회화 과정을 위한 다양한 가능성을 제공한다는 사실을 밝혀냈다(Hörster/Müller, 1992).

이 연구들은 멩크(Meng), 슈나이더(Schneider), 아이히호른(Aichhorn), 안나 프로이트(A. Freud) 등이 편집했던 『정신분석적 교육학 저널』에 발표되었다. 이 잡지는 1927년에서 1937년까지 11년에 걸쳐 간행되었고 교육학의 실천 분야들에서 이루어진 광범위한 연구와 정신분석의 다양한 적용사례를 기록으로 남겼다. 이 잡지는 편집자들의 주장에 따르면 3가지 과제를 지녔다. 즉, 정신분석적 교육자들의 경험을 세상에 알리고, 교사에게 유익한 분야(아동의 정신분석, 교육의 방법론 등)의 연구를 촉진하고, 아동과 청소년에게 정신분석적 방법을 적용한 결과를 출판한다는 과제를 지녔다(Bittner/Rehm, 1964: 18).

1930년대에는 여러 측면에서 정신분석적 교육학의 이론과 실천에서 수정이 이루어졌다. 한편으로 정신분석적 교육실험의 과정과 결과는 좀 실망스러웠다. 1920년대 정신분석적 교육학이 가졌던 교육적 낙관주의, 즉 교육의 도움으로 노이로제를 획기적으로 예방할 수 있다는 생각은 점점 더 회의적인 평가를 받았다. 레들(Redl, 1932)은 이를 배경으로 정신분석적 교육학이 과연 존재할 수 있는가 하는 근본적 물음을 던졌다(Trescher, 1985: 61). 반대로 국제 정신분석 협회는 1920년대 말부터 정신분석의 의학화(Medizinialisierung) 경향을 계속 밀고 나갔다. 이 경향은 정신분석 및 치료 기관을 빠르게 의학의 영역으로 분류했고, 특별한 입직(入職) 및 양성 조건을 마련하여, 전문적 정신분석가 양성 과정을 확립하려 했다. 교육학자들은 이 양성 과정에 접근이 불가능했다(Datler, 1992: 16).

그리고 독일과 오스트리아에서 파시즘이 승리함으로써 정신분석적 교육학의 발전은 갑자기 중단되었고, 동시에 정신분석의 의학화는 더욱 강화되었다. 그 이유는 많은 독일어권 정신분석가들이, 정신분석의 의학중심화(Medicozentrierung)가 가장 발전했고 동시에 임상 외적 심리분석 연구는 경시되던 미국으로 망명했기 때문이다(Datler, 1992: 20). 이런 경향은 1945년에 창간된 잡지『아동 심리분석 연구』에서 뚜렷이 나타난다. 이 잡지는 거의 완전히 아동심리학의 문제와 아동 정신분석의 이론과 실천에만 관심을 기울였다.

전후 시기에도 서독에서 정신분석적 교육학은 아무런 역할을 하지 못했고, 정신분석은 더 강하게 의학 중심화의 길을 걸었다. 1960년대 중반부터 비로소 정신분석적 교육학에 관한 관심이 눈에 띄게 증가했다. 학생운동의 일부 세력이 정신분석(특히 베른펠트가 한 연구)의 사회이론적, 교육학적 함의를 재발견했다. 특히 반권위주의 교육의 이론과 실천은 아동의 심리-성적 발달에 대한 정신분석학적 인식과 아동의 성의 사회적, 가정적 억압에 대한 비판에 관심을 기울였다. 반권위주의 운동이 정신분석적 교육학의 사회이론적 토대를 크게 강화했다는 것은 분명하다. 하지만 정신분석을 교육학적으로 수용하고 그것을 반권위주의 교육이라는 틀에 적용한 것은 두 가지 이유에서 문제가 있다.

첫째, 정신분석의 충동이론이 단지 단편적으로 수용되었고, 1930년대의 정신분석적 교육학이 정신분석적인 교육의 효과성에 관하여 가졌던 회의적인 평가가 거의 고려되지 않았다(Brauner, 1989: 1227). 둘째, 교육적 행위에서 전이과정(Übertragungsrprozess)과 역전이과정(Gegenübertragungsprozess)이 갖는 의미가 반권위주의 교육의 정신분석 개념 속에서는 체계적으로 간과되었다.

이런 중요한 결함은 일찍이 비트너(Bittner, 1972)가 지적한 바 있다. 그는 1960대 중반부터 정신분석적 교육학의 역사적인 상황을 연구하고 향후의 발전을 위해 노력했다. 그는 지금까지 이 분야의 가장 중요한 대표자로 인정되고 있다.

비트너(G. Bittner, 1937년생)는 1956년부터 1960년까지 독일 튀빙엔과 오스트리아 빈(Wien)에서 심리학과 교육학을 공부했고, 심리학 석사학위(Diplom)

심리분석과
반권위주의 운동

를 획득했다. 1960년대 초 그는 쇼틀랜더(F. Schottländer)가 설립한 <슈트트가르트 심리치료 연구소>에서 정신분석가 자격증을 획득했다. 그는 1962년 『모범적 이상(Leitbilder)의 심리학과 교육학에 관하여』라는 논문으로 튀빙엔 대학의 플리트너(A. Flitner)에게 박사학위를 받고, 1969년 같은 대학에서 교수 자격 논문을 썼다. 그후 그는 로이틀링 교육대학과 빌레펠트 대학교에서 교수직을 수행했고, 1977년부터 뷔르츠부르크 대학 교육학과 교수로 재직하고 있다.

비트너는 1964년 렘(Rehm)과 더불어 『정신분석적 교육학 잡지』의 주요 기고 논문들을 편집했고(Bittner/Rehm, 1964), 1967년에는 사회교육학의 정신분석적 측면을 역사적으로 분석한 저서를 출간했다(Bittner 1967). 또한 그는 프로이트의 정신분석에 대한 역사적 저작(Bittner, 1967), 교육하기 어려운 아동의 취급에 관한 실제적인 연구(Bittner/Schäffer/Strobel, 1973) 그리고 정신분석적 지향의 동반연구 및 기초연구에 관한 저작(Bittner/Thalhammer, 1989)을 발표했고 그 이외에도 1980년대의 여러 연구에서 정신분석적 교육학을 둘러싼 이론-담론을 지속적으로 추적하는 작업을 하였다. 거기서 그는, 순수하게 정신분석적인 교육학은 있을 수 없으며 이론과 실천에서 교육학과 정신분석학의 협력적 관계를 생산적으로 구성하는 것이 핵심 문제라고 주장했다 (Bittner, 1985, 1989).

Hans-Georg
Trescher

정신분석적 지향의 교육학자 중 젊은 세대의 대표자인 트레셔(1950-1995)는 정신분석적 교육학을 둘러싼 현재의 담론에서 색다른 입장을 택한다. 그는 정신분석적 교육학은 비판적 사회과학이라는 의미에서의 정신분석학의 일부분이라고 주장한다. 정신분석을 비판적 사회과학으로 보는 것은 로렌쩌 (A. Lorenzer)와 그 밖의 사람들에 의해 정식화되었다.

트레셔는 1972년에서 1976년까지 프랑크푸르트 대학에서 교육학 디플롬 과정을 밟았고, 1970년대 말 『사회화와 손상된 정체성』(Trescher, 1979)을 주제로 박사학위를 받았다. 그는 1985년 프랑크푸르트 대학에서 정신분석적 교육학을 주제로 교수 자격시험 논문을 쓴 뒤, 1986년 다름슈타트의 개신교 대학에서 사회교육학과 특수교육학 교수가 되었다. 그는 문제 청소년들에 대한 실천적이고 정신분석적인 연구를 하면서, 지난 수십 년 동안 정신분석적 교육학의 체계적인 발전을 위한 논의에 참여했고, 동시에 자신이 설립에 관여한 <정신분석적 교육학을 위한 프랑크푸르트 연구 모임>의 위임을 받아서 1989년부터 발행된 『정신분석적 교육학 연보』를 공동편집했다.

지난 수십 년 동안 교육학과 정신분석학 간의 인접 영역과 중첩 영역이 다 영향
시 확대되고 유연해졌다는 사실은 이 연보의 출간뿐 아니라 1992년부터 간
행되는 『시지포스』 시리즈에서 드러난다. 이 시리즈는 "교육학에서의 정신분
석적 연구"라는 부제를 달고 있다(Datler, 1992: 36). 또 그 사실은 1987년 독
일 교육학회에 "정신분석과 교육학"이라는 분과가 설치된 것에서도 알 수 있
다. 이 분과에서는 일군의 정신분석적 성향의 교육학자들이 지속적으로 협력
하고 있다. 그밖에도 정신분석적-교육학적 출판물의 수가 최근 대폭 증가했
고, 거기서 단지 학문론적인 원리 문제가 토론될 뿐 아니라, 아동, 청년, 학교
연구에서 나온 논의와 성과, 교육학적 예증학(Kasuistik)과 교사양성 그리고
장학 및 특수교육학과 사회교육학의 물음들이 주제로 다루어진다. 그러나 정
신분석적-교육학적인 논의의 이러한 확장 및 세분화 과정에도 불구하고, 정
신분석학 계열 교육학자들의 교수 및 연구 활동은 독일어 권의 소수 대학,
즉 프랑크푸르트, 카셀, 뷔르츠부르크, 로이틀잉, 빈 대학 등에만 집중되어
있다는 점을 간과할 수 없다. 그리고 현재까지도 그들 사이에서 과연 자립적
인 정신분석적 교육학이 존재할 수 있는가, 정신분석학은 단지 교육학을 위
한 보조학문의 지위를 가져야 하는가에 대한 논쟁이 계속되고 있다(Faktes,
1985, 2007; Müller, 1990, 2006).

I.4.4.2. 비트너 – 정신분석과 교육학은 서로 협력해야 한다는 요청

비트너(G. Bittner, 1985: 36)는 프로이트와 융(C.G. Jung)의 고전적 견해와 대
결하면서 자신의 정신분석이론을 전개하고, 정신분석적 교육학을 유물론적으
로 정초하려는 경향들을 그 세계관적 입장을 문제삼아서 거부한다. 비트너는
교육학을 위한 정신분석의 기여를 무엇보다도 4가지 측면에서 찾는다. 그가
보기에 교육학적 측면에서, 정신분석은 무엇보다도 교육자가 아동의 정신세계
를 이해하는 데에 도움을 주는 해석론이다. 둘째로, 정신분석은 교육 인간학,
특히 아동학의 발전에 도움을 준다. 세 번째로 정신분석은 교육자가 아동의 충
동을 강제로 억압하지 않게 하는 교육적 관계 이론을 제공한다. 마지막으로 비
트너(1985: 32)에 따르면 정신분석은 교육적 영향 이론(Wirkungslehre)의 면모
를 보이는데, 이로 인해서 정신분석 병력기록은 모든 교육학자가 반드시 읽
어야 하는 기록물이 된다.

비트너는 이런 기본가정에서 시작하여 교육의 이론과 실천에 대한 정신분석의 위상을 규정한다. 몰렌하우어(Mollenhauer, 1972)가 교육과학을 상호작용론적이고 의사소통론적으로 정초한 것에 의지하여, 그는 먼저 교육을 의사소통적 행위로 정의하고 이렇게 이해한 교육과학에 정신분석이 어떤 도움을 주는지 규명한다. 이런 틀에서 볼 때, 교육의 진행 과정에 관한 이론인 정신분석 이론은 언제나 제한된 타당성을 지닌 부분이론일 뿐이다. 그것은 의사소통의 무의식적 부분들을 파악하기 때문이다(Bittner, 1985: 33). 의사소통의 외피를 쓴 소통의 단절, 주관적 대상의 형성, 내적인 이미지의 투사 등등은 비트너(1985: 43)가 보기에 정신분석의 이론 전통에서 유래하는 유용한 범주들이다. 이 범주들은 교육의 과정에 포함된 무의식적 사건들, 투사와 전이의 과정 등을 해명하는 데 적합하다.

정신분석적 교육이론이 교육과학의 기초를 마련하려는 시도 속에서 단지 부분 이론의 지위를 차지하는 것과 마찬가지로, 교육적인 실천도 전적으로 정신분석에만 기초할 수는 없다고 비트너(1989: 222)는 주장한다. 정신분석은 교육학적 문제들, 예를 들면 학교의 구조 문제나 교육과정 개발에 대해서 별다른 도움을 줄 수 없기 때문이다. 그는 어떤 확정된 상황과 관련된 정신분석적 행위는 교육학적 행위와 다르다고 말한다. 교육학적 행위를 위한 정신분석의 기여는 단지 치료적 단계 이전의 갈등 해결을 돕는 데에 있을 뿐이다. 다시 말해서 교육학에서 정신분석은 아직 병리적으로 확정되지 않은 갈등을 해결하는 데에 도움을 주는 것으로 이해된다(Bittner, 1972: 185).

교육자의 정신분석적 역량을 형성하기 위한 매체로서 비트너는 정신분석 이론에 대한 세미나, 정신분석적인 해석 및 반성 방법에 입문하는 데 적합한 예증학적 연구와 아동학적인 자료 그리고 현업과 관련된 정신분석 사례연구 세미나의 한 형태인 발린트 모임(Balint-Gruppen)[2])을 들고 있다(Goeppel/Uhl/Froehlich, 1985: 182) 또 정신분석적 교육 실천에 속하는 것으로는 그는 자신이 개발한 유형의 실천동반 연구를 제시한다. 이 유형에서는 교육학적-

---

2) [역자 주] 발린트 모임(Balint-Gruppen)은 정신분석학자인 발린트(M. Balint)가 창안하고 실행했던 정신분석 의사 교육 방법이다. 대개 8-12명의 의사가 한 명의 노련한 정신분석치료사의 지도 아래서 정기적으로 만나 그들이 경험한 '어려운 환자'에 대해서 논의한다. 이 모임의 목적은 향상된 의사-환자 관계이고, 그리하여 환자를 더 잘 이해하고 더 좋은 치료를 할 수 있게 하려는 것이다.

정신분석적 아동치료 및 발린트 모임에서의 활동이 학문적으로 동반되며, 정
신분석적 관점에서 평가된다(Bittner, 1989: 224).

I.4.4.3. 트레셔의 구상 – 비판적 사회과학으로서의 정신분석적 교육학

비트너가 심리분석과 교육학의 원칙적인 분리에서 시작하고 그 위에서 두 분과의 접점과 협력 가능성을 모색하는 데 비해, 트레셔는 정신분석적 교육의 이론과 실천을 정신분석의 일부로 간주한다. 그러나 그는 정신분석적 교육학을 이렇게 정신분석의 한 특수한 적용영역으로 발전시키는 일은 정신분석을 – 로렌쩌의 연구에 기초해서 – 학문론적, 방법론적인 면에서 비판적-해석학적 사회과학으로 파악해야만 가능하다고 주장한다. 여기서 정신분석은 "주체 비판 이론"으로 간주된다. 이 이론은 인간을 무엇보다 먼저 사회적 존재로 파악하며 욕구 충족과 충동 억제의 과정을 각각의 역사적인 사회구성체를 배경으로 하여 탐구한다. 이런 의미에서 정신분석적 교육학은 내담자의 주체성과 역사성을 존중하며 그것은 어떤 특수한 범주화 가능한 특징들로 환원하지 않는다(Trescher, 1992: 207). 주체 비판 이론으로서의 정신분석

정신분석적 전통에 대립해서 트레셔(Trescher, 1987: 201)는 정신분석적 방법을 단지 제한된 임상적 치료 절차라는 좁은 틀로 환원하지 않고, 체계적인 자기반성과 메타적 의사소통을 가능하게 하는 과정으로 이해한다. 그리고 이로부터 정신분석의 적용에서의 차이는 실천 영역이 다르기 때문에 생긴다는 결론이 도출된다. 서로 다른 실천 영역 각각에 대해서 전이(Übertragung)와 저항을 다룰 특수한 기법들 – 서로 다른 방법이 아니라 – 이 개발되어야 한다. 그리고 정신분석적 절차 모델에 기초해서, 교육학적 영역에서의 행위과정은 대화적인 교육과정으로 파악되며 동시에 이해의 과정에 우선권을 부여하는 교육관이 발전된다. 이해과정으로서 교육학적 행위과정

전문적 교육자들은 전문가적인 거리 두기와 더불어 참여적인 관찰 및 '장면적 이해(szenischs Verstehen)'[3]의 능력을 갖추어야 하는데, 그것은 자격을

---

3) [역자 주] '장면적 이해'는 로렌쩌(A. Lorenzer)의 인식이론에서 핵심이 되는 개념이다. 그는 고전적인 해석학을 확장하기 위해서 의사소통에 포함된 "장면" 또는 "상황"을 고려하고, 이를 통해서 소통자들 간의 이해를 도와주려 한다. 그는 이 개념을 "언어 장애와 재구성"이라는 글에서 더 발전시켰다. 이에 따르면 정신분석적 인식은 장면의 이해에 기초하며, 정신분석에서 '상호주관성'의 의미는 더욱 강조되어야 한다. '장면적 이해' 개념에 관한 국내 논문으로는 최고원의 "참여와 관찰의 동시성 – 가다머의 '놀이' 개념과

획득하기 위한 양성 과정에서부터 습득해야 한다. "장면적 이해"(Lorenzer 1970)로서 우리는 특수한 종류의 이해를 말하는데, 이것의 도움을 받아서 우리는 무의식적이지만 행위 및 체험을 향도하는 주제를 상호작용 속에서 분석할 수 있다(Trescher, 1992: 209). 거기서 우리는 우선적으로 교육적 일상 상황에서의 관계의 전개 과정 — 이 과정은 부담스럽고 갈등적인 사건으로서 계속해서 재등장하는데 — 을 더욱 정밀하게 분석해야 한다. 트레셔(Trescher, 1987: 208)가 보기에 그 반복성은 특정한 잠재적 갈등이 부담스러운 원초적 경험으로부터 무의식적으로 체험과 행위 속으로 전이된다는 사실을 보여 주는 증거이다. 이러한 '장면'에 대한 이해를 기초로 비로소 적절한 행위 개념이 개발될 수 있고, 교육학적 관계 상황 속에 있는 갈등의 역동성을 완화할 수 있다. 트레셔(Trescher, 1992: 219)에 따르면, 교육 실천에 관한 연구와 거기서 초래되는 변화는 그가 제시한 정신분석적 교육학에서 전문가적인 관계의 정신분석 패러다임과 특수한 이론-실천 관계가 지닌 고유한 특징이다.

I.4.4.4. 비판

정신분석적 교육학은 일찍부터 다른 교육학적 입장의 대변자들에 의해 비판되었다. 예를 들어 노올(H. Nohl)은 1927년의 한 연구에서 모든 것을 체험과 부모의 관계로부터 도출하려는 프로이트 학파의 "과도함"에 대해서 말한다. 또 노올과 마찬가지로 정신과학적 교육학의 대표자인 슈프랑어(Spranger, 1924: 122)는 승화에 대한 프로이트의 학설을 "특이한 이론적 혼란"이라고 말하고, 정신분석은 영혼에 대한 우리의 다른 지식에 비해서 "원시적"이라고 비판했다.

정신분석 이론 전통 내에서도 적어도 1920년대부터는 독립적인 정신분석적 교육학의 정립을 추구하는 것이 타당한가에 관한 논쟁이 있었다. 이 논쟁은 정신분석적 교육학을 둘러싼 최근의 담론에서도 다시 등장한다. 비트너처럼 정신분석과 교육학의 협력을 요구하는 학자나 트레셔처럼 정신분석적 교육학을 비판적-해석학적 사회과학의 한 부분으로 이해하는 사람들과 나란히 정신분석적 교육학의 개념을 비판하는 여러 입장이 정신분석학자와 교육학자 양쪽으로부터 대두하고 있다.

로렌쩌의 '장면적 이해"가 있다.

정신분석학자인 쾨르너(Koerner, 1980)는 독립적인 정신분석적 교육학을 발전시키려는 시도는 일반적인 노이로제 예방의 불가능성과 또 특히 교육학적 연구와 정신분석적 연구 간의 구조적 차이로 인해서 파산선고를 받게 되었다고 주장한다. 그가 보기에 목적 지향적인 교육학적 행동과 주제적 구조화를 부정하는 분석적 작업 간에는 결코 건널 수 없는 강이 가로놓여 있다. 또 교육학적 과정은 현실적 인간 또는 현실적인 관계를 문제삼지만, 정신분석적 과정은 전이 관계(Übertragungsbeziehungen)를 촉진하고 시선을 심리 내재적 현실에 집중한다(Brauner, 1989: 1228). 더 나아가서 그는 정신분석의 상황 또는 조건과 분석적 방법, 이론 그리고 방법적 행위는 서로 긴밀하게 연결되어 있어서, 그 방법을 따로 떼어서 단편적으로 적용하는 것은 불가능하다고 주장한다.

그러나 팟케(Fatke, 1985: 52f)는 교육학의 관점에서 쾨르너와 정반대의 주장을 한다. 그는 정신분석학은 교육의 토대학문일 수 없다고 주장한다. 그리고 교육과학을 위한 토대학문은 분과학문으로서의 교육학 자체라고 주장한다. 즉, 교육학은 무엇보다 먼저 자신의 고유한 개념들을 가지고 교육상황의 조건과 과정들을 서술하고 해명해야 한다는 것이다. 그리고 정신분석학은 사회학과 마찬가지로 여러 보조학문 중 하나일 뿐이며, 예를 들면 교육의 과정에서 등장하는 억압의 과정을 해명하는 데 도움이 될 뿐이라는 것이다. 빈터하거-슈미트(Winterhager-Schmid, 1992: 56 이하)도 팟케와 유사한 주장을 한다. 그는 정신분석적 교육학의 정립을 추구해야 할 목표라고 생각하지 않는다. 그에 따르면 교육학은 먼저 '인간형성(Bildung)' 같은 고유한 개념들을 통해서 자신의 이론적 정체성을 찾아야 한다. 그리고 교육학은 학제적인 분과이며 그래서 ─ 현재 교육 인간학의 정초를 위해서 주목받고 있는 정신분석 같은 ─ 어떤 하나의 관계 이론에만 의존하지는 않는다고 그는 주장한다. 그는 정당하게도 교육과학은 사회사적인 연구 또는 가정교육의 변화과정에 대한 분석을 위해 다른 관계 이론, 예를 들면 현대의 사회 변동 이론 같은 것을 필요로 한다고 주장한다.

교육과학에서 정신분석적 관점을 절대화하려는 시도에 대한 이러한 비판은 물론 정당하지만, 정신분석적 이론 전통이 교육학에 기여한 바를 간과해서는 안 된다. 유아기 성애의 발견 그리고 인간관계에서의 무의식적 차원의 해명을 통해서 정신분석학 전통은 교육 인간학과 교육이론을 여러 본질적인 측면에서 보완해 주었다. 또 정신분석적-교육학적 이론 전통은 교육과학에서 질적 연구가 부활하는 데에 중요한 역할을 하였다. 예를 들면 사회적 상호작용 형태와 생활사에 숨겨진 무의식적인 것을 파악하려고 하는 교육학적 예증학(Kasuistik: Fatke 1995, 2007)이라든가 심층 해석학적인 자료검토 및 평가절차(Lorenzer, 1993 참조)의 정립에 도움을 주었다.

Aichhorn, A.: Verwahrloste Jugend (1925). Bern/Stuttgart[5]1965.

Bernfeld, S.: Das Kinderheim Baumgarten (1921). In: Bernfeld, S.: Antiautoritäre Erziehung und Psychoanalyse. Ausgewählte Schriften. Bd. 1 -3, Darmstadt 1969, S. 84-191.

Bernfeld, S.: Sisyphos oder die Grenzen der Erziehung (1925). Frankfurt a.M. 1967.

Bittner, G.: Der psychoanalytische Begründungszusammenhang in der Erziehungswissenschaft. In: Bittner, G./Ertle, C. (Hrsg.): Pädagogik und Psychoanalyse. Würzburg 1985, S. 31-46.

Bittner, G.: Pädagogik und Psychoanalyse. In: Röhrs, H./Scheuerl, H. (Hrsg.): Richtungsstreit in der Erziehungswissenschaft und pädagogische Verständigung. Frankfurt a.M. 1989, S. 215-228.

Bittner, G.: Psychoanalyse und soziale Erziehung (1967). München[2]1970.

Bittner, G.: Sigmund Freud. In: Scheuerl, H. (Hrsg.): Klassiker der Pädagogik, Bd. II, München 1979, S. 46-71.

Bittner, G./Rehm, W. (Hrsg.): Psychoanalyse und Erziehung. Bern/Stuttgart 1964.

Bittner G./Schäfer, G./Strobel, H. u.a.: Spielgruppen als soziale Lernfelder - pädagogische und therapeutische Aspekte. München 1973.

Bittner, G./Thalhammer, M. (Hrsg.): Das Ich ist vor allem ein körperliches Selbstwerden des körperbehinderten Kindes. Würzburg 1989.

Brauner, K.: Psychoanalytische Pädagogik. In: Lenzen, D. (Hrsg.): Pädagogische Grundbegriffe, Bd. 2, Reinbek 1989, S. 1219-1231.

Datler, W.: Psychoanalytische Praxis, Pädagogik und psychoanalytische Kur. In: Trescher, H.G./Büttner, C./Datier, W. (Hrsg.): Jahrbuch für Psychoanalytische Pädagogik, Bd. 4, Mainz 1992, S. 11-51.

Fatke, R.: „Krümel vom Tisch der Reichen"? Über das Verhältnis von Pädagogik und Psychoanalyse aus pädagogischer Sicht. In: Bittner, G./Ertle, C. (Hrsg.): Pädagogik und Psychoanalyse. Würzburg 1985, S. 47-60.

Fatke, R.: Fallstudien in der Pädagogik. In: Zeitschrift für Pädagogik 41(1995), H.5,S. 675-680.

Fatke, R.: Psychoanalytische Pädagogik. In: Tenorth, H.-E./Tippelt, R. (Hrsg.): Lexikon Pädagogik. Weinheim/Basel 2007, S. 586-587.

Ferenczi, S.: Pädagogik und Psychoanalyse. Kongressvortrag Salzburg 1908. In: Ferenczi, S.: Schriften zur Psychoanalyse, Bd. I, Frankfurt a.M. 1970, S. 1-11.

Freud, S.: Psychoanalyse und Libidotheorie (1923). In: Freud, S.: Gesammelte Werke, Bd. 13, Frankfurt a.M. 1955, S. 209ff.

Freud, S.: Analyse der Phobie eines fünfjährigen Knaben (1909). In: Freud, S.: Gesammelte Werke, Bd. VII, Frankfurt a.M. 1964, S. 243-377.

Freud, S.: Drei Abhandlungen zur Sexualtheorie (1905). In: Freud, S.: Gesammelte Werke, Bd. VIII, Frankfurt a.M. 1964, S. 27-145.

Göppel, R./Uhl, B./Fröhlich, V.: Psychoanalyse und Pädagogik. In: Bittner, G./Ertle, C. (Hrsg.): Pädagogik und Psychoanalyse. Würzburg 1985, S. 167-186.

Hörster, R./Müller, B. (Hrsg.): Jugend, Erziehung und Psychoanalyse. Zur Sozialpädagogik S. Bernfelds. Neuwied/Berlin/Kriftel 1992.

Kant, J.: Kritik der praktischen Vernunft. Grundlegung zur Metaphysik der Sitten. Frankfurt 1974.

Körner, J.: Über das Verhältnis von Psychoanalyse und Pädagogik. In: Psyche 34(1980), S. 769ff.

Körner, J.: Auf dem Weg zu einer Psychoanalytischen Pädagogik. In: Trescher, H.-J./Büttner, C./Datier, W. (Hrsg.) : Jahrbuch der Psycho-analytischen Pädagogik, Bd. 4, Mainz 1992, S. 66-84.

Lorenzer, A.: Die Analyse der subjektiven Struktur von Lebensläufen und das gesellschaftlich Objektive. In: Baacke, D./Schulze, Th.: Aus Geschichten lernen. Weinheim/München 1993, S.239-255.

Lorenzer, A.: Sprachzerstörung und Rekonstruktion. Frankfurt a.M. 1970.

Mollenhauer, K.: Theorien zum Erziehungsprozeß. München 1972.

Müller, B.: „Pädagogisch angewandte Psychoanalyse" oder „Psychoanalytische Pädagogik" —Eine Kontroverse. In: Trescher, H.-J./Büttner, C. (Hrsg.): Jahrbuch der Psychoanalytischen Pädagogik, Bd. 2, Mainz 1990, S. 149-152.

Müller, B.: Psychoanalytische Pädagogik. In: Krüger, H.-H./Grunert, C.
   (Hrsg.) Wörterbuch Erziehungswissenschaft. Opladen²2006, S. 381-386

Nohl, H.: Jugendwohlfahrt. Leipzig 1927.

Redl, F.: Erziehungsberatung, Erziehungshilfe, Erziehungsbehandlung. In:
   Zeitschrift für Psychoanalytische Pädagogik (1932), H. 6, S. 523-543.

Reiser, H./Trescher, H.-J. (Hrsg.): Wer braucht Erziehung? Mainz 1987.

Schmidt, W.: Psychoanalytische Erziehung in Sowjetrußland. Leipzig/Wien/
   Zürich 1924.

Spranger, E.: Psychologie des Jugendalters. Leipzig 1924.

Trescher, H.-G.: Psychoanalytische Pädagogik. In: Petersen, J./Reinert, G.-B.
   (Hrsg.): Pädagogische Konzeptionen. Donauwörth 1992, S. 204-221.

Trescher, H.-G.: Selbstverständnis und Problembereiche der psychoanalytischen
   Pädagogik. In: Reiser, H./Trescher, H.-G.: (Hrsg.): Wer braucht Erziehung.
   Mainz 1987, S. 197-209.

Trescher, H.-G.: Sozialisation und beschädigte Identität. Frankfurt a.M. 1979.

Trescher, H.-G.: Theorie und Praxis der Psychoanalytischen Pädagogik.
   Mainz 1985.

Winterhager-Schmid, L.: „Wählerische Liebe" - Plädoyer für ein kooperatives
   Verhältnis von Pädagogik, Psychoanalyse und Erziehungswissenschaft. In:
   Trescher, H.-G./Büttner, C./Datler, W. (Hrsg.): Jahrbuch der Psycho-
   analytischen Pädagogik, Bd. 4, Mainz 1992, S. 66-84.

I.4.5. 현상학적 교육학

I.4.5.1. 등장 배경과 영향

현상학적 교육학은 다양하게 분화되고 조망하기 쉽지 않은 이론 및 개념들로 구성되어 있다. 물론 철학적 현상학의 개념 자체가 복잡하고 다의적이긴 하다. '현상(Phänomen)'이라는 용어가 '로고스' 개념과 결부되어 현상(Erscheinung)에 대한 이론을 가리킨다고 정의할 수 있다. '현상하는 것'은 경험적인 사실이나 대상1)의 '현상'을 의미하며, 주관적으로 체험된 현실을 가리키거나 혹은 인간의 세속적인 삶에서 마주하는 사실들의 '본질'이 드러남을 의미할 수도 있다(Rittelmeyer, 1989: 10). 따라서 현상학에서 널리 알려져 있는 '사물 자체로'라는 원칙은, 철학적 현상학과 교육학 방면에서의 전통 및 분화 과정에서 경험적으로, 의식 철학적으로 철학적-사변적인 방식으로 등 다양하게 해석된다.

비록 '현상학' 개념이 수학자이자 철학자인 람페르트(J.H. Lampert)가 1764년에 펴낸 저서 『신(新)기관론 Neuen Organon』에서 현상에 관한 이론으로 사용되었으며, 헤겔의 『정신현상학』처럼 19세기에 많은 학자들도 이 용어를 사용하긴 했지만, 후설(E. Husserl, 1859-1938)이 철학적 현상학의 본래 창시자이다. 후설의 철학은 처음부터 철학을 학문적으로 기초 짓고자 하는 의도를 가졌다. 이를테면 모든 이성적인 인간들에게 관련이 있는 인식의 출발점으로서 철학을 정초하고자 하였다. 이를 위해 후설은 칸트 이후의 선험철학이 이탈했던 그 지점에서 경험을 출발지점으로 삼았다. 후설은 철학적 작업의 첫

후설 현상학

---

1) [역자 주] 현상학에서 사용하는 대상 개념은 Gegenstand이다. 이 용어는 영어의 Thing(독일어 Ding)과 구분되는 독자적인 의미를 지닌다.

단계에서 경험하고 인식하고 가치 판단하는 인간의 체험에 주목하면서, 체험의 실행과 그러한 체험으로 드러나는 경험 및 감각에 기초한 의식의 사태를 기술하고자 하였다. 이처럼 기술적(記述的) 현상학은 일상의 삶이나 학문 활동에서 일어나는 의식의 실행을 겨냥한다(Lippitz, 1993: 16). 출발 지점은 사태나 의식에 고유하게 드러나는, 있는 그대로의 존재자인 셈이다. 이러한 의미에서 현상학적 방법의 최종 목적은, 온갖 이론이나 각종 선입견으로 오염된 것들을 '괄호 친' 후 주어진 것을 가급적으로 정확하고 완전하게 기술하는 데 있다(Husserl, 1900). 하지만 후설에 따르면 현상학적 기술의 과제는 이를 넘어선다. 즉, 그것은 하나의 대상을 단지 기술하는 데 그치지 않고 일반적인 본질, 즉 대상의 이념을 산출하는 것이다(Lübcke, 1992: 90).

후설은 철학적 현상학의 첫 단계에서 무엇보다도 경험적 현상학에 집중하였지만, 후기 저작에서는 인간의 세계 연관을 주체, 즉 '선험적 자아'의 구성적 능력으로부터 출발하여 이를 현상학적으로 재구성하려 하였다(Husserl, 1936). 이러한 맥락에서 본다면 현상학은 선험철학의 새롭고 독특한 변형으로 볼 수 있다. 후설이 현상학을 선험적이라고 부른 이유는, 선험철학이 인간으로 하여금 세계와 세계 내의 자신을 인식할 수 있게 하는, 자아와 생활세계 사이에 어떤 조건이 있어야만 하는가 하는 질문을 답하고자 하기 때문이다.

무엇보다도 후설의 저작으로부터 자극을 받으면서 제1차 세계 대전 시기부터 '현상학 운동'이 독일에서 먼저 시작하여 이후 프랑스에서도 일어나 20세기에 영향력 있는 현상학자들이 배출되었다. 그 대표적인 철학자로서 셸러(M. Scheler), 하르트만(N. Hartmann), 하이데거(M. Heidegger), 야스퍼스(K. Jaspers), 사르트르(J.-P. Sartre), 메를로-퐁티(M. Merleau-Ponty) 등이 있으며 (Waldenfels, 1983: 2002), 이들은 현상학적 교육학의 다양한 문헌들에 각기 독특한 방식으로 영향을 끼쳤다.

현상학 운동[2]

한편 독일에서 현상학이 교육학으로 수용되는 역사를 대략적으로 다음과 같이 세 시기로 구분할 수 있다. 1910년 시기에는 교육학의 연구 대상을 기

1910년대
현상학적 교육학

---

2) [역자 주] '현상학 운동'이라는 표현은 현상학이 전(全) 세계적인 차원에서 다양한 학문 분야로의 광풍에 가까운 파급과 영향력을 보여준 학문적 유행을 지칭하는 용어이다. 이 표현은 미국 철학자인 스피겔버그(H. Spiegelberg)가 후설 현상학의 전개 과정을 직접 목격한 후 이를 기록한 일종의 현상학의 학문사적 연구서인 『현상학 운동 Phenomenological movement』(1959)에서 기원한다.

술적이고 현상적으로 접근하려는 시도가 논의되었다. 그 예로서 피셔(A. Fischer)는 팬더(A. Phänder)의 저서로부터 영향을 받아 '기술적 교육학'을 제시하였다. 그에 따르면 교육에 대한 현상학적 기술은 학문으로서 교육학을 정초하기 위한 기초라는 것이다(Loch, 1989: 1207). 피셔의 의미에서 교육학의 대상을 구성하고 경험적으로 연구 가능하도록 시도하는 교육 현상학의 대표적인 예를 로흐너(R. Lochner)의 저작에서 찾을 수 있다. 다음으로 1920년대에 있었던 현상학적 교육학의 대표자는 코파이(Copei, 1969)이다. 그가 제안한 현상학적 분석은, 지금도 널리 알려져 있는 교육 과정에서의 창의적인 연구 흐름에 영향을 주면서 개혁교육학[3]에 중요한 자극이 되었다. 코파이는 다양한 기술적 범례적 연구들을 통하여 후설에게서 이미 드러난 문제인 생활세계나 선(先)학문적 및 학문외적 경험에서 새로운 어떤 것으로서 학문적 인식이 어떻게 산출되는지 문제를 다룬 바 있다(Lippitz, 1992: 118).

제2차 세계 대전 이후 현상학적 교육학의 분화

교육학이 현상학을 가장 활발하게 수용한 첫 시기는 제2차 세계 대전 이후인데, 이 시기는 교육학 연구 동향으로서 이른바 인간학적 전환이라고 부르는 시기와 일치한다. 여기엔 대략 네 가지 주요 흐름이 있었다. 이에 우선 하이데거의 기초존재론에 의거한 발라우프(Ballauff, 1962)의 연구가 언급할 만하며, 교육적 사태와 인간관계를 핵심적인 교육학적 원칙으로 간주하면서 이를 대화 철학적 교육이론으로 전개한 샬러(Schaller, 1978)의 연구가 눈에 띈다. 두 연구에서 주안점을 둔 주요 개념은 탈(脫)주체중심적인 학습 및 경험 개념을 수업 상황에서의 교수법으로 새로 규정하는 것이다. 교육학으로의 현상학적 수용의 두 번째 흐름은 인격에 초점을 둔 규범적 교육학과 관련되는 다양한 연구들이다(Bokemann, 1965; Rombach, 1959). 이 연구들은 대체로 현상학을 형이상학 및 가치철학으로 변형시킨 막스 셸러의 일련의 저작으로부터 영향을 받았다(Loch, 1989: 1208).

현상학적 교육학에서 인간학적 전환으로서 특히 볼노(O.F. Bollnow)와 그 제자들인 길(Giel), 보로이어(Bräuer), 로흐(Loch)의 연구물들이 대표적이다. 아울러 볼노(1941, 1964, 1965)는 교육적으로 주목할 만한 주제를 다룬 많은 연구물을 통해, 현상학적, 언어철학적, 인간학적 개념들을 통해 정조, 분위기, 직관 형식 등과 같은 인간 간 및 인간과 세계 사이의 선(先)학문적 및 학문

---

3) 본 번역서 8쪽 각주 참조.

외적 현상을 해명하고 이를 교육적 현상으로 이해하고자 하였다. 이러한 생각은 볼노의 제자들에 의해 교육 미학적 및 인간학적 주제로 확장되어 연구되었다(Lippitz, 1992: 119). 이러한 맥락에서 교육학적 학습 개념을 인간학적 관점에서 새로 규정한 로흐(W. Loch)의 논문들이 특히 중요하며(Loch, 1963, 1980), 아울러 다양한 자서전에 대한 생애사 연구(1979)를 통해 교육의 주체를 중심에 두었다는 점도 의미 있게 평가할 만하다(Krüger, 1995: 34).

흥미로운 점은 독일어권에서 인간학적 전환이 네덜란드 교육학자인 랑에펠트(M.J. Langeveld)의 교육학 연구로부터 영향을 받았다는 사실이다. 그의 저작들은 현상학적인 관점에서 볼노를 비롯한 여러 학자들과 교류한 결과를 반영하고 있다. 랑에펠트는 교육학자이자 심리학자이며, 특히 아동 발달 및 보호 영역과 같은 교육진단 분야에서도 무수히 많은 연구 경험을 갖고 있다. 이를 통해 아동의 자아 및 세계경험에 대한 다양한 연구를 가능하게 하였다(Langeveld, 1964). 그의 연구 경향은 방법론적으로 후설에게 지나치게 의존하지 않으면서도 독자적으로 교육학적 서술의 방법론을 발전시키는 데 기초를 닦았다(Lippitz, 1993: 32; Meyer-Drawe, 2006: 379).

1970년대 말 이후엔 현상학적으로 연구하는 교육학의 연구들에 대한 관심과 아울러 그러한 연구의 가치에 대한 평가가 비약적으로 높아졌다. 무엇보다도 교육학 분야에서는 이른바 일상으로의 전환(Alltagswende)이라고 일컬어지는 질적인 연구 방법의 활성화가 눈에 띈다. 또한 이는 현상학에 대한 관심도 고조시켰다. 이러한 관심의 변화는 이전처럼 현상학을 통해 학으로서 교육학을 정초하고자 하였던 관심과는 달리 후설의 생활세계(Lebenswelt) 개념에 더 관심을 갖게 되었다(Schründer, 1983: 304). 이러한 흐름에서 교육학에서 질적인 연구를 하는 몇몇 시도는 후설 제자들, 특히 슈츠(Schütz, 1974)가 사회현상학에서 제안한 생활세계 개념을 적극 활용하였다. 이와 마찬가지로 연구들은 일상을 이해하는 데 기초가 되는 구조와 규칙들을 재구성하는 데 초점을 두었던 상징적 상호작용론과 민속학 연구도 적극 활용하였다.

교육학의 "일상으로의 전환"

체계적인 관점에서 보았을 때, 1980년대 이후 현상학을 활용하는 교육학은 리피츠의 연구에 의해 결정적으로 발전되었다. 리피츠(W. Lippitz, 1945년 출생)는 대학 졸업과 함께 교사임용고시를 거친 후 1969년부터 1975년까지 교사로서 근무한 바 있다. 그는 1975년 『변증법적 교육이론 비판』이라는 주제로 박사논문을 썼다. 이 논문은 오스나브뤽 대학교에서 데어볼라프(J.

Wilfried Lippitz

Derbolav)의 교육이론을 비판적으로 재구성한 것이다. 그는 박사과정 후 1975년부터 1982년까지 지겐 대학교에서 학술 조교 생활을 하였다. 이곳에서 그는 교수자격시험도 통과하였다. 이후 <튀빙엔 대학교 독일 성인 원격 교육소>의 연구소장을 역임한 후 오스나브뤼크 대학교 일반교육학 교수로 임용되었다. 1995년부터는 기센 대학교 일반교육학 담당 교수를 지냈다.

교수자격시험 논문인 『생활세계 혹은 선(先)학문적 경험의 복원』(1980)에서 리피츠는 현상학적 교육학의 사유, 그중에서 특히 생활세계 논의 전반의 역사를 재구성하였고, 생활세계를 활용하여 교육적 경험의 차원을 연구하는 기획을 제안하였다. 여기서 특히 관심의 초점은 교육학에서 비(非)학문적 실제 경험을 복원하는 데 있다. 이후 연구에서 리피츠는 해석학적, 현상학적 교육학에 대한 체계적인 개념을 확립하려고 하였고(Lippitz, 1986, 1993), 아울러 방법론적 논의도 다루었다(Danner/Lippitz, 1984). 그는 생활세계를 지향하는 학습개념에 감각적 경험의 중요성을 다루면서 이를 마이어-드라베(K. Meyer-Drawe)와 함께 '인간 학습의 현상학적 개념'이라는 주제로 총서를 출간하였다(1984). 그 밖에 그는 현상학적 교육학을 주제로 하는 연구 시리즈물들을 통해 학교 밖의 경험세계, 이를테면 아동들의 공간지각 및 아동들의 도덕성 학습의 생성 과정을 분석하였다(Lippitz, 1989, 1991). 이 연구 시리즈물 중에서 특히 두 권의 총서(Lippitz/Meyer-Drawe, 1984 ; Lippitz/Rittelmeyer, 1989)는 아동기에 대한 다양한 방식의 현상학적 연구물들이 포함되어 있다.

이러한 현상학적 교육학이 비약적으로 발전하는 데 결정적인 기여를 한 또 다른 연구는 바로 마이어-드라베의 방법론적 통찰일 것이다. 그녀는 교수자 격시험 논문인 『신체성과 사회성 – 상호주관성 교육이론에 대한 현상학적 연 구』(1984)에서 후설 및 하이데거의 현상학 전통을 비판적으로 다루면서 그 대신에 메를로-퐁티와 발덴펠스(B. Waldenfels)의 연구와 아동기 발달에 대한 정신분석학적 연구 등을 활용함으로써 아동의 언어를 비롯한 각종 표현 방식 에서 신체성과 사회성의 구조가 어떤 방식으로 생성되는지를 다루었다. 이러 한 이론적 배경에서 의사소통과 관련된 교육학의 가능성과 한계를 논의하였 다(또한 Meyer-Drawe, 2007).

영향 지난 수십 년을 전체적으로 보자면 독일어권에서 발표된 크고 작은 현상학 적 교육학 연구물들은 교육학의 다양한 연구 분야를 아우르고 있다. 연구 주 제의 다양성은 초등교육학(Bräuer, 1988)의 주제에서 시작하여 학생들의 생활

세계적 경험과 교과지식 사이의 관계에 대한 교수법적 연구, 아동기 연구나 사회교육학(Thiersch, 1995)을 비롯하여 정신장애 아동에 대한 연구(Pfeffer, 1988; Fornefeld, 1989)에까지 이른다. 물론 이러한 주제의 다양성에도 불구하고 현상학적으로 연구하는 교육학의 대표적인 학자들이 현재 독일 대학교에서 단지 소수 집단이라는 사실을 간과해서는 안 된다. 또한 현상학적 연구로 대표적인 네덜란드의 위트레히트(Utrecht) 대학교에서의 연구 방식(Bleeker/ Mulderij, 1984)은 약간 달리 수행되고 있다. 또한 유럽을 넘어 국제적인 차원에서 보았을 때에도 현상학적 교육학은 지난 수십 년 동안 많은 주목을 받았다. 이와 아울러 연구물들이 국제적인 학술 네트워크로도 자주 집대성되고 있는데, 이를테면 캐나다의[4] 반 마넨(M. van Manen)이 편집하는 『현상학과 교육학(Phenomenology and Pedagogy)』은 현상학적 사유 및 생활 세계적 현장 연구의 결과물들이 모이는 대표적인 학술지로 자리매김하고 있다(Lippitz, 1993: 38).[5]

I.4.5.2. 리피츠(W. Lippitz)의 현상학적 교육학 개념

리피츠는 1980년대 초부터 다양한 저작들(1980, 1986, 1993, 2003)을 통해 자신이 이해하고 있는 현상학적 교육학을 체계적으로 정리하였다. 그가 제시하고 있는 핵심적인 기본 가정은 교육학에서 선(先)학문적 및 비(非)학문적 경험을 다시 활성화하자는 데 있다. 이것이 교육학에서의 이론과 실천 사이의 관계에 주는 의미는 구체적인 교육학적 행위 및 실천을 복원하는 것이다. 상대적으로 독자적인 경험 및 구성의 맥락으로서 실천은 리피츠에게 단순히 학문적 이론 형성을 위한 전(前)단계에 불과한 것이 아니다. 오히려 실천은 자주 간과되는 학문 이론의 기초적인 차원에 해당된다. 이렇게 학문 이론을 위한 선학문적 경험의 정초화 기능은, 현상학의 전통에서 모든 이론화 시도를 위한 생활 세계적 기반으로서 인정되며 학문 이론적으로 적합하게 주제화 가능하다는 것이다(Lippitz, 1993: 77).

교육 이론을 위한 기초 차원으로서 선(先)학문적 경험

---

4) [역자 주] 캐나다 앨버타(Alberta) 대학교를 가리킨다.
5) [역자 주] 독일 교육현상학 및 국제 학술 네트워크는 현재 베를린 훔볼트대학교의 브링크만(M. Brinkmann)에 의해 계승되고 있다. 그는 2009년 이래 International Symposium on Phenomenological Research in Education을 6회 개최하였으며, 리피츠(W. Lippitz)와 함께 교육현상학 관련 저서들을 "현상학적 교육학(Phänomenologische Erziehungswissenschaft)" 시리즈로 출간하고 있다.

리피츠가 선학문적 경험을 복원하면서 도출하는 두 번째 결론은, 경험의 신체-감각적인 기초를 강조함으로써 경험 개념의 다층적인 측면을 재평가한다는 것이다. 세계에 대해 객관적이고 개념적으로 명료하게 경험하기 이전에, 우리가 신뢰하면서 실천적으로 교류하는 세계와의 신체-감각적인 의사소통이 존재한다는 것이다. 현상학적 인간학의 전통에 있는 대부분의 연구들은 인지적인 활동도 포함하여 모든 인간 활동에 놓여 있는 감각적 기초를 강조한다. 이는 리피츠(Lippitz, 1993: 39)가 제안한 학문으로서 교육학의 이론을 형성하는 데 본질적인 기초를 수용하고 있음을 보여준다.

이러한 이해가 학교 교육의 과정을 구성하는 데 주는 의미는, 교육의 과정이 아동이 구체적으로 경험하는 현실과 연관을 맺어야 한다는 것이다. 첫 단계에서는 감각적으로 중재된 능력에 대한 인식을 경유하는 것이고, 다음 단계에서는 특정한 교과 지식에 대한 안목을 터득하는 것이다. 이러한 현상학적 이해의 관점에서 볼 때, 먼저 학습이란 자라나는 아동들이 각자 지니고 있는 학습 경험사(經驗史)의 작은 흔적들과 관련을 맺은 다음 낯설고 새로운 것(예컨대 외국어나 낯선 문화)과 대결시키는 것을 의미한다. 여기서 학습 자체는 의사소통적 과정의 구조로서, 다시 말해 개방된 의사소통적 사건으로서 간주된다(Lippitz, 1986: 7 이하).

리피츠(Lippitz, 1986: 7)에 따르면, 선학문적 경험의 복원은 아동 내부의 관점에서 실천하는 것인데, 말하자면 아동과 함께하면서 신뢰를 구축하고 놀이에 참여하며 대화하면서 교육학을 연구하라는 요구이다. 이렇게 획득된 결과물들은 나중에 비로소 생동감과 원천들이 은밀하게 보존된 구체적인 표현 및 의도로 간주하고 이를 반성적이고 체계적으로 분석해야만 한다. 아동의 세계 및 자기 이해에 대한 체계적인 연구는 아동을 대상으로 연구하는 교육학의 기초이면서 동시에 이를 통해 성인 중심의 관점에서 연구되어 온 인간학적-교육학적 연구들을 교정해 주는 기초이기도 하다(Lippitz, 1992: 126).

윤리적, 규범적 관점에서 리피츠(Lippitz, 1986: 4)는 자신이 수정하여 적용시킨 현상학적 교육학을 교육학의 책임성이라는 의미에 해당하는 일종의 상황 학문(Situationswissenschaft)이라고 규정한다. 그에 따르면 교육학적 책임성의 척도는 프랑스 철학자 레비나스(E. Levinas)의 개념에서 차용하여 교사라는 '사부(師父, Lehrmeister)'와 마주하고 있는 타자6)에 대한 의무과 밀접한 관련이 있다. 따라서 교육학적 책임성의 기초는 윤리적 관계로서 내적인 교육적 차원에서 도출된다. 타자로서 아동은 교육자들이 끼치는 영향의 전제조건이며, 동시에 자기주장이나 타자의 지배나 그 어떤 방식으로도 규정되지 않는 관계의 범위 내에서의 계약 주체이다(Lippitz, 1993: 290).

I.4.5.3. 비판

자기비판의 형식으로 행해진 비판은 현상학적 사유의 역사 초기부터 끊임없이 있어 왔다. 현상학이 철학 분야 내에서뿐만 아니라 인근 학문 분야에 활발히 수용되고 그 결실을 맺게 된 것은, 오히려 이러한 비판이 줄기차게 있었기 때문에 가능했다고 말할 수 있다. 비판적 문제와 관련하여 후설에 의해 제기된 칸트 철학 전통에서의 의식 철학적 자기 근거화에 대한 비판이 있을 수 있다. 일단 여기서 논의하기엔 주제의 범위를 넘어설 수도 있지만, 후설은 현상을 자기 인식의 실행으로서 인정하거나 고려하기엔 극복할 수 없는 난점을 갖고 있었음을 알고 있었다(Lippitz, 1993: 21). 이를테면 인간의 자연성 및 신체성, 사회성 그리고 그와 연관된 시간성과 역사성의 문제와 같은 인간의 언어성 등이 이에 해당된다고 할 수 있겠다. 게다가 총체적 의식이나 스스로 일관적인 이성적 주체에 대해 의문을 제기하는 오늘날의 상황, 즉 이성의 다원성과 주체적 기획의 다형성으로 대표되는 상황에서 문제는 더욱 복잡해진다. 이러한 후설 의식철학의 약점으로 인해 이후 철학적 논의의 맥락에서 메를로-퐁티(Merleau-Ponty, 1966), 발덴펠스(Waldenfels, 1985) 혹은 데리다(Derrida, 1979) 등의 연구들에 주목할 만하다. 리피츠(Lippitz, 1993, 2003)와 마이어-드라베(Meyer-Drawe, 1990)가 그러한 비판적 해체를 받아들여 교육적 인간학과 교육이론에 주는 의미를 논의한 것이다.

우리가 외부의 관점에서 현상학적 교육학의 이론적 접근을 바라본다면, 다음과 같은 비판에 주목할 필요가 있다. 즉, 현상학적 교육학의 이론적 접근은 교육적 행동의 미시적 차원에의 분석적 관점으로 인해 교육적 상호작용과 주관성에 주목할 수밖에 없다. 반면에 이러한 접근은 교육적 행동을 둘러싼 전체 사회의 제반 조건들에서 작동되는 권력 관계나 불평등 구조를 고려할 수 없게 된다. 현상학적 교육학 방면에서 발표되는 연구들이 경험의 과정에 대한 방법론적 규칙을 정확히 표현하지 않은 채 일상적인 교육적 사건에 대한

---

6) [역자 주] 여기서는 학생 및 아동을 의미한다.

인상주의적 묘사에 머물러 있다는 비판이 자주 들린다(Rittelmeyer, 1989: 23). 그렇지만 현상학 연구의 강점이 기획의 차원에서 교육적 일상에 몰두할 수 있게 해 준다는 점은 부정할 수 없다. 비록 철학적 현상학의 전통에서 보았을 때, 교육학으로의 부분적인 적용에 불과하지만 현상학적 연구 방법이 지난 수십 년 전부터 질적인 교육 연구를 활성화한 점은 긍정적으로 평가할 만하다.

참고문헌

Ballauf, Th.: Systematische Pädagogik. Heidelberg 1962.

Bleeker, H./Mulderij, K.: Pedagogiek op je knieen. Meppel 1984.

Bokelmann, H.: Maßstäbe pädagogischen Handelns. Würzburg 1965.

Bollnow, O.F.: Das Wesen der Stimmungen. Frankfurt a.M. 1941.

Bollnow, O.F.: Die anthropologische Betrachtungsweise in der Pädagogik. Essen 1965.

Bollnow, O.F.: Die pädagogische Atmosphäre. Heidelberg 1964.

Bräuer, G.: Zugänge zur ästhetischen Elementarerziehung. In: Deutsches Institut für Fernstudien an der Universität Tübingen: Musik – ästhetische Erziehung in der Grundschule. Tübingen 1988.

Copei, F.: Der fruchtbare Moment im Bildungsprozeß. Heidelberg⁵1969.

Danner, H./Lippitz, W. (Hrsg.): Beschreiben, Verstehen, Handeln. Phänomenologische Forschungen in der Pädagogik. München 1984.

Derrida, J.: Die Stimme und das Phänomen. Frankfurt a.M. 1979.

Fischer, A.: Deskriptive Pädagogik. In: Fischer, A.: Leben und Werk, Bd. 2, München 1950, S. 5–25.

Fomefeld, B.: „Elementare Beziehung" und Selbstverwirklichung geistig Schwerstbehinderter in sozialen Interaktionen. Aachen 1989.

Husserl, E.: Logische Untersuchungen, 2 Bde. Halle 1900/1901.

Husserl, E.: Ideen zu einer reinen Phänomenologie und phänomenologische Philosophie (1913). Tübingen 1980.

Husserl, E.: Die Krisis der europäischen Wissenschaften und die transzendentale Phänomenologie (1936). Husserliana VI. Den Haag²1962.

König, E.: Interpretatives Paradigma: Rückkehr oder Alternative zur Hermeneutik. In: Hoffmann, D. (Hrsg.): Bilanz der Paradigmendiskussion in der Erziehungswissenschaft. Wein heim 1991, S. 49–64.

Krüger, H.-H.: Bilanz und Zukunft der erziehungswissenschaftlichen Biographiefbrschung. In: Krüger, H.-H./Marotzki, W. (Hrsg.): Erziehungs- wissenschaftliche Biographieforschung. Opladen 1995, S. 32–54.

Langeveld, M.J.: Studien zur Anthropologie des Kindes. Tübingen 1964.

Lippitz, W.: „Lebenswelt" oder die Rehabilitierung vorwissenschaftlicher Erfahrung. Ansätze eines phänomenologisch begründeten anthropologischen Denkens in der Erziehungswis‒ senschaft. Weinheim/Basel 1980.

Lippitz, W.: Phänomenologische Studien in der Pädagogik. Weinheim 1993.

Lippitz, W.: Phänomenologisch‒hermeneutische Pädagogik. In: Gudjons, H./Teske, R./Winkel, R. (Hrsg.): Erziehungswissenschaftliche Theorien. Hamburg 1986, S. 2‒11.

Lippitz, W.: „Ich glaube, ich war damals ein richtiger verschüchterter kleiner Kant": Moralische Erziehung ‒ autobiographisch gesehen. In: Berg, Ch. (Hrsg.): Kinderwelten. Frankfurt 1991, S. 315‒335.

Lippitz, W.: Phänomenologische Forschungen in der Pädagogik. In: Petersen, J./Reinert, G.B. (Hrsg.): Pädagogische Konzeptionen. Donauwörth 1992, S. 107‒129.

Lippitz, W.: Räume ‒ von Kindern erlebt und gelebt. In: Lippitz, W. /Rittelmeyer Ch. (Hrsg.): Phänomene des Kinderlebens. Bad Heilbronn 1989, S. 93‒106.

Lippitz, W.: Differenz und Fremdheit. Phänomenologische Studien in der Erziehungswissen‒ schaft. Frankfurt a.M. u.a. 2003.

Loch, W.: Die anthropologische Dimension der Pädagogik. Essen 1963.

Loch, W.: Lebenslauf und Erziehung. Essen 1979.

Loch, W.: Phänomenologische Pädagogik. In: Lenzen, D. (Hrsg.): Pädagogische Grundbegriffe, Bd. 2, Reinbek 1989, S. 1196‒1219.

Loch, W.: Der Mensch im Modus des Könnens. Anthropologische Fragen pädagogischen Denkens. In: König, E,/Ramsenthaler, H. (Hrsg.): Diskussion: Pädagogische Anthropologie. München 1980, S. 191‒216.

Lochner, R.: Deutsche Erziehungswissenschaft. Meisenheim 1963.

Lochner, R.: Deskriptive Pädagogik (1927). Darmstadt 1967.

Lübcke, P.: Edmund Husserl. Die Philosophie als strenge Wissenschaft. In: Hügli, A./Lübcke, P. (Hrsg.): Philosophie im 20. Jahrhundert, Bd. 1, Reinbek 1992, S. 68‒110.

Merleau‒Ponty, M.: Phänomenologie der Wahrnehmung. Berlin 1966.

Meyer‒Drawe, K.: Leiblichkeit und Sozialität. Phänomenologische Beiträge zu einer pädagogischen Theorie der Inter‒Subjektivität. München 1984.

Meyer‒Drawe, K.: Illusionen von Autonomie. Diesseits von Ohnmacht und Allmacht des Ich. München 1990.

Meyer-Drawe, K.: Mathematik und Philosophie. Themenheft: Der Mathematikunterricht 33 (1987), H. 2.

Meyer-Drawe, K.: Vom anderen lernen. Phänomenologische Betrachtungen in der Pädagogik. In: Borrelli, M./Ruhloff, J. (Hrsg.): Deutsche Gegenwartspädagogik, Bd. II, Baltmannsweiler 1996, S. 85-98.

Meyer-Drawe, K.: Phänomenologische Pädagogik. In: Krüger, H.-H./Grunert, C. (Hrsg.) Wörterbuch Erziehungswissenschaften. Opladen²2006, S., 376-381.

Meyer-Drawe, K.: Phänomenologische Pädagogik. In: Tenorth, H.-E./Tippelt, R. (Hrsg.): Lexikon der Pädagogik. Weinheim/München 2007, S. 558-559.

Pfeffer, W.: Förderung schwer geistig Behinderter - eine Grundlegung. Würzburg 1988.

Rittelmeyer, Ch.: Die Phänomenologie im Kanon der Wissenschaften. In: Lippitz, W./Rittelmeyer, Ch. (Hrsg.): Phänomene des Kinderlebens. Bad Heilbrunn 1989, S. 9-36.

Rombach, H.: Aspekte der personalen Pädagogik. Freiburg 1959.

Schaller, K.: Einfiihrung in die Kommunikative Pädagogik. Freiburg 1978.

Schründer, A.: Alltag. In: Lenzen, D./Mollenhauer, K. (Hrsg.): Theorien und Grundbegriffe der Erziehung und Bildung. Bd. 1 der Enzyklopädie Erziehungswissenschaft. Stuttgart 1983, S. 303-311.

Schütz, A.: Der sinnhafte Aufbau der sozialen Welt. Frankfurt a.M. 1974.

Thiersch, H.: Lebensweltorientierte Soziale Arbeit. Weinheim/München²1995.

Waldenfels, B.: Phänomenologie in Frankreich. Frankfurt a.M. 1983.

Waldenfels, B.: Die Abgründigkeit des Sinnes. Kritik an Husserls Idee der Grundlegung. In: Waidenfels, B.: In den Netzen der Lebenswelt. Frankfurt a.M. 1985, S. 15-33.

Waldenfels, B.: Bruchlinien der Erfahrung. Phänomenologie, Psychoanalyse, Phänomentechnik. Frankfurt a.M. 2002.

I.4.6. 체계이론적 · 구성주의적 교육과학

I.4.6.1. 등장 배경과 영향

비록 구성주의의 기본 개념과 사유 방식의 출발이 이미 고대 그리스 시대로까지 거슬러 올라가지만(Hug, 2006: 389), 교육학 분야에서 구성주의적 관점을 채택한 연구는 지금으로부터 20여 년 전부터 본격적으로 이루어졌다. '체계이론적 교육학'과 '구성주의 교육학'이 서로 다른 호칭을 가진 만큼이나 두 이론적 전통에 어떤 확고한 통일성은 있을 수 없다. 그럼에도 이 두 가지 연구 사이에 공통점은, 교육의 실제란 의식 체계의 구성이라는 것이다. 구성주의 개념이 그 광범위한 의미상의 외연을 갖고 있지만 대체로 교육학의 이론적 논의 영역에서는 심리학자인 글라저스펠트(E.v. Glasersfeld)의 급진적 구성주의와 사회학자인 루만(N. Luhmann)의 체계이론이 두드러져 보이는데, 특히 베르거(P. Berger)와 루만이 함께 확립한 사회구성주의(1969)에 의거한 사회 연구는 지난 수 십 년 동안 아동에 대한 민속학적 연구에 지대한 의미를 제공하였다(예컨대, Grundmann, 1989).

에른스트 폰
글라저스펠트

교육학에서 구성주의 입장을 보여준 첫 이론적 시도는 특히 글라저스펠트의 논문이 중요하다. 그는 푀르스터(H.v. Foerster)와 함께 급진적 구성주의를 학문 이론적으로 개관해 주었다. 글라저스펠트가 심리언어학적 연구를 통해 발전시킨 급진적 구성주의 입장에 따르면, 지식을 체험과 독립된 채 이미 합리적인 세계에 대한 반영이나 표상으로 간주해서는 안 되며, 어떠한 상황일지라도 능동적으로 사고하는 주체의 내적인 구성으로서 간주해야 한다는 것이다. 개념이나 문제해결이 우리의 경험 영역에서 성공적으로 기능할 때, 비로소 그것은 유용하다는 것이다. 다만 이러한 추상적인 개념들이 그 정확한 의미를 가질 수 있으려면 각 개인이 다른 사람들과 대화를 할 때 서로 이해의 간극이 좁혀져야만 한다(Glasersfeld, 1996). 글라저스펠트에 따르면 학습이란 세계에 대한 풍요로운 기술을 구상하도록 하는 끊임없이 새로운 것이며, 변증법적인 의미에서[1] 온갖 자극으로 가득 차 있는 학습 환경을 제공하는 것이다. 이를 통해 학습자의 고유한 내적 구조가 자극을 받게 되고, 학습은 집단적인 관계에서 능동적인 과정으로 확립된다.

독일어권 교육학 논의에서 지금까지 글라저스펠트의 급진적 구성주의가 수용된 예를 연구 분야별로 들어 보자면, 주체적 교수방안을 정당화하려는 쾨셀(Kösel)의 교수법(1995), 학습이론(Gerstenmeier/Mandle, 1995), 성인교육(Arnold/Siebert, 1997), 상담(Reich, 1996; Huschke-Rhein, 2003) 등의 분야가 있으며 그 밖에 자연과학 및 수학 교과 교육 분야에서의 연구(요컨대, Faulstich-Wieland, 2006: 98-101; Rustenmeyer, 1999; Hug, 2006)도 있다. 다만 이 연구들은 장차 경험적인 방식에서의 검증 시도를 열어 둔 채 아직 가설적인 차원에서의 시도들로 볼 수 있다.

교육학 방면에서 두 번째 구성주의 접근은 루만(N. Luhmann)의 사회학적 체계이론이 대표적이다. 그는 1980년대 칠레 출신의 생물학자들인 마투라나(Maturana)와 바렐라(Varela)의 자기생성(Autopoesis) 개념(1987)을 체계이론에 적용한 바 있다(Krüger, 2008: 258). 또한 루만은 쇼르(K.-E. Schorr)와 함께 자신이 창안한 체계이론이 교육학에 주는 의미를 다루기도 하였다(Luhmann/ Schorr, 1979; Luhmann, 2002). 이러한 시도가 체계이론적 교육학에서 새롭고 상대적으로 독자적인 패러다임인지 혹은 단지 교육의 문제를 체계적이고 이론적으로 분석한 것인지 여부는 지금까지 논의에서는 여전히 미해결의 문제이다(Oelkers/Tenorth, 1987: 14).

Niklas Luhmann

루만은 1927년 뤼네부르크에서 출생하여 1946년부터 프라이부르크에서 법학을 공부하였다. 1960년대 초까지 그는 니더작센주 문화부에서 근무하였던 것처럼 다양한 행정업무를 경험하였다. 미국 하버드 대학과 슈파이어 대학교에서 행정학을 전공한 후 1965년 도르트문트 대학교 사회학과 교수로 임용되었다. 그는 1968년 뮌스터 대학교에서 박사학위와 교수자격시험을 통

---

1) [역자 주] 여기서 '변증법적'이라 함은 학습자와 세계 사이의 관계를 지칭한다는 의미에서이다.

과한 후 빌레펠트 대학교 사회학과 교수로 자리를 잡은 후 1998년 숨질 때까지 그곳에 머물렀다.

루만의 체계이론　　이론적으로 보자면 루만은 1960년대 초반 미국 하버드 대학에서의 유학시절로 말미암아 무엇보다도 사회학자 파슨스(T. Parsons)의 영향을 강하게 받았다. 구조적-기능적인 접근을 했던 파슨스와는 달리, 루만은 자신의 이론을 기능적-구조적 체계이론이라고 불렀다. 이러한 명명은 언어적인 유희 이상이었다. 즉, 파슨스는 자신의 이론적 출발을 구조 이론, 즉 체계의 내적 질서에서 출발하면서 각 기능은 구조의 유지에 봉사하는 데 그친다고 주장하였다. 이와 반대로 루만은 기능에서 출발하면서 기능들을 계속 유지하도록 하는 과제를 후차적으로 구조에 부여하였다. 따라서 동일한 상태로 존속하고 문제를 해결해가는 체계의 기능과 관련하여 체계의 각 기능이 변화하고 교환가능하다는 것이다(Luhmann, 1972). 또한 루만은 체계 개념도 다르게 해석한다. 파슨스에 따르면 체계는 그 부분들의 상호의존으로 규정되고, 부분과 전체의 관계가 그 중심에 있다. 반면에 루만에게는 하나의 체계가 어떤 구조를 가지는지 그리고 체계 유지에 어떤 수행이 요구되는지가 중요한 것이 아니라, 체계들이 서로 어떤 관계에 있으며 어떻게 기능하는지가 중요하다. 또한 루만은 환경(Umwelt) 범주를 가져오는데, 그 이유는 체계들은 유일의 형식적인 속성, 즉 환경에 대한 차이로만 규정되기 때문이다(Treibel, 1993: 26). 마지막으로 루만은 더 심도 있게 규정하고자 하는데, 그에게 체계이론은 의식에 의해서만 산출되는 사유 형식이라는 것이다. 이를테면 사람들이 서로 의사소통해야만 의사소통 개념이 산출되는 것처럼 말이다. 결국 체계는 오로지 사유를 통해 산출된 것, 즉 의사소통적 구성물에 불과하다. 이렇게 본다면 당연히 '외적인 현실'도 사유의 형식으로만 생각되고 의사소통될 수 있다.

　　루만(Luhmann, 1984)의 사회이론의 중심엔 그가 상호작용적 체계, 조직적 체계, 사회적 체계 개념에서 반복해서 구분한 사회적 체계의 생성과 기능방식에 대한 분석이 놓여 있다(Luhmann, 1975). 아울러 심리적 체계라는 개념은 이들과 또한 구분되는데, 루만에 따르면 이 개념은 '인간', '인성', '개인' 등과 유사하게 규정되면서 그의 이론에서는 부차적인 의미만을 가진다. 사회적 심리적 체계가 기계 체계와 구분되는 것은, 그것이 체계들 내에서 소위 복잡성을 줄이는 목적으로 행하는 선택의 과제라는 의미를 사용한다는 점에 있다(Treibel, 1993: 30).

루만은 1980년대 이후의 논문에서부터 자신의 체계이론에서 강조점의 변화를 보여준다. 그에게 체계는 더 이상 일차적으로 체계-환경의 차이를 통해서가 아니라 이른바 자기준거 내지 자기생성을 통해 특징지어진다(Kiss, 1990). 체계는 언제나 폐쇄적이며, 자기 스스로 조직화되어 있다는 것이다. 이러한 생각은 바로 루만이 칠레 생물학자 마투라나와 바렐라(Varela, 1987)로부터 가져온 자기생성 혹은 자기준거 개념에 의거하고 있다. 그들에게 이 개념은 인식의 생물학적 기초이다(Reese-Schäfer, 1992: 11). 루만에 따르면(Luhmann, 1984), 사회체계와 경제 및 교육 체계와 같은 부분 체계들은 역사적 전개과정에서 끊임없이 분화되었다. 그 결과 경향적으로 개방되어가는 이 폐쇄적 체계는 자기 자신에게만 관계하면서 스스로 조직화 된다. 이것이 바로 자기생성이 의미하는 바이다.

<aside>자기생성으로의 전환</aside>

지금까지 소개한 몇 가지 개념만으로도 우리는 루만이 체계이론이라는 용어를 통해 전통적이고 낡은 유럽적 개념 틀을 포기했음을 분명히 알 수 있다. 그는 개인이라는 범주 대신에 심리적 체계라는 용어를 사용하고 있으며, 해방이니 성숙한 인간과 같은 개념은 자신의 이론이 추구하고자 하는 목표가 아니다. 이를테면 비판이론과 대조적으로 루만은 사회적 관계를 폭로하고자 함이 아니라 이론적 접근에서의 과도한 복잡성을 줄이고자 하였다. 그가 주안점을 둔 것은 역동적인 정치라기보다 사회학의 과제가 연구자로 다시금 관찰하는 제2차 질서의 관찰에 있음을 보여주고자 하였다. 그의 주된 목표는 사회에 대한 사회학적 기술 방식을 개선하는 데 있지 사회를 개선하는 데 있지 않았던 것이다(Luhmann, 1992).

루만은 체계이론을 보편성의 요구를 가진 이론으로서 이해했다(1978). 말하자면 모든 이론은 으레 대상 영역을 선택적으로 파악하지만, 그럼에도 그 연구 대상을 넘어 말할 수 있다는 보편화된 요청을 가진다. 이러한 의미에서 루만은 자신의 보편 이론의 설명력에 기대어 이론을 수많은 주제와 대상들에 시험해 보았다. 예컨대 그 적용 범위는 행정, 정치, 사회, 학문에서 출발하여 생태 및 종교를 비롯하여 예술과 사랑에까지 이른다.

그의 중요한 연구 영역은 교육 및 교육적 반성의 문제를 아우른다. 1970년대 말부터 루만은 자주 쇼르와 함께 책을 출간했으며, 때론 교육학의 다양한 문제들을 두고 자주 논쟁에 참여하기도 하였다. 교육학 분야에서 큰 주목의 대상이 된 책은 바로 루만과 쇼르가 1979년 함께 펴낸 역작인 『교육 체계에서 반성의 문제』이다. 이 책은 교육학의 고전적인 주제들인 교육과 자율성, 기술에 대한 거부, 행위 가능성, 정체성 및 교육 등을 다루고는 있지만, 이를 철학적 혹은 '실체적인 방식'이 아니라 사회학적이고 '기능적인 방식'으로 다루고 있다. 이 책을 통해 그들은 새로운 이론적 시도로서 체계적 및 역사적인 연구를 야심적으로 기획하고 있다. 이 책을 계기로 이들은 이후에도 무수히 많은 논문과 총서를 출간하였다(Luhmann/Schorr, 1982, 1986, 1990, 1992, 1996). 이러한 연구를 통해, 루만과 쇼르는 교육 행동 및 교육적 반성에 놓인 패러독스와 결핍 진단, 교육 및 수업에서 기술적 결여, 교육학에서 이해의 난점, 혹은 교육과 교육적 반성에서 구조적인 결핍 등을 다루고 있다. 루만 사후에 출간된 단행본인 『사회의 교육 체계』(2002)는 이러한 다양한 주제들에 대한 결론을 보여준다.

영향   체계이론적으로 논의된 교육학은 오래된 유럽 교육학의 전통이 그 기초가 결핍되어 있다는 진단을 내리면서 문제를 제기하고 있기 때문에, 교육학 분야의 전공자들에겐 상당한 거부감을 제공하였다. 하지만 그 사이에 적지 않은 교육학자들, 특히 신진 세대의 교육학자들은 체계이론적 교육학의 시사점을 일반교육학이나 비교교육학(Kada, 1997, 2006; Tenorth, 1990; Treml, 1990; Schriewer, 1987; Rustemeyer, 1999), 학교교육학과 수업이론(Diederich, 1987; Markowitz, 1986), 직업교육학(Harney, 1981), 사회교육학(Harney, 1975; Baecker, 1994), 교육사회학(Hurrelmann, 1975), 교육경제학(Becker/Wagner, 1977) 등의 분야에서 논의하기 시작하였다.

1.4.6.2. 루만/쇼르의 체계이론과 교육과학

자율적 부분 체계로서
교육 체계의 형성

    교육학을 체계이론적으로 재구성하려는 루만과 쇼르의 시도의 특징적인 사실은, 교육 체계 및 반성의 변화를 사회 체계의 분화 과정이라는 배경 앞에 위치 지우는 분석 방식이다. 그들의 사회사적 분석의 결론을 요약해 보면, 18세기부터 지금까지 교육 체계는 자율적인 부분 체계로서 계속 확립되어 왔다는 것이다(Luhmann/Schorr, 1979: 16). 체계의 분화가 관철되고, 기능적 관점에서 교육의 독특한 고유 권한이 독자적으로 확립된 후에는 학습 능력이 교육 체계의 자율성에 적합한 우연성의 공식이 된다. 여기서 학습 능력은 전통적인 인간형성(Bildung) 개념으로부터 이탈한다.[2] "학습자에게 학습 능력 개념은 기능적으로 분화되는 사회 질서에 새롭게 적응하게 된다. 그러한 점에서 이 개념은 사회 체계의 진화론적 변화의 상관 개념으로 이해될 수 있겠다. 선발이 요구되는 더욱 복잡한 사회가 되면 사회적 체계의 수준에서나 심리적 체계의 수준에서 더욱 고차원의 적응 능력이 요구되는 것이다."(Luhmann/Schorr, 1979: 87)

이렇게 기능적인 분화라는 관점에서 루만과 쇼르(Luhmann/Schorr, 1979: 8)는 한편으로 지난 300년 동안 자율적인 하위 체계로서 확립된 교육 체계와, 다른 한편으로 교육학 학문 영역에서 과학적인 연구의 대상으로 삼게 되면서 대학에서 학술적 연구 대상으로 굳건한 위치를 점하게 된 교육 체계 개념을 구분한다. 지금도 여전히 사회 구조적으로 조건지어진 체계 분화를 과도한 사변 학문적 개념으로 이해하려는 정신과학적 교육학과 달리, 루만과 쇼르는 장차 교육학과 교육과학이 더욱 분명하게 분화될 것을 지지한다. 교육학은 스스로 반성하고 정당화되는 교육 체계의 일부분이지만, 그러한 교육학은 당연히 어떠한 과학도 아니라는 것이다. 다시 말해 학으로서 교육학은 외부적 관점에서 교육 체계를 바라보아야만 하기 때문에 결과적으로 관찰 대상과 거리를 유지해야만 한다는 것이다(Luhmann/Schorr, 1988: 368 이하). 이러한 이유에서 '체계이론적 교육학'은 있을 수 없고, 단지 '체계이론적 교육과학'만이 존재할 뿐이다. 체계이론적 교육과학은 행위 이론이 아니라, 교육 및 교육적 반성을 관찰함으로써 교육 행동에서의 결핍과 교육적 야망의 한계 등에 주목하는 사회과학적 연구 프로그램이다.

교육학과 교육과학의 차이

교육학은 기술을 발전시킬 수 없으며, 이를 과정적으로 통제하고 그 개선을 위해 기여할 수도 없다. 왜냐하면 교육 및 수업 구조 자체가 '기술의 결핍'을 안고 있기 때문에 더욱 그러하다(Luhmann/Schorr, 1982: 14). 학생들의 의지에 끼치는 교육자의 직접적인 영향이 가능하지도 않은 이유는, 인간 의식이 외부 환경(예컨대 교사)과 그 어떤 직접적인 접촉을 받아들일 필요가 없고 자기 자신과만 소통하는 자기 생성적 체계이기 때문이다(Treml, 1992: 168). 달리 말하자면, 제아무리 교육을 아주 세련된 방식으로 기획하더라도 교사가 학생들의 의식에 직접적인 개입하기란 불가능하다. 학생은 교사에게 여전히

교육에서 기술의 결핍

---

2) [역자 주] 여기서 저자가 학습 개념과 전통적인 인간형성(Bildung)을 대비시키고 있는데, 후자는 전인적인 인간 양성을 의미하는 전통적인 일반교육을 의미하는 반면, 사회 분화에 따라 학습은 사회화의 의미가 강해지고 분업화된 사회에서의 기능적인 전문 능력을 기르는 데 초점을 맞추게 된다.

불투명한 채로 남아 있다. 이러한 학생이라는 존재와 같이 중요한 사안에 교육학이 할 수 있는 것은 그리 많지 않다. 왜냐하면 학습 주체의 참다운 내면을 이해할 수 없을 뿐더러 오히려 '이해의 결핍'(Luhmann/Schorr, 1986)을 안고 있기 때문이다.

교육적 행동의 목적과 수단은 분명하지도 않으며 더군다나 통제적으로 상대화 할 수도 없다. 이러한 이유에서 교육이론가들이 인과관계를 가정하거나 그와 연관된 교육적 행동의 방향성에 대해 가지는 희망은 체계이론의 관점에서 보자면 수정만을 요하며 반드시 실패하게 된다(Luhmann/Schorr, 1979: 229 이하). 오히려 교육학이 가지는 사회 이론적 및 교육 과학적으로 치명적인 결핍은, 교육학이 불가능한 것을 하려고 하는 데에만 있는 것이 아니라 반성적으로 이러한 모순적인 과제의 귀결에 대한 분석을 거부하는 데 익숙해 있다는 데 있다. 이를테면 우리가 할 수도 없는 것을 추구하려고도 하지만 현실을 통제할 수도 없는, 즉 사회화 과정을 교육적으로 무리하게 개념화하려는 데 문제가 있다(Luhmann, 1987). 이러한 오류를 저지르는 이유는, 교육학이 기능적 분화 과정을 통해 독자적인 사회 체계의 형성과, 그리고 그에 따른 조직으로 특징지어지는 사회 현실과도 자신의 고유한 사유 방식을 관련짓지도 않은 채 유럽 학문의 전통인 이론과 실천의 통일이라는 오래된 요구만을 들어왔기 때문이다(Luhmann, 2002: 111; Tenorth, 1990: 108).

교육학의 구조적 결핍

1.4.6.3. 비판

체계이론적 교육과학은 우선 비판적 교육과학 진영의 이론가들로부터 공격을 받았다. 우선 하버마스(J. Habermas)와 루만의 논쟁(Habermas/Luhmann, 1971)에서 등장한 쟁점들을 수용하여 다음과 같은 비난이 제기되었다. 즉 행위하는 주체(즉, 교육자와 피교육자)의 의지와 자유를 사회의 부분 체계의 복잡한 조직의 단순한 요소로 간주하고 그들의 지위를 관찰의 대상, 즉 중립적인 학문의 대상으로 전락시킴으로써 궁극적으로 사회적 관계를 안정화하는 데에 기여하는 이론으로 되어 버렸다는 것이다(Brunkhorst, 1983: 210).

이와 함께 체계이론적 교육과학은 다른 학문적 전통의 이론가들로부터도 격렬한 비판을 받았다. 첫째, 일단 체계이론적 교육과학이 의미의 문제를 단지 기능적으로 설명하면서 가치의 문제에 대해 대답하는 데 그다지 관심이 없었다고 비판받았다. 도덕 및 윤리 원칙, 진리 및 적합성의 문제 등에 대한 논의나 해명은 교육적 반성에서 포기할 수 없는 과제라는 것이다(Benner, 1979; Schäfer, 1983). 둘째, 교육적인 문제 제기가 사회과학적인 근거로부터는 결정될 수 없음에도 불구하고, 체계이론적 교육과학은 교육학과 사회과학 사이의 경계를 무시하고(Fauser/Schweizer, 1981), 교육학의 개념들을 사회학 및 사회과학의 개념으로 대체해 버렸다고 비판을 받았다(Meinberg, 1983). 세 번째 비판은, 체계이론적 교육과학이 스스로 교육적 실천에 방향성을 제공해 주는 행위 이론으로가 아니라 관찰하는 학문으로서 그리고 기술적 상상력을 분석하는 학문으로 규정하면서, 학으로서 교육학의 전승된 개념들을 교육적 실천을 위한다는 명목에서 의문시 하였다는 것이다(Schäfer, 1983; Seiler/ Meyer, 1987).

이러한 와중에 체계이론적 교육과학에 대한 찬반을 둘러싼 격렬한 메타 이론적 논쟁이 다소 소강상태가 되었다. 그 사이에 교육 체계에 대한 체계이론적 교육과학은 교육과학의 이론적인 발전에 중요한 자극이 된 것은 사실이다. 특히 교육 체계의 급속한 팽창이라는 사회적 배경에서 교육과학은 교육의 대상을 교육 체계의 지극히 일반화된 의사소통 매체로서 아동이 아니라 인간의 생애 전체로서 규정하거나(Lenzen/Luhmann, 1997: 9), 교육적인 것의 고유한 과제로서 사회적 중재를 고려해야 한다는 안목을 제공하였다(Kade, 1997: 32; Luhmann, 2002: 46). 아울러 이러한 이론적 방향을 잡은 학자들은 구체적으로 사회사나 현장 연구(예컨대 Drewek/Harney, 1986; Stichweh, 1987, 1996; Olk, 1993)를 통하여, 교육 실천 및 반성을 통해 산출되는 역사적 전개 과정과 교육 체계의 모순적 귀결에 대한 사회과학적 관련성 및 설명 틀을 제공받을 수 있게 되었다.

참고문헌

Arnold, R./Siebert, H.: Konstruktivistische Erwachsenenbildung. Hohengehren 1997.

Baecker, D.: Soziale Hilfe als Funktionssystem der Gesellschaft. In: Zeitschrift für Soziologie 23 (1994), H. 1,S. 93-110.

Becker, E./Wagner, B.: Ökonomie der Bildung. Frankfurt a.M. 1977.

Berger, P./Luckmann, T.: Die gesellschaftliche Konstruktion der Wirklichkeit. Hamburg 1969.

Benner, D.: Läßt sich das Technologieproblem durch eine Technolo-gieersatztechnologie lösen? In: Zeitschrift für Pädagogik 25 (1979), S. 967-375.

Brunkhorst, H.: Systemtheorie. In: Lenzen, D./Mollenhauer, K. (Hrsg.): Theorien und Grund- begriffe der Erziehung und Bildung. Bd. 1 der Enzyklopädie Erziehungswissenschaft. Stuttgart 1983, S. 193-213.

Cube, F. von: Kybernetische Grundlagen des Lehrens und Lernens. Stuttgart 1965.

Diederich, J.: Bemerkungen zum Begriff der didaktischen Entscheidung. In: Oelkers, J./Ten- orth, H.E. (Hrsg.): Pädagogik, Erziehungswissenschaft und Systemtheorie. Weinheim/ Basel 1987, S. 216-231.

Drewek, P./Harney, K.: Beteiligung und Ausschluß. Zur Sozialgeschichte von Bildungssystem und Karriere. In: Tenorth, H.E. (Hrsg.): Allgemeine Bildung. Weinheim/München 1986, S. 138-153.

Faulstich-Wieland, H./Faulstich, P.: BA-Studium Erziehungswissenschaft. Ein Lehrbuch. Reinbek 2006.

Fauser, P./Schweizer, F.: Pädagogische Vernunft als Systemrationalität. In: Zeitschrift für Pädagogik 27 (1981), S. 795-809.

Gerstenmaier, J./Mandl, H.: Wissenserwerb unter konstruktivischer Perspektive. In: Zeitschrift für Pädagogik 41 (1995), S. 867-888.

Glasersfeld, E. v.: Radikaler Konstruktivismus. Frankfurt a.M. 1996.

Glasersfeld, E. v.: Konstruktivismus und unterricht. In: Zeitschrift für Erziehungswissenschaft 2(1999), S. 499-506.

Grundmann, M. (Hrsg.): Konstruktivistische Sozialisationsfbrschung. Frankfurt a.M. 1999.

Habermas, J./Luhmann, N.: Theorie der Gesellschaft oder Sozialtechnologie – Was leistet die Systemfbrschung? Frankfurt a.M. 1971.

Harney, K.: Sozialarbeit als System. In: Zeitschrift für Soziologie 4 (1975), S. 103-123.

Harney, K.: Zum Verhältnis von Berufspädagogik und Systemtheorie. In: Zeitschrift für Berufs- und Wirtschaftspädagogik 77 (1981), S. 779-784.

Hug, T.: Konstruktivistische Pädagogik. In: Krüger, H.-H./Grunert, C. (Hrsg.) Wörterbuch Erziehungswissenschaften. Opladen²2006, S. 358-364.

Hurrelmann, K.: Erziehungssystem und Gesellschaft. Reinbek 1975.

Huschke-Rhein, R.: Einführung in die systemische und konstruktivistische Pädagogik. Weinheim²2003.

Kade, J.: Vermittelbar/nicht-vermittelbar: Vermitteln: Aneignen. In: Lenzen, D./Luhmann, N. (Hrsg.): Bildung und Weiterbildung im Erziehungssystem. Frankfurt a.M. 1997, S. 30-70.

Kade, J.: Lebenslauf-Netzwerk-Selbstpädagogisierung. In: Ehrenspeck, I./Lenzen, D. (Hrsg.): Beobachtungen des Erziehungssystems. Wiesbaden 2006, S. 13-25.

Kiss, G.: Grundzüge und Entwicklung der Luhmannschen Systemtheorie. Stuttgart 1990.

Kösel, E.: Die Modellierung von Lemwelten. Etztal-Dallau 1995.

Krüger, H.-H.: Theorien der Erziehungs- und Bildungswissenschaft. In: Faulstich-Wieland, H./Faulstich, P.: Erziehungswissenschaft. Ein Grundkurs. Reinbek 2008, S. 237-264. Lenzen, D./Luhmann, N.: Vorwort. In: Dies. (Hrsg.): Bildung und Weiterbildung im Erziehungssystem. Frankfurt a.M. 1997, S. 7-9.

Luhmann, N.: Die Selbstbeobachtung des Systems. Ein Gespräch mit Ingeborg Breuer. In: Frankfurter Rundschau vom 5.12.1992.

Luhmann, N.: Interaktion, Organisation, Gesellschaft. In: Luhmann, N.: Soziologische Aufklärung, Bd. 2, Opladen 1975, S. 9-20.

Luhmann, N.: Soziale Systeme. Grundriß einer allgemeinen Soziologie. Frankfurt a.M. 1984.

Luhmann, N.: Soziologische Aufklärung, Bd. 1, Opladen² 1972.

Luhmann, N.: Soziologie der Moral. In: Luhmann, N./Pfurtner, St. H. (Hrsg.): Theorietechnik und Moral. Frankfurt a.M. 1978, S. 8-116.

Luhmann, N.: Strukturelle Defizite. Bemerkungen zur Systemtheoretischen Analyse des Erzie- hungswesens. In: Oelkers, J./Tenorth, H.-E. (Hrsg.): Pädagogik, Erziehungswissenschaft und Systemtheorie. Weinheim/Basel 1987, S. 57-75.

Luhmann, N.: Das Erziehungssystem der Gesellschaft. Hrsg. Von D. Lenzen. Frankfurt a.M. 2002.

Luhmann, N./Schorr, K.E.: Nachwort. In: Luhmann, N./Schorr, K.E.: Reflexionsprobleme im Erziehungssystem. Frankfurt a.M. 21988, S. 363-381.

Luhmann, N./Schorr, K.E.: Reflexionsprobleme im Erziehungssystem. Stuttgart 1979.

Luhmann, N./Schorr, K.E.: Das Technologiedefizit der Erziehung und der Pädagogik. In: Luhmann, N./Schorr, K.E. (Hrsg.): Zwischen Technologie und Selbstreferenz. Frankfurt a.M. 1982, S. 11-40.

Luhmann, N./Schorr, K.E. (Hrsg.): Zwischen Absicht und Person. Frankfurt a.M. 1992.

Luhmann, N./Schorr, K.E. (Hrsg.): Zwischen Anfang und Ende. Frankfurt a.M. 1990.

Luhmann, N./Schon, K.E. (Hrsg.): Zwischen Intransparenz und Verstehen. Frankfurt a.M. 1986.

Luhmann, N./Schorr, K.E. (Hrsg.): Zwischen System und Umwelt. Frankfurt a.M. 1996.

Markowitz, J: Verhalten im Systemkontext. Zum Begriff des Soziologischen Epigramms. Frankfurt a.M. 1986.

Maturana, H./Varela, F.: Der Baum der Erkenntnis. München 1987.

Meinberg, E.: Systemtheorie – Herausforderung für die moderne Erziehungswissenschaft. In: Pädagogische Rundschau 37 (1983), S. 481-499.

Oelkers, J./Tenorth, H.-E.: Pädagogik, Erziehungswissenschaft und System- theorie. Eine nützliche Provokation. In: Oelkers, J./Tenorth, H.-E. (Hrsg.): Pädagogik, Erziehungswissenschaft und Systemtheorie. Weinheim/ Basel 1987, S. 13-56.

Olk, Th.: Gesellschaftstheoretische Ansätze in der Jugendforschung. In: Krüger, H.-H. (Hrsg.): Handbuch der Jugendforschung. Opladen ²1993, S. 179-200.

Reich, K.: Systemisch-konstruktivistische Pädagogik. Neuwied 1996.

Reese-Schäfer, W.: Luhmann zur Einführung. Hamburg 1992.

Rustemeier, D.: Stichwort: Konstruktivismus in der Erziehungswissenschaft. In: Zeitschrift für Erziehungswissenschaft 2 (1999), S. 467-484.

Schäfer, A.: Systemtheorie und Pädagogik: Konstitutionsprobleme von Erziehungstheorien. Königstein 1983.

Schriewer, J.: Funktionssymbiosen von Überschneidungsbereichen: System-theoretische Konstruktion vergleichender Erziehungsforschung. In: Oelkers, J./Tenorth, H.E. (Hrsg.): Pädagogik, Erziehungswissenschaft und System-theorie. Weinheim/Basel 1987, S. 76-101.

Seiler, H./Meyer, H.-P.: Latente Konstitution der Pädagogik – Fragen an die Lernfähigkeit der Disziplin. In: Oelkers, J. /Tenorth, H.E. (Hrsg.): Pädagogik, Erziehungswissenschaft und Systemtheorie. Weinheim/Basel 1987, S. 377-404.

Stichweh, R.: Akademische Freiheit, Professionalisierung der Hochschullehre und Politik. In: Oelkers, J./Tenorth, H.E. (Hrsg.): Pädagogik, Erziehungs-wissenschaft und Systemtheorie. Weinheim/Basel 1987, S. 125-145.

Stichweh, R.: Professionen in einer funktional differenzierten Gesellschaft. In: Combe, A./Helsper, W. (Hrsg.): Pädagogische Professionalität. Frankfurt a.M. 1996, S. 49-69.

Tenorth, H.-E.: Erziehungswissenschaft und Moderne – Systemtheoretische Provokationen und pädagogische Perspektiven. In: Krüger, H.-H. (Hrsg.): Abschied von der Aufklärung? Perspektiven der Erziehungswissenschaft. Opladen 1990, S. 105-122.

Treibel, A.: Theorie sozialer Systeme (Luhmann). In: Treibei, A.: Einführung in soziologische Theorien der Gegenwart. Opladen 1993, S. 45-66.

Treml, A.K.: Die Systemtheorie — Folgenloses Sprachspiel oder erfolgversprechendes Paradigma? In: Huschke-Rhein, R. (Hrsg.): Systemische Pädagogik, Bd. 4, Köln 1990, S. 150-153.

Treml, A.K.: Systemtheoretisch orientierte Pädagogik. In: Petersen, J./Reinert, G.B. (Hrsg.): Pädagogische Konzeptionen. Donauwörth 1992, S. 159-172.

I.4.7. 교육과학의 구조주의적 논의

I.4.7.1. 등장 배경과 영향

19세기 말 이후, 구조주의적 사유의 시도는 이미 인문학의 다양한 분야에 관여하였다. 그러나 교육학에서 시도된 구조주의적 논증은 1970년대에 비로소 서독에서 시작되었다. 이때 구조주의적 사유는 인문학 역사에서 적어도 다섯 가지 전통적 노선과 분야의 기원으로 구분할 수 있다.

첫 번째 노선은 영국 철학자 스펜서(Spencer, 1876)에서 시작하였다. 그는 생물학의 구조 개념을 차용하여, 생물학적 유기 조직과 사회적 유기 조직 간의 차이에 주목하였다. 그의 논의는 프랑스 사회학자 뒤르켐(Durkheim, 1912)에 의해 계승되었다. 이러한 사회과학적 전통은 독일어권에서 1920년대와 1930년대 공동체 구조와 사회 구조를 구분한 퇴니스(Tönnies, 1925)와 정치 구조를 분류하고자 하였던 투른발트(Thurnwald, 1931)에 의해 계속되었다 **사회학적 전통 노선들** (Lenzen, 1983: 556). 세계 대전 후 구조주의적 사유는 비판적 사회이론의 범위 내에서 특히 프랑스에서 더 폭넓은 논의의 장을 차지하였다. 이 맥락에서 언급할 수 있는 것은 무엇보다 알튀세르(Althusser, 1973)의 구조적 마르크스주의와, 마르크스주의의 이론 요소를 피아제(J. Piaget)의 발생학적 인식론과 연결하고자 한 골드만(Goldmann, 1966)의 발생학적 구조주의 개념이다.

심리학적 전통 노선들 두 번째 전통 노선은 심리학에서 확인할 수 있다. 이것은 베르트하이머(Wertheimer, 1964)가 세기 전환의 근거를 밝힌 형태심리학으로 시작한다. 이 형태심리학은 쾰러(Köhler, 1947)와 레빈(Lewin, 1963)에 의해 계속해서 발전하였다. 이러한 전통 노선은 피아제(Piaget, 1973)의 발생적 구조주의에서 일시적으로 절정을 이루었다. 피아제는 1950년대 발달 심리학의 이론을 위해 과학 이론적 준거 틀로서 발생적 구조주의를 발전시켰다. 이러한 피아제의 발달 심리학은 조작적 사고가 최적으로 작동하는 방식을 발달 논리적으로 재구성하는 것을 목표로 한다(Krüger/Lersch, 1993: 112).

세 번째 전통 노선으로 문학적-언어학적 전통을 들 수 있다. 여기에는 러 시아 형식주의자와 1915년에 형성된 언어학자들의 모임 그리고 1926년 프라하 언어학파가 창설된 후 중요해진 체코 구조주의 이론가들이 속한다. 이 맥락에서 특히 중요한 점은 소쉬르(de Saussure, 1949)의 언어학 작업이다. 그 작업은 언어의 기초적 문법규칙 체계로서 소위 "랑그(langue)"와 언어사용으로서 "파롤(parole)"을 구분하고 있다. 소쉬르에 의해 기획된 구별하기는 현대 언어학적 논의에 있어서도 커다란 의미를 지닌다. 그래서 촘스키(Chomsky, 1969)는 생성변형문법을 창시하였다. 그는 생성변형문법에서 유적 존재에 속하는 모든 인간이 가지고 있는 타고난 언어적 보편 특징으로서 언어 능력 그리고 구체적 언어행위에서 나타나는 언어수행을 구분하고 있다.

소쉬르와 프라하학파의 음운론 이론의 구조주의적 언어학은 레비스트로스(C. Lévi-Strauss)의 이론적 사유에도 결정적인 영향을 미친다. 레비스트로스는 바르트(Barthes)와 함께 전후 시대 프랑스 구조주의를 가장 대표하는 학자이다. 프랑스 구조주의 주요 학자들은 인문학의 네 번째 연구 노선인 민속학에 관한 구조주의적 사유를 풍부하게 하였다. 레비스트로스는 언어학 모델에 따라 민속학의 구조적 방법을 발전시켰다. 언어학자가 각각의 언어 현상에서 그 배후에 작동하는 구조에 도달하려고 노력하는 것처럼, 민속학자는 낯선 문화를 분석할 때 부차적으로 합리화하고 설명하는 배후에 작동하는 무의식적 문법 그리고 사회적 삶의 초역사적이고 불변한 근본 유형을 드러내는 것을 목표로 한다. 친족의 기본 구조(1949)에 대한 그의 유명한 연구는, 소위 근세 민속학의 코페르니쿠스적 전환으로 특징지어진다. 그 연구는 민속학적 현실과 음운론적 현실 간의 구조 유사성을 출발점으로 삼는다. 레비스트로스는 개인과 집단 간에 특정 의사소통 유형을 유지하는 결혼 규칙과 가족 체계를 하나의 언어 형식으로 본다. 그의 분석은 모든 친족 체계의 근본 구조가 교환이라는 결론에 이른다(Wiegerling, 1991: 334). 레비스트로스가 그의 연구에서 타민족의 친족 체계, 음식문화 혹은 토테미즘 현상을 다룬다면, 바르트

언어학적 발전 과정

민속학적 기원

(Barthes, 1967)는 유행의 체계와 같은 서구 산업국가의 복잡한 기호론의 구조를 연구한다. 유행의 체계에 관한 바르트의 구조적 분석은 개인적 생활양식을 해석하기보다, 유행 체계의 기초가 되고 그 체계에 따라 작동하는 모델의 재구성을 제공하고 있다(Pongratz, 1986: 73).

푸코의 권력 이론   구조주의적 사유의 다섯 번째 노선은 프랑스 철학자 푸코(M. Foucault)의 저작을 통해 제시되고 있다. 푸코(Foucault, 1974b)는 구조주의에서 주체의 사라짐의 사유를 차용한다. 왜냐하면 주체가 체험하는 현실이 무의식적으로 결정되는 구조에 완전히 예속되어 있고, 의미를 해체하는 사유와 그 의미에 관한 분석은 무의식적 구조에 관한 연구를 통해 대체될 수 있기 때문이다. 그러나 푸코와 구조주의의 차이점은, 푸코의 연구가 보편적이고 불변하는 구조가 아닌 직접적으로 살아있는 의미에 관한 역사의 불연속 조건을 대상으로 하며, 언어 모델을 절대화하지 않고, 본질적으로 비언어적 의미와 실천도 고려한다는 데 있다. 이러한 이유로 푸코의 입장은 종종 포스트구조주의로 특징 지워진다(Fink-Eitel, 1992: 64). 푸코 저서의 중심에는 행동과 지식의 형성이 권력 구조의 조건에서 어떠한 방식으로 이뤄지고 있으며 어떤 효과를 낳고 있는가에 대한 질문이 있다. 이때 푸코는 명백히 규제되는 합법적 권력 형태에 우선적으로 관심을 두기보다, 인간을 규제하는 합법적 권력형태의 극단의 지점인 권력의 마지막 세분화(Verästelung)에서 나타나는 가장 국지적인 형태와 제도에 방점을 두고 있다(Foucault, 1978: 80).

1960년대 푸코는 그의 저서에서 고고학의 역사적 절차를 중심으로, 특히 중세 말부터 근대에 이르기까지, 유럽 역사에서 나타나는 이성과 지식의 질서 형태와 한계를 다루었다. 예를 들어 푸코는 『광기와 사회』(1973)에서 계몽주의 시대 이성의 다른 것으로 규정하여 사회적으로 배제하고 침묵하였던 광기의 역사를 연구하였다. 또한 『담론의 질서』(1974a)에 대한 그의 연구에서는 부르주아 사회의 시대가 서서히 등장하면서 어떻게 새로운 지식 영역과 지식 장치가 규율 권력의 새로운 권력 유형에 상응하는 인문학의 형태로 형성되었는지를 보여주고 있다. 1970년대와 1980년대 계보학의 역사학 절차에 기반을 둔 푸코의 연구는 무엇보다 근대 권력 기술의 기원에 관한 것이다. 그의 저서 『감시와 처벌』(1977)은 프랑스 형사 사법 기관의 역사만을 묘사한 것이 아니다. 오히려 그 저서는 19세기 이후 신체의 정치적 기술이 어떻게 대규모로 관철되고 있는가를 보여주고 있다. 감옥 이외에 군대, 병원과 학교는 위계적 감시, 규범적 제재, 시험과 같은 새로운 훈련 수단으로서 제도를 실행하며, 제도가 완전히 새로운 방식으로 확장되고 작동되도록 만든다 (Zymek, 1983: 72). 푸코가 『감시와 처벌』에서 통제와 훈련의 외부 메커니즘을 중심으로 다룬다면, 『성과 진리』(1979)의 1권에서는 구조화, 행정, 인간 욕망과 성의 정치적, 경제적 기능을 다루고 있다. 푸코에게 "성과 진리"는 교차점이자 장치(Dispositiv)이다. 그 장치는 특히 담론과 실행 방법(Praktiken) 그리고 지식과 권력이 권력 전략적으로 결합하여 있다는 것을 잘 보여준다 (Lauenburg, 1991: 162).

교육학에서 구조주의적 논증의 초기 논의들

인문학의 상이한 분야에 존재하는 구조주의 이론적 논의의 다양한 스펙트럼과 달리, 교육학에서 구조주의적 주장을 시도하는 연구의 수는 쉽게 개관할 수 있다. 이때 교육학에서 구조주의에 관한 연구들은 주제별-이론적으로 다르게 강조되고 시간적으로 엇갈린 두 가지 수용 흐름으로 구분될 수 있다. 1970년대 구조주의적 이론을 수용한 교육학 연구는 심리학적, 언어적 전통 노선과 항목별로 민속학의 전통 노선과도 관련하였고, 주로 교수학 분야로 분류되었다(Bruner, 1973; Edelstein, 1976; Geissler, 1977; Nezel, 1976; Sauer, 1976).

이때 이 논의의 결정적인 동인(動因)은 렌첸(D. Lenzen. 1947년생)의 연구에서 출발하였다. 렌첸은 1966년부터 1973년까지 뮌스터 대학에서 교육학, 철학과 어문학을 공부하였고, 1973년에 블랑케르츠(H. Blankertz)에게서 박사학위를 취득하였다. 그는 노르트라인-베스트팔렌의 대학 수준의 학교 시험에 대한 학술적 지도와 관련하여 학술 조교로 활동한 후, 1975년부터 1977년까지 뮌스터 대학 교육학 교수로, 1977년 이후에는 베를린 자유 대학의 교육철학 교수로 재직하였다. 1973년 렌첸은 그의 박사학위 논문 "교수법과 의사소통"에서 이미 구조주의적 교육학 구성을 위한 윤곽을 발전시켰다. 그는 러시아 형식주의와 체코와 프랑스 구조주의 명제(Theorem)와 관련하여 교육 행위의 표면 구조와 심층 구조를 구분하고 이러한 심층 구조를 연구하고 재구성하는 것을 교육학의 중요한 과제로 보았다(Lenzen, 1973: 33). 그것에 이어 한 모음집에서 렌첸(Lenzen, 1976)은 구조주의적 추가 조건에 몰두하는 몇 가지 이론적 논의를 요약하고, 그 내용을 교육학 및 교수학에 묶어서 개관하는 글에서 다시 논의하였다(Lenzen, 1983). 그는 1980년대 교육학 백과사전을 출판하였고(Lenzen, 1983), 구조주의적 인간학 전통을 논의의 실마리로 삼는 꽤

Dieter Lenzen

많은 연구들(Lenzen, 1985) 이외에 교육학에서 포스트모던 전환에 관한 논의를 함께 주도하였다(Lenzen, 1987).

교육과학에서의
푸코의 수용

1980년대 교육학에서 구조주의적 사유의 두 번째 흐름의 중심에는 무엇보다 푸코의 권력 분석에 대한 작업이 있었다. 푸코의 문화사, 과학사 연구에 이어서 다양한 교육학 연구에서 학교의 사회사(Helsper, 1990; Kost, 1985; Rumpf, 1981; Thiemann, 1985)와 산발적으로 이루어진 교육학의 역사적 전개(Gstettner, 1981; Glantschnig, 1987) 역시 권력 장치의 계보학 범위 안에 자리매김하는 시도가 있었다.

Ludwig A. Pongratz

이 맥락에서 분명한 것은, 폰그라츠가 가장 체계적이고 포괄적 연구를 제시하였다는 점이다. 폰그라츠(L.A. Pongratz, 1948년생)는 1968년에서 1976년까지 지겐 대학과 빌레펠트 대학에서 교육학, 사회학과 신학을 공부하였고 1976년에 "교육학의 인공두뇌학적 방법론의 비판에 관하여"라는 연구로 박사학위를 취득하였다. 그는 1978년부터 1987년까지 아헨 공과대학의 학술 조교로 일하였다. 그곳에서 그는 1984년에 대학 교수 자격을 취득하기도 하였다. 폰그라츠는 교사교육에서 교육 담당자로서 실천적 활동을 한 후, 1992년 이후 다름슈타트 공과대학 일반교육학과 성인교육 분야의 교수로 재직하였다.

폰그라츠는 그의 저서 『근대의 과정에서 교육학』(1989)에서 푸코에 이어 학교의 사회사와 교육학의 이론 정립의 역사적 전개를 점차적으로 형성된 규율사회의 맥락에서 서술하고 있다. 또한 그는 다른 연구(1986)에서 교육이론 논의를 위해 주체의 사라짐의 탈구조주의 진단의 중요성을 처음으로 주제화하기도 하였다. 그러나 그는 푸코의 입장을 따르기보다, 오히려 하이돈과 아도르노의 비판적 교육이론에 기대어 주체가 사유의 힘으로 사회적 기만을 분쇄할 수 있도록 촉진하는 교육구상을 지지하였다(Pongratz, 1986: 257f; 1995).

영향

구조주의적 사유가 교육학에 미친 영향에 대해 물음을 던진다면, 앞서 언급된 것과 같은 논의들의 지속적이고 포괄적인 수용은 독일어권에 지금까지 행해지지 않았다는 것을 확인할 수 있다. 구조주의적 논증의 시도는 다양한 교육학의 이론적 논의 스펙트럼에서 단지 주변적 위치를 차지하고 있다. 이 것은 이러한 방향을 대표하는 주요 학자들이 단지 단계적으로 혹은 항목별로 구조주의적 사유의 이론과 관련하였다는 것을 보여준다. 이것은 또한 다른 교육학의 입장, 특히 비판이론과 교육과학과 같은 교육학 입장에서 연결점을 찾았다는 사실과 관련이 있다(Lenzen 1983; Pongratz, 1986, 1989).

I.4.7.2. 렌첸의 구조적 교육과학과 교수학의 구상

렌첸(Lenzen, 1994: 35)은 구조적 교육과학과 교수학의 근거를 언어학 전통의 구조 개념과 연계하여 밝힌다. 그는 교육 행위 현상의 기초가 되는 표면 구조와 심층 구조를 구분하며, 심층 구조가 비역사적 보편 개념을 중심으로 하는 언어학적 구조주의와는 달리 역사적으로 매개된 것으로 이해되어야 한다고 말한다. 이는 골드만의 사회이론과 관련된 것이다. 골드만은 발생적 구조주의에서 세계의 표면 구조를 사회체계의 심층 구조로 변형시키는 변증법을 사용하는데, 인간의 언어적, 사회적 능력과는 별도로 현실과의 대응에서 사용되는 인간 고유한 능력인 인식 능력의 기원을 연구하는 피아제의 발생학적 인식론을 연구한다(Lenzen, 1973: 4).

교수와 학습 맥락에 관한 렌첸의 구조주의적 시각에 있어 주목할 점은 무엇보다 피아제의 발달 이론이다. 렌첸(Lenzen, 1973: 26)은 심층 구조를 무엇보다 인간의 인지 조직으로 이해하며, 학습 과정은 표면 구조가 심층 구조로 전환되는 것이라고 파악한다. "따라서 인간 개인은 표면 구조를 인지 구조로 변형하여 학습하고 그 반대의 과정에 따라 행위한다. 이때의 두 가지 구조 유형은 보편적이거나 역사와 무관한 것이 아니다. 오히려 두 가지 인지 구조는 자연, 사회적 조건의 변화로 인해 바뀌게 되고, 현실 자체는 인간 생성(Generate) 자체의 능동적인 접근 하에 변화하고 있다"(Lenzen, 1973: 37f). 이러한 이론적 관점에서 볼 때, 학습자의 학습 과정은 자신의 능동적 전환 과정으로 파악된다. 이 때문에 수업을 단순하게 학습자의 인지적 전환 과정을 제도화한 것으로 국한할 수 없다. 오히려 렌첸의 견해(Lenzen, 1973: 37)에 따르면, 수업은 개인의 전환 과정이 최적화될 수 있도록, 고도로 복잡한 환경을 체계화하고 축소해서 제시해야 한다.

이 맥락에서 교사에게 주어진 과제는 자발적으로 표면 구조를 변형하는 것이다. 이때 교사는 구조적 방법을 사용해야 한다. 다시 말해, 교사는 해석학적 관점에서 학생들의 발언을 그들의 심층 구조에서 생성된 것으로 해석하고, 이렇게 획득한 의미를 구체화하여 표면 구조를 환경 구조로 변형해야 한다. 이를 위해 교사는 이와 같은 과정에 기초가 되는 규칙 체계와 학습자의 인지적, 언어적, 도덕적 역량에 대한 이론적 지식을 필요로 하는데, 특히 이

표층을 심층 구조로
변형시키는
것으로서의 학습

때 교사는 렌첸(Lenzen, 1973)이 이른바 교수법 구조 틀에서 구체화하였던 교수법적 방향 기준 및 의사 결정에 도움이 되는 지침을 사용할 수 있다.

I.4.7.3. 사회적 규율과정에서 교육학 및 학교(L. Pongratz)

구조주의적 교육학 이론의 전개 과정에서 구조주의적 사유의 심리학적 근거에 중점을 두는 렌첸과 달리, 폰그라츠(1989)는 푸코의 사회사적, 학술사적 연구를 다루며 권력 이론을 중심으로 방향을 설정하였다. 이러한 배경에서 그는 사회 규율 과정에서 학교의 역사와 교육학 이론 논의의 역사를 재구성하였다. 다시 말해, 그는 무엇보다 푸코가 『감시와 처벌』(1977)에서 전개한 권력 계보학에 초점을 두고 논의를 전개하였다.

푸코(Foucault, 1977: 9)는 여기서 다양한 역사적 발전 단계로 분류할 수 있는 권력의 세 가지 유형을 구분한다. 첫 번째 권력 유형은 배제의 메커니즘에 기초한 억압적 권력(Regressionsmacht)이다. 이 권력의 극단적 형태는 신체적 파괴이다. 신체적 파괴는 역사적으로 봉건주의 시대의 권력유형과 관계되는 마녀박해와 절대주의 체벌 의례에서 찾아볼 수 있다. 봉건 군주의 권력과 이러한 권력의 행사는 가시적 의식(Zeremonie), 위계와 직접적 폭력으로 나타났다. 두 번째 권력 형태는 내부를 통합하는 메커니즘에 기초한 규범적 통합 권력이다. 이 권력 유형은 부르주아 사회로의 전환기에 형성되었으며, 주체를 규범적으로 통합하고 내적인 심리 형성을 강화해야 한다는 요구에 상응한다. 19세기 후반에 형성된 생산적 규율 권력은 현재 사회형태의 지배 권력 유형을 이루며, 앞선 두 권력 형태(억압적 권력과 통합 권력)를 넘어서고 있다. 규율 권력 유형은 더 이상 이전의 권력 형태처럼 일탈하는 것을 제거하거나 감금하지 않으며, 배제와 규범적 재통합을 통해 일탈자를 개조하는 것에만 의거하지 않는다. 오히려 이 권력 유형은 개인을 내적으로 관통하고 있다 (Pongratz, 1989: 140; Fink-Eitel, 1992: 72 이하).

억압적 권력 시기의 학교

이러한 배경에서 폰그라츠(Pongratz, 1989, 150)는 실행과 이론적 담론의 전략적 결합으로서 파악되는 학교의 역사적 전개 속에서 권력 장치(Dispositiv)를 연구한다. 예를 들어 약 14세기부터 큰 상업도시에서 발전하였던 초기의 쓰기학교와 읽기학교는 억압적 권력의 단계에서 보이는 직접적인 신체 폭력, 교장의 폭력적인 지배의 상징인 회초리가 나타난다. 18세기 계몽주의 학교의 통합 장치에서는 "규범"과 도덕교육학이 주도적이다. 교육의 세기에 작용하

였던 통합권력은 더 이상 신체를 목표로 하지 않고 내적 공간, 즉 영혼, 상상
력, 의식 혹은 이성을 목표로 한다(Pongratz, 1989: 163). 17세기 로크(Locke)
와 프랑케(Francke) 혹은 18세기 박애주의자들은 이러한 내적 공간을 일반적
윤리성의 의미에서 어떻게 형성할 것이며, 이를 통해 모든 사람들이 어떻게
사회 전체의 규범적 통합에 효과적으로 편입될 수 있는가에 대한 질문과 관
련된 교육학 이론에 몰두한다(Pongratz, 1989: 168 f; Glantschnig, 1987).

학교에 작용하는 규율장치를 파악하는 인식의 전환은 19세기에 들어서 비
로소 이루어진다. 그 전환은 김나지움을 개혁하는 것과 함께 시작되고, 19세
기 말, 모든 인구 계층을 위한 학교교육이 확립될 때 끝난다. 폰그라츠의 견
해(Pongratz, 1989: 203)에 따르면, 19세기에 세분화한 교육 제도를 통해 사람
들이 "영리한 기계"로 바뀌면서, 학교가 "교육적 기계"로 바뀌어 작동하는
모든 절차를 파악할 수 있다. 학교의 규율 장치는 복잡한 시간-공간-구조를
통해 조직화되고 있다. 예를 들어 학교의 규율 장치는 시간을 학습과 휴식
단위로 나누거나 학습시간을 다 소진하는 이용 원리에 따라 학습활동과 내
용, 시간과 공간으로 견고하게 통합하거나 시험을 일률적으로 규정하는 제재
의 형태로 통제되고 있다(Kost, 1985; Mollenhauer, 1986; Rumpf, 1981 참조).

1920년대와 1970년대 학교 개혁 시대를 계기로 낡은 학습 학교와 주입식
학교는 새롭고 보다 유연한 교수 및 학교 문화로 대체되었다. 이 새로운 교
수 및 학교 문화는 개혁교육학의 이론적 담론에 자극을 받아 학습자의 자기
활동을 강조한다. 그러나 폰그라츠의 견해에 따르면, 명확하게 나타나는 외
부 통제의 느슨함은 위계적 권력 균형을 맞추려는 경향을 통해 내적 통제의
강화를 강제했을 뿐이었다(Pongratz, 1989: 201). 이처럼 현대화된 형태의 교
육적 자기규율은 궁극적으로 판옵티콘적 권력 원리의 완성과 관련 있다. 왜
냐하면 이러한 권력 원리는 더 이상 외부로 영향을 미치기보다, 자기기술로
서 내부로부터 발전되기 때문이다(Helsper, 1990: 184; Thiemann, 1985).

I.4.7.4. 비판

구조주의적 구상은 체계이론적 교육과학과 마찬가지로 주체를 전제하지
않고 이론을 전개하기 때문에(Lenzen, 1994: 36), 고대 유럽 교육 전통이 가진
기본 가정을 문제화하고자 하였다. 그러나 교육학에서 지금까지 구조주의적
사유에 대한 폭넓은 수용이 없었던 것과 같이, 구조주의적 논의에 대한 포괄

적 논의는 지금까지 이루어지지 않았다. 인접 학문인 철학 또는 사회학에서의 논의는 1970년대에 달리 이루어졌는데, 레비스트로스의 구조주의적 사유는 어느 정도 엄격한 경험주의 관점에서 비판되었다. 왜냐하면 가설로서 그가 가정한 구조라는 것이 경험적 방법으로 입증될 수 없기 때문이다. 구조주의적 사유는 구조주의가 가진 비역사성과 사회적 실천의 변혁을 위한 규범적 관점의 결함을 비난하였던 마르크스주의자들에 의해 더욱 급진적으로 비판되었다(Hund, 1973). 렌첸(Lenzen, 1973)은 역사적으로 접근한 골드만의 발생적 구조주의와 자신의 연구를 관련짓고 피아제의 역량 이론적 숙고를 토대로 자신의 이론의 규범적 목표 관점을 확립하고자 하였다. 이를 통해 그는 구조주의적으로 방향을 설정한 그의 교육학 초기 텍스트에서 이와 같은, 소위 약점이라 불릴 수 있는 것들을 피하려고 하였다.

푸코의 권력이론은 무엇보다 비판이론의 대표학자들에 의해 비판되었다(Habermas, 1985; Honneth, 1985). 왜냐하면 푸코의 권력이론에서 권력은 도처에 편재하면서도 탈중심화된 권력관계에서 출발하므로 우리가 권력의 외부를 더 이상 생각할 수 없게 만들기 때문이다. 그리고 또 다른 문제점은 변화된 관계 구조들과 새로운 형태의 주체성 및 저항 역시 권력 개념 안에서만 파악될 수 있다는 것이다. 이러한 지적은 교육학과 학교 역사를 푸코에 기대어 재구성하고자 하는 교육학 연구들에서도 나타나고 있다. 비록 푸코는 자신의 후기 저작에서 권력 일원론적 관점에 대해 합리적인 이의제기를 하였지만(Fink-Eitel, 1992: 103), 교육학의 푸코 수용은 지난 세기 교육이론과 실천에 대한 비판적 사회사 그리고 현 교육정치적 전개 경향에 대한 교육 이론적 성찰과 권력 이론적 분석에도 중요한 자극이 되었다(Pongratz u.a. 2004; Weber/Maurer, 2006). 또한 푸코의 권력이론과 담론분석에 대한 작업은 페미니즘 교육학과 포스트모던 교육학의 이론적 근거로도 다루어졌다.

Althusser, L.: Marxismus und Ideologie. Berlin 1973.

Barthes, R.: Système de la Mode. Paris 1967.

Bruner, J.S.: Der Prozeß der Erziehung. Berlin/Düsseldorf 1973.

Chomsky, N.: Aspekte der Syntax-Theorie. Frankfurt a.M. 1969.

Durkheim, E.: Les formes élémentaires de la vie religieuse. Paris 1912.

Edelstein, W.: Struktur, Prozeß, Diskurs. In: Lenzen, D. (Hrsg.): Die Struktur der Erziehung und des Unterrichts. Frankfurt a.M. 1976, S. 153-172.

Fink-Eitel, H.: Foucault zur Einführung. Hamburg² 1992.

Foucault, M.: Die Ordnung des Diskurses. München 1974a.

Foucault, M.: Von der Subversion des Wissens. München 1974b.

Foucault, M.: Überwachen und Strafen. Die Geburt des Gefängnisses. Frankfurt a.M. 1977.

Foucault, M.: Wahnsinn und Gesellschaft. Eine Geschichte des Wahns im Zeitalter der Vernunft. Frankfurt a.M. 1977.

Foucault, M.: Dispositive der Macht. Über Sexualität, Wissen und Wahrheit. Berlin 1978.

Foucault, M.: Sexualität und Wahrheit. Der Wille zum Wissen, Bd. 1, Frankfurt a.M. 1979.

Geissler, H.: Modelle der Unterrichtsmethode. Stuttgart 1977.

Glantschnig, H.: Liebe als Dressur. Kindererziehung in der Aufklärung. Frankfurt/New York 1987.

Goldmann, L.: Dialektische Untersuchungen. Neuwied/Darmstadt 1966.

Gstettner, P.: Die Eroberung des Kindes durch die Wissenschaft. Reinbek 1981.

Habermas, J.: Der philosophische Diskurs der Moderne. Frankfurt a.M. 1985.

Helsper, W.: Schule in den Antinomien der Moderne. In: Krüger, H.-H. (Hrsg.): Abschied von der Aufklärung? Perspektiven der Erziehungs-wissenschaft. Opladen 1990, S. 175-194.

Honneth, A.: Kritik der Macht. Reflexionsstufen einer kritischen Gesell-schaftstheorie. Frankfurt a.M. 1985.

Hund, W.-D.: Der schamlose Idealismus. Polemik gegen eine reaktionäre Philosophie. In: Hund, W.-D. (Hrsg.): Strukturalismus. Ideologie und Dogmengeschichte. Darmstadt/Neuwied 1973, S. 11-61.

Köhler, W.: Gestaltpsychologie. o.O. 1947.

Kost, F.: Volksschule und Disziplin. Zürich 1985.

Krüger, H.-H./Lersch, R.: Lernen und Erfahrung. Perspektiven einer Theorie schulischen Handelns. Opladen²1993.

Lauenburg, J.: Foucault. In: Nida-Rümelin, J. (Hrsg.): Philosophie der Gegenwart. Stuttgart 1991, S. 155-164.

Lenzen, D.: Didaktik und Kommunikation. Frankfurt a.M. 1973.

Lenzen, D. (Hrsg.): Die Struktur der Erziehung und des Unterrichts. Strukturalismus in der Erziehungswissenschaft? Frankfurt a.M. 1976.

Lenzen, D. (Hrsg.): Enzyklopädie Erziehungswissenschaft, 12 Bde., Stuttgart 1983f.

Lenzen, D.: Erziehungswissenschaft - Pädagogik. In: Lenzen, D. (Hrsg.): Erziehungswissenschaft. Ein Grundkurs. Reinbek 1994, S. 11-41.

Lenzen, D.: Mythologie der Kindheit. Reinbek 1985.

Lenzen, D.: Mythos, Metapher und Simulation. Zu den Aussichten Systematischer Pädagogik in der Postmoderne. In: Zeitschrift für Pädagogik 33 (1987), H. 1, S. 41-60.

Lenzen, D.: Struktur. In: Lenzen, D./Mollenhauer, K. (Hrsg.): Theorien und Grundbegriffe der Erziehung und Bildung. Bd. 1 der Enzyklopädie Erziehungswissenschaft. Stuttgart 1983, S. 554-563.

Lewin, K.: Feldtheorie in den Sozialwissenschaften. Bem/Stuttgart 1963.

Lévi-Strauss, C.: Les structures élémentaires de la parenté. Paris 1949.

Mollenhauer, K.: Umwege. Über Bildung, Kunst und Interaktion. Weinheim/München 1986.

Nezel, L: Strukturalistische Erziehungswissenschaft. Weinheim/Basel 1976.

Piaget, J.: Der Strukturalismus. Olten 1973.

Pongratz, L.A.: Aufklärung und Widerstand. Kritische Bildungstheorie bei Heinz-Joachim Heydorn. In: Euler, P./Pongratz, L.A. (Hrsg.): Kritische Bildungstheorie. Weinheim 1995, S. 11-38.

Pongratz, L.A.: Bildung und Subjektivität. Weinheim/Basel 1986.

Pongratz, L.A.: Pädagogik im Prozeß der Moderne. Weinheim 1989.

Pongratz, L. u.a. (Hrsg.): Nach Foucault. Diskurs- und machtanalytische Perspektiven der Pädagogik. Wiesbaden 2004.

Rumpf, H.: Die übergangene Sinnlichkeit. München 1981.

Sauer, K.: Struktur - Zur Problematik eines didaktischen Modeworts. In: Lenzen, D. (Hrsg.): Die Struktur der Erziehung und des Unterrichts. Frankfurt a.M. 1976, S. 241-258.

Saussure, F. de: Cours de linguistique générale. Paris ⁴1949.

Spencer, H.: Principles of sociology, Bd. 1, o.O. 1876.

Thiemann, F.: Schulszenen. Vom Herrschen und Leiden. Frankfurt a.M. 1985.

Thurnwald, R.: Die menschliche Gesellschaft, 5 Bde., o.O. 1931f.

Tönnies, F.: Soziologische Studien und Kritiken, 3 Bde., Jena 1925f.

Weber, S./Maurer, S. (Hrsg.): Gouvernementalität in der Erziehungswissenschaft. Wiesbaden 2006.

Wertheimer, U.: Produktives Denken. Frankfurt a.M.²1964.

Wiegerling, K.: Claude Lévi-Strauss. In: Nida-Rümelin, J. (Hrsg.): Philosophie der Gegenwart. Stuttgart 1991, S. 331-337.

Zymek, B.: Evolutionistische und strukturalistische Ansätze einer Geschichte der Erziehung. In: Lenzen, D./Mollenhauer, K. (Hrsg.): Theorien und Grundbegriffe der Erziehung und Bildung. Bd. 1 der Enzyklopädie Erziehungswissenschaft. Stuttgart 1983, S. 55-78.

I.4.8. 교육과학의 생태학적 논의

I.4.8.1. 등장 배경과 영향

1970년대 이후 교육학 출판물에서 "생태학적"이라는 표현을 사용하여 자신의 이론을 특징짓는 연구들이 점점 증대하고 있다. 이 연구들은 1870년 헤켈(E. Haekel)이 생물학에 도입한 "생태학"(그리스어로 "oikos"=살림, 거주지)의 주요 개념과 관련을 맺으며, 살아있는 유기체와 환경의 관계를 다루는 하위 분야의 명칭을 일컫는다. 실제로 교육학 출판물에서 발견되는 생태학적 표현의 연구들은 사실상 접점이 거의 없는 두 가지 이론적 논의 관계로 구분될 수 있다.

교육학에서 생태학적 사유의 첫 번째 논증은 변화된 인간-자연-관계의 문제를 다루는 것이다. 그 논증은 1970년대 이후 로마클럽의 연구들에 의해 (Ehrlich/Ehrlich, 1972) 이루어졌는데, 폭넓은 범위에서 공적 의식으로 파고드는 생태 위기(자원 소모, 환경 파괴, 글로벌 기후변화 등)에 대응하는 방식을 의미한다(Paffrath, 1996). 유네스코의 환경교육과 관련된 총회 이후, 1980년대 초 독일 주 교육문화부 장관 상설 회의는 환경교육을 모든 학교 유형의 여러 전공을 포괄하는 수업 원칙으로 삼아야 한다고 선언하였다. 이와 같은 수업 원칙은 공식화된 범위를 기반으로 교수법적으로 강조되며, 보다 더 전통적으로 지향된 일련의 환경교육의 개념이 개발되었다. 이때 전통적으로 정향된 환경교육의 이론은 기존의 생태 위기를 극복할 수 있기 위해 개인과 환경 보호에 대한 책임을 강조하고, 기존 기술과 과학을 효과적으로 만드는 것에 중점을 둔다(de Haan/Scholz, 1989: 1535).

환경교육

이와 달리 다우버(Dauber, 1982)에 의해 연구된 생태학습 모델은 특히 존 생태적 학습
속을 지향한 대안적 삶의 공간 개발을 선호한다. 이 삶의 공간에서 자기 규
정적 학습이 이루어지고, 환경을 보호하는 새로운 기술이 개발된다. 환경을
보호하는 새로운 기술은 기존의 과학과 기술을 벗어나는 것을 나타낸다.

환경교육학 분야의 기존 논의들이 주로 교수학 문제에 초점을 두었다면,
1980년대 이후 생태 교육학에 대한 몇몇의 이론적 구성이 형성되었다. 그러
나 이러한 이론적 구성은 이미 제시된 교육학 이론의 맥락에서 분류될 수 있
으며, 생태학적 관점에 의해서만 확장될 수 있었다. 따라서 데한(de Haan, 생태교육학
1985)은 생태교육학을 위한 이론적 윤곽을 개발하였다. 이 이론은 한편으로
하버마스(J. Habermas) 또는 블랑케르츠(H. Blankertz)의 비판이론과 비판적
교육과학의 자연과학과 기술의 중립적 이해를 비판한다. 왜냐하면 그러한 중
립적 이해는 자연인식과 자연처리의 지배 형태를 고수하기 때문이다. 그러나
다른 한편으로 데한은 생태 교육학의 유토피아 이상을 드러내는 "자연의 아
름다움"의 구상과 함께 아도르노(T. Adorno)와 마르쿠제(H. Marcuse)와 같은
초기 비판이론의 대표 학자들이 가진 사유에 관심을 갖는다(de Haan, 1985:
177).

데한의 "생태교육학"의 변형은 비판적 교육과학의 맥락에 분류시킬 수 있
다. 이와 같은 관점에서 클레버(Kleber, 1993)는 행성·생물중심과 인간중심적
관점을 결합하고자 하는 생태 교육학의 이론 틀을 정당화하기 위해 명시적인
원리 이론을 지향하는 벤너(Benner, 1987)의 교육학과 연결짓는다. 이때 벤너
식 교육 행위 원리의 기원(Matrix)은 두 가지로 확장된다. 그것은 행성적/생
물학적 결정 요인을 교육적 결정으로 변환하는 원리이고, 다른 하나는 총체
적 인간 실천을 "함께 삶"의 생태학적 개념의 과제에 초점을 둔 원리이다. 이
원리는 클레버의 생태 교육학 이론에 주요한 관련 점을 제시하고 있다
(Kleber, 1993: 58; 2006: 372).

교육학에서 두드러진 생태학적 사유의 두 번째 논증은, 1970년대 이후 사 사회생태학적
회학과, 심리학과 같은 인접학문에서 다룬 인간-환경-관계에 대한 이론적 논 전통 노선들
의와 연구에 관심을 갖고 그것을 교육 이론의 첫 번째 논의로 삼아 이론적
논의, 특히 경험적 연구를 풍부하게 만들고자 하였다. 여기서 환경은 물질적-
공간적, 사회적, 상징적 차원의 얽힘으로 이해된다. 앞서 언급한 이론적 논의
를 시도하였던 학자들은 사회학 내에서 파크(Park), 버지스(Burgess) 그리고

맥켄지(Mc Kenzie, 1925)와 같은 시카고학파를 대표하는 학자들이었다. 이들은 1920년대 이미 인류 생태학 개념을 개발하였고, 사회정치적 요구와 결합하여 지역 연구 범위 내에서 이웃과 도시에 대한 사회 조직을 기술, 설명하고, 기능을 예측하였다. 서독의 사회학에서는 1970년대 이후 미국인 바커(Barker, 1968)에 의해 개발된 사회의제 개념이 경험적 연구에서 먼저 다뤄졌다. 이때 사회의제 개념은 특정 인구 통계학 구성 및 사회 기반시설이 있는 지역 단위(지역과 도시구역)에 관한 것이다. 그리고 사회의제 개념은 지방 혹은 지역적 사회화 조건을 고려함으로써 계층 특수적 경향만을 띤 사회화 연구의 관점을 명료화할 수 있기 위해 경험적 연구에서 다루어졌다(Walter, 1980: 290).

1930년대 레빈(K. Lewin)은 심리학 분야에 생태학 개념을 도입하였다. 생태학 개념은 인간 진술과 행동방식에서 간접적으로 유추할 수 있는 심리적 환경을 외부에 주어진 지리적 환경과 구분한다. 1970년대 후반 이후 생태심리학(Ökopsychologie) 프로그램은 미국의 발전에 의해 고무되어 서독에서 확장되고 다층적으로 연구되었다. 이때 사회화 연구와 교육학 논의에서 사회생태학과 발달심리학 관점이 서로 연결되어 있는, 브론펜브레너(Bronfenbrenner)의 연구를 중요하게 살펴볼 필요가 있다. 브론펜브레너(Bronfenbrenner, 1981: 32 이하)는 생태 환경을 구조들이 겹겹이 복잡하게 얽힌 일련의 체계로 파악하고 있다. 그는 생태 환경을 서로 결부된 네 개의 체계로 구분하고 있다. 첫째로 미시체계인데, 이것은 인간 발달과 직접적으로 체험된 환경 간의 관계 구조이다. 둘째로, 중간체계는 발달 중인 인간이 자신의 삶의 특정 시점에서 자신이 처해있는 가장 중요한 삶의 영역들 간의 상호작용을 의미한다. 셋째로, 외부체계는 성장하는 인간에게 더 이상 직접적으로 경험되거나 영향을 미칠 수 없는 체계이다. 이 체계는 관청이나 대중매체와 같은 사회 제도를 염두에 둔 것이다. 넷째로, 거시체계는 그때그때 포괄하는 경제, 법, 정치 체계이다. 성장 세대는 이 체계를 법적 규제와 자원 혹은 문화적 가치와 규범의 분배의 형태로 경험하게 된다.

교육과학 내 사회 생태학적 논의

이미 1920년대와 1930년대 교육학에서는 교육행동과 사회화 과정의 조건 구조로서 환경을 다루었던 − 예를 들어 무초(M. Muchow)의 함부르크 학생들의 유랑 공간에 대한 연구 − 첫 번째 연구가 있었다(Muchow/Muchow 1978). 그러나 그럼에도 불구하고 1970년대 비로소 교육학에서 생태학적 논의들이 명시적으로 시작되었다(Schreiner, 1973; Fatke, 1977). 한편으로 이 논의를 위한 중요한 자극은 바아케(D. Baacke)에 의해 출발되었다.

바아케(D. Baacke. 1933년생)는 1957년부터 1964년까지 마부르크, 빈(Wien)과 괴팅겐 대학에서 독어독문학과 교육학 그리고 철학을 공부하였고, 이를 바탕으로 김나지움 교직을 위한 첫 번째 국가시험과 독어독문학의 박사학위 논문을 연구하였다. 그는 1964년부터 1972년까지 빌레펠트 대학의 폰 헨티히(H. von Hentig)의 연구조교로 일하였다. 거기서 그는 1972년 대학교수 자격을 취득하였고, 1973년 이후 1999년 사망할 때까지 빌레펠트 대학에서 학교 밖 교육학의 교수직을 맡았다. 바아케는 다양한 사회 생태적 지대의 독자적 모델을 개발하였고, 이때 그의 사회 생태적 관점은 아동기와 청소년에 관한 교육학적 연구의 이론 논의와 함께 다수의 경험적 프로젝트를 풍부하게 하였다(관련 내용에 관한 요약은 Baacke, 1993 참조). 바아케(Baacke, 1985, 48)는 성장세대의 발달 과정에서 아동기와 청소년기 동안 점진적으로 주어져야 하는 전체 환경 구조를 네 가지 영역으로 제안한다. 이때 그는 생태 주변에 광범위하게 확장되어 영향을 미치는 각각의 빛과 같은 생태적 중심에 주목한다. 여기에는 이웃, 자체 주거 지역, 특정 목적만을 위해 주기적으로 방문하게 되는 학교 또는 여가 영역과 같은 생태 부분을 포함하지만, 부정기적으로 찾는 휴가지나 극장과 같은 장소는 포함하지 않는다.

Dieter Baacke

한편, 교육학에서 사회 생태적 논의를 위한 자극은 슐체(T. Schulze)에 의해 출발하였다. 테오도르 슐체(T.Schulze. 1926년생)는 1946년부터 1951년까지 하이델베르크와 괴팅겐 대학에서 교육학, 철학, 독어독문학과 사학을 공부하였고 김나지움 교직을 위한 첫 국가시험을 통해 졸업하였다. 1955년 "슐라이어마허의 교육학에서 변증법"이라는 주제로 괴팅겐 대학의 베니거(E. Weniger) 교수에게서 박사학위논문을 작성하고 학위를 취득하였고, 괴팅겐에서 1961년까지 학술연구원으로도 일하였다. 1961년부터 1971년까지 그는 플렌스부르크 교육대학교에서 일반교육학 교수로 활동한 후, 1971년 빌레펠트 대학에서 교수학을 중점으로 한 교육학 교수직에 임용되었으며, 1991년 그가 정년퇴직 전까지 그곳에서 교수직에 있었다. 비록 그의 연구 관심이 교육학적 생애사에 관련된 연구이기는 하지만(Schulze, 1993; Schulze, 1995), 슐체는 처음으로 교육학의 관점에서 체계적 질문을 통하여 생태학 이론이 주는 함의를 상세하게 주제화한 공로가 있다(Schulze, 1983).

Theodor Schulze

슐체(Schulze, 1983: 266)와 바아케(Baacke, 1993: 135)는 학제 간의 연구를 위하여 생태적 방향설정이 관련 틀로 적합하다는 데 의견을 같이한다. 왜냐하면 객관적, 주관적 차원에서만이 인간과 자연 간의 상호영향의 복잡성이 적절하게 분석될 수 있기 때문이다. 그러나 동시에 그들은 교육학과 사회 생태적 접근이 높은 유사성을 가진다는 의견도 제시하였다. 그들이 언급한 사회 생태적 접근은 전체성, 명료성과 유연성의 원리에 맞추어 교육학적 해결방안(Kasuistik)과 교육 실천가들의 행위 문제에 근접하게 다가간다. 또한, 사회 공간적 환경조건의 개선에 대한 사회 생태적 접근 및 규범적 이해와 함께 학교발전과 가족의 사회적 돌봄 계획 또는 사회 교육적 시 구역 사업을 위한 해결방안 역시 약속하고 있다.

사회생태학적
논의의 영향

이러한 배경에서 1970년대 이후 교육학에서 사회생태적 논의의 영향이 무엇보다 교육학 연구 영역에 있었다는 사실은 놀라운 것이 아니다. 주된 연구 중점 분야는 학교연구 분야, 특히 학교건축과 학습요소(König/Schmittmann, 1976), 학교환경, 학생행동(Fatke, 1977; Rutter u.a. 1980; Melzer, 1987; Zinnecker, 1982), 학교와 학급 분위기(Fend, 1977; Fend u.a. 1980), 뿐만 아니라 하우프트슐레 학생들이 속한 학교와 학교 밖의 생활세계와 관련한 것이다(Projektgruppe Jugendbüro, 1977). 그 다음으로 등장한 두 번째 연구 중점은 아동기 연구이다. 여기서 주제 범위는 유치원 집단 공간의 세부적 배치에서부터 대도시 아이들의 일상 세계와 환경 습득에 이르기까지이다(Jacob, 1984; Zeiher/Zeiher, 1994; Zinnecker, 1995). 세 번째로, 사회 생태적으로 정향된 많은 연구들이 청소년 연구에 집중되었다는 것이다. 대표적인 연구들은 "젊은이들의 여가행동을 위한 주거 공동체와 교육의 의미"에 관한 크라우스(Krauss)와 티펠트(Tippelt, 1986)의 연구, 바이에른 주의 다양한 지역 하우프트슐레 학생들에게 나타나는 학교에서 직업 교육으로의 신분 변화에 관한 휘브너-풍크/뮐러/가이저(Hübner-Funk/Müller/Gaiser, 1983)의 연구 또는 노르트라인-베스트팔렌 마을, 중소 도시와 대도시 청소년들의 미디어 사회 제반 시설 사용에 관한 바아케/산더/폴브레히트(Baacke/Sander/Vollbrecht, 1990)의 연구이다.

그러나 사회 생태적 정향은 교육학 연구뿐만 아니라 학교교육학 또는 사회교육학의 개념화를 시도하고 개혁을 논의하는 데 자극이 되었다. 이 맥락과 관련하여 학교를 학습자의 삶의 맥락을 향해 개방하는 것에 대한 현 담론(Holtappels, 1994), 사회 공간적으로 정향된 청소년 사업과 청소년 교육을 위한 윤곽을 설정하려는 이론적 시도(Böhnisch/Münchmeyer, 1990) 또는 공간적으로 배제된 특정 인구 집단의 일상적 문제 상황에 초점을 두고 공동체를 지향하는 사회 복지와 관련된 논의가 되었음을 그 예로 언급할 수 있다(Thiel, 1983: 575).

I.4.8.2. 슐체의 생태 교육학의 이론

슐체는 교육과학의 생태 이론이 인간-자연-관계의 복잡성과 다차원성을 적절하게 파악할 수 있기 위해 간학문적으로 구상되어야 한다고 주장하였다 (Schulze, 1983: 270 이하), 그러나, 교육과학의 생태 이론은 심리학 이론과 인식에 의존하고 있다. 심리학 이론과 인식은 환경을 주체의 관점에서 파악하고 환경과 관련하여 해석하는 유형의 개발 그리고 인지적 지도 혹은 생활 공간적 행위들의 프로그램 개발을 분석하는 데 초점을 두고 있다. 이와 같은 사회학적 설명의 실마리와 연구들은 오히려 객관적 환경 조건의 다양한 지대와 체계 측면에 중요한 단서를 제공하고 있다. 슐체는(Schulze, 1983: 275) 교육과학의 관점에서 보았을 때, 이러한 환경 조건은 성인이 되는 것이 노력할 만한 가치가 있는 것으로 나타나는 환경 조건의 전형으로서 사회영역(Soziosphäre) 개념을 통해 여전히 보완되어야 한다고 말한다. 이때의 사회영역 개념은 환경 상태가 자라나는 세대를 위해 사회적으로 자극을 주고 혹은 발전을 친숙하게 느끼도록 만들며, 의미 있는 삶을 장려하는지를 검토하는 규범적 기준으로 기능한다.

학제 간 연관성

슐체(Schulze, 1983: 276)는 생태학의 교육학적 수용에 있어, 상황 개념을 이용하여, 인간-자연 관계를 계속해서 구체화한다. 왜냐하면 상황 개념은 인간과 환경 간의 관계의 시간적 측면과 행위 방향성의 원리를 관철시키기 때문이다. 이 원리는 개인과 환경이 직접적으로 상호 작용하지 않고, 그것의 상호의존적 영향이 행위와 행위 의도를 통해 매개된 것임을 의미한다. 환경이 특정 상황에서 특정 행위 연관성과 관련하여 현재화되면서 환경은 도전 과제가 된다. 여기에 학습과 교육이 포함된다.

슐체(Schulze, 1983: 277)에 의하면, 학습은 생태적으로 정향된 숙고의 맥락에서 학습자를 위해 새로운 종류의 환경 또는 상황이 극복되어야 하는 과정으로 정의될 수 있다(Coelho, 1974). 여기서 학습은 복잡하고 다층적이며 비교적 긴 과정으로 파악된다. 이 과정은 고립된 학습 대상이 아니라, 포괄적

복합적 과정으로서의 학습

지식분야와 관계한다. 슐체는 일상적 삶의 맥락에서 학습과정의 관찰로부터 얻을 수 있는 표상들이 조직화된 학습 과정에도 적용되어야 한다고 본다. 그리고 지금까지 존재하는 교육제도와 환경에 관한 생태학 연구의 결과로부터 교육학을 위한 단서를 이끌어낸다. 그것은 오늘날 교육이 학습 효과의 최적화에 관한 것이 아니라, 오히려 학습 환경의 개선과 문명화에 관한 것이다(Schulze, 1983: 278).

I.4.8.3. 비판

지금까지 교육과학에 현존하는 생태학 사유의 시도가 갖는 주요 결함을 살펴보았다. 환경교육학의 맥락과 사회생태학 전통의 이론적 구상들은 광범위하게 퍼져 연결되지 못하고 병치되어 있고, 인간-자연 그리고 인간-사회적 공간-관계의 문제가 체계적 성찰을 통해 연계되지 못했다. 또한 사회생태학 방향에 관한 교육학 연구는 포괄적 이론 구상을 찾기 힘들며, 공동의 이해관계에 중점을 두고 요청과 전략으로 특징지어졌다. 사회생태학 연구의 강점은 엄격한 이론 구상보다 흥미로운 연구 디자인, 완성된 자연주의 방법, 생생한 장면과 환경에 대한 설명에 있다. 기존 연구들은 종종 교육 상황과 생활환경에 대한 거시 수준 또는 중간 수준의 분석에 머물러 있으며, 포괄적 사회구조 조건의 연관성을 간과하고 있다(Hurrelmann, 1986: 38). 브론펜브레너가 일부 프로그램을 지적했지만, 이와 같은 문제는 명시적 사회이론이 사회생태학의 이론적 맥락에서 지금까지 전개되지 못했다는 것과도 관련이 있을 수 있다.

또한 사회생태학에 초점을 둔 교육학 구상과 연구들은 주로 제도화된 학습 과정을 배제하고 있다(Schulze, 1983: 277). 이 연구들은 특히 교육이 제도화되지 않을 때 효과가 높다는 것을 입증한다. 거주 환경, 거리 그리고 공적 장소에서 사회화 과정에 관한 분석 혹은 학교 뒤편이나 학급에서 관계망에 대한 연구에서 그 예를 들 수 있다. 이와 같은 분야를 파악하는 데 교육적-생태학적 연구는 중요한 기여를 하였다(Engelbert/Herlth, 2002).

또한 지난 수십 년 동안 이뤄진 연구를 통해 밝혀진 점은, 사회생태학 이론이 교육제도와 사회제도에 관한 교육학적 이론 정립, 교수학적 숙고와 전략적 계획을 위한 연결점과 자극을 제공하였다는 것이다.

참고문헌

Baacke, D.: Die 13-bis 18jährigen. Einführung in Probleme des Jugendalters. Weinheim/Basel ^{4}1985.

Baacke, D.: Sozialökologische Ansätze in der Jugendforschung. In: Krüger, H.-H. (Hrsg.): Handbuch der Jugendforschung. Opladen ^{2}1993, S. 135–157.

Baacke, D./Sander, U./Vollbrecht, R.: Lebenswelten sind Medienwelten. Opladen 1990.

Barker, R.G.: Ecological psychology. Stanford 1968.

Benner, D.: Allgemeine Pädagogik. Weinheim/München 1987.

Böhnisch, L./Münchmeyer, R.: Pädagogik des Jugendraumes. Zur Begründung und Praxis einer sozialräumlichen Jugendpädagogik. Weinheim/München 1990.

Bronfenbrenner, U.: Ökologische Sozialisationsforschung. Stuttgart 1976.

Bronfenbrenner, U.: Die Ökologie menschlicher Entwicklung. Stuttgart 1981.

Coelho, G.V. u.a. (Hrsg.): Coping and Adaption. New York 1974.

Dauber, H.: Vom „Lebenlernen" zum „menschlichen Dilemma." In: Moser, H. (Hrsg.): Soziale Ökologie und pädagogische Alternativen. München 1982, S. 126–144.

Dreesmann, H.: Zur Psychologie der Lemumwelt. In: Weidenmann, B. u.a. (Hrsg.): Pädagogische Psychologie. München/Weinheim 1986, S. 447–469.

Engelbert, A./Herlth, A.: Sozialökologische Ansätze. In: Krüger, H.-H./ Grunert, C. (Hrsg.): Handbuch Kindheits- und Jugendforschung. Opladen 2002, S. 99–116.

Ehrlich, P.R./Ehrlich, A.H.: Bevölkerungswachstum und Umweltkrise. Frankfurt a.M. 1972.

Fatke, R.: Schulumwelt und Schülerverhalten. Adaptionsprozesse in der Schule. München 1977.

Fend, H.: Schulklima: Soziale Einflußprozesse in der Schule. Weinheim/Basel 1977.

Fend, H. u.a.: Auswirkungen des Schulsystems auf Schulleistungen und soziales Lernen. In: Zeitschrift für Pädagogik 26 (1980), S. 673-692.

Graumann, C.F. (Hrsg.): Ökologische Perspektiven in der Psychologie. Bern 1978.

Haan, G. de: Natur und Bildung. Perspektiven einer Pädagogik der Zukunft. Weinheim/Basel 1985.

Haan, G. de/Scholz, G.: Umwelterziehung. In: Lenzen, D. (Hrsg.): Pädagogische Grundbegriffe, Bd. 2, Reinbek 1989, S. 1533-1538.

Holtappels, H.G.: Ganztagsschule und Schulöffnung – Perspektiven für die Schulentwicklung. Weinheim/München 1994.

Hübner-Funk, S./Müller, H./Gaiser, W.: Sozialisation und Umwelt. München 1983.

Hurrelmann, K.: Einführung in die Sozialisationstheorie. Weinheim/Basel 1986.

Jacob, J.: Umweltaneignung von Stadtkindern. Wie nutzen Kinder öffentliche Räume. In: Zeitschrift für Pädagogik 30 (1984), H. 5, S. 687-697.

Kaminski, G. (Hrsg.): Umweltpsychologie. Stuttgart 1976.

Kleber, E.W.: Grundzüge ökologischer Pädagogik. Weinheim/München 1993.

Kleber, E.W.: Ökologische Pädagogik. In: Krüger, H.-H./Grunert, C. (Hrsg.): Wörterbuch Erziehungswissenschaft. Opladen ²2006, S. 370-375.

König, H./Schmittmann, R.: Zur Ökologie der Schule. München 1976.

Krauß, J./Tippelt, R.: Die Bedeutung der Wohngemeinde und der Bildung für das Freizeitverhalten junger Menschen. In: Neue Praxis 16 (1986), H. 3, S. 43-53.

Lewin, K.: Feldtheorie in den Sozialwissenschaften. Bern 1963.

Melzer, W.: Familie und Schule als Lebenswelt. München 1987.

Muchow, M./Muchow, H.H.: Der Lebensraum des Großstadtkindes. Bensheim 1978.

Paffrath, F.H.: Umwelterziehung/Ökopädagogik. In: Hierdeis, H./Hug, T. (Hrsg.): Taschenbuch der Pädagogik, Bd. 4, Baltmannsweiler 1996, S. 1464-1472.

Park, R.E./Burgess, E.W./McKenzie, R.D.: The City. Chicago 1925.

Projektgruppe Jugendbüro: Subkultur und Familie als Orientierungsmuster. Zur Lebenswelt von Hauptschülern. München 1977.

Rutter, M. u.a.: Fünfzehntausend Stunden. Schule und ihre Wirkung auf die Kinder. Weinheim/Basel 1980.

Schreiner, G.: Schule als Erfahrungsraum. Frankfurt a.M. 1973.

Schulze, T.: Autobiographie und Lebensgeschichte. In: Baacke, D./Schulze, T. (Hrsg.): Aus Geschichten lernen. Weinheim/München 1993, S. 126-173.

Schulze, T.: Erziehungswissenschaftliche Biographieforschung. Anfänge, Fortschritte, Ausblicke. In: Krüger, H.-H./Marotzki, W. (Hrsg.): Erziehungswissenschaftliche Biographieforschung. Opladen 1995, S. 10-31.

Schulze, T.: Ökologie. In: Lenzen, D./Mollenhauer, K. (Hrsg.): Theorien und Grundbegriffe der Erziehung und Bildung, Bd. 1 der Enzyklopädie Erziehungswissenschaft, Stuttgart 1983, S. 262-279.

Thiel, H.-U.: Umwelt. In: Lenzen, D./Mollenhauer, K. (Hrsg.): Theorien und Grundbegriffe der Erziehung und Bildung, Bd. 1 der Enzyklopädie Erziehungswissenschaft, Stuttgart 1983, S. 572-575.

Walter, H.: Ökologische Ansätze in der Sozialisationsforschung. In: Hurrelmann, K./Ulich, D. (Hrsg.): Handbuch der Sozialisationsforschung. Weinheim/Basel 1980, S. 285-298.

Zeiher, H./Zeiher, H.: Orte und Zeiten der Kinder. Soziales Leben im Alltag von Großstadtkindern. Weinheim/München 1994.

Zinnecker, J. (Hrsg.): Schulegehen Tag für Tag. München 1982.

Zinnecker, J.: Kindheitsort Schule - Kindheitsort Straße. In: Reiß, G. (Hrsg.): Schule und Stadt. Weinheim/München 1995, S. 47-67.

I.4.9. 교육과학의 여성학적 논의

I.4.9.1. 성립 배경과 영향

1970년대 이후 새로운 여성운동의 여파로서 특히 교육과학 분야에서 사회 계층적 차원에서의 여성 차별과 불평등 현상들에 초점을 맞춘 여성학적 논의 내지는 연구 관심이 형성되어 왔다. 이와 같은 시도에 있어서 특징적인 점은 중심적인 논의의 방향으로서 구조적 범주로 '성(性, Geschlecht)'을 도입하고 있다는 점이다. 이때 '성'은 성차별과 관련된 연구 관점, 그리고 양성 불평등의 재생산 구조를 변화시키고자 하는 목적하에 실천 중심적인 사회비판의 동력으로서 연구자들이 선호해 온 범주이다. 더 나아가 성인 중심으로 이루어진 학문의 역사 속에서 작은 조각들로 분절되어진 인간의 삶을 종합적인 관점에서 연구하고 분석할 수 있도록 학제적(interdisplinär)인 연구 관점을 적용하는 일이 환영받고 있다(Enders–Dragässer, 1994: 448; Glumpler, 1992: 10). 이와 같은 학제적 방향성을 배경에 깔고 이 분야를 조망할 때라야 비로소 이제까지 이루어진 연구들 중에서 왜 여성학적 교육과학의 차원에서의 논의보다는 교육과학 내에서의 여성학 연구들이 더 지배적인 것인지 그 이유를 설명할 수 있게 된다(Forum Grazer Pädagoginnen, 1993; Kraul/Tenorth, 1992). 아울러 정신과학, 사회과학 내에서 여성학의 다양한 이론적인 관점들이 교육과학 내에서의 여성학적 이론 형성 내지 연구기획의 시도들에 결정적인 영향을 주고 있다.

여성학적 논의들 내에는 기존의, 이 책의 서두에서 이미 소개된 전통적인 이론들, 특히 치열하게 논쟁적인 대척 관계에 있는 두 개의 이론, 즉 경험주

여성주의 담론의 특징

거시분석적 여성주의

의적-역사적-사회과학 이론과 후기구조주의적 방향의 이론들 간에 상호 비판적인 논의들이 존재하고 있다(Wolf, 1996: 340). 사회과학적인 여성학의 관점들 내에서 다시금 두 개의 이론적인 갈래가 형성되어 있는데, 그중 하나는 양성평등이 벌어지는 맥락, 성차별 차원에서의 '거시적 관점'이고, 다른 하나는 '미시적 관점'이다. 거시적 분석을 하는 연구들에는 자본주의 주도 시민사회가 형성되면서 자본주의와 가부장제 간의 불가분의 연관성에 대한 유물사관적 접근 방법(Beer, 1990), 혹은 남성들에게는 생산적(produktiv)인 노동을 부여하고 여성들에게는 재생산적(reproduktiv)인, 즉 아이를 낳고 보살피는, 감성적인 노동을 부여하는 계층적인 노동분업의 형성과정에 대한 연구들이 포함되어 있다(Bock/Duden, 1977). 여성학 연구로서 미시적인 관점 중 비판이론이 적용된 연구들은 여성들이 노동자, 근로자로서 종속 관계에 놓여 있을 뿐 아니라 재생산의 차원에서도 가정주부, 어머니로서 착취당하고 있는 중복된 사회화의 과정에 대해서 다루고 있다. 이를 넘어 미시적 관점에서 개인적, 심리적인 차원에서의 남성, 여성의 사회화가 연구의 대상이 되기도 하는데, 그 과정에서 주체들이 사회적 교환 과정에 편입되어 들어가게 되기 때문이다(Becker-Schmidt, 1991: 387).

미시적 접근 방법의 두 번째 흐름은 프로이트(S. Freud) 정신분석학의 남근중심주의에 대하여 비판적인 거리를 두었던 연구들로서, 여성들의 성정체성 발달 과정을 대안적인 시각으로 바라보고자 하는 연구들이다(Chasseguet-Smirgel, 1976; Rohde-Dachser, 1991; Nadig, 1992). 혹은 콜버그(L. Kohlberg)의 도덕성 발달단계 이론에 대한 비판도 이루어진다. 콜버그에 따르면 성차에 따라 도덕적인 성향이 다르게 발달한다는 것이다. 또한 그는 소위 보편타당하다고 하는 남성들의 공정성 윤리와 달리 여성들은 역사적이며 생애사적인 특성이 강한 여성들의 "돌봄 윤리"를 가지고 있다고 주장하고 있다는 것이다(Kessler/McKenna, 1978). 더 나아가 이와 같은 맥락에서 미국에서 발전한 민속지 연구방법을 적용한 관점들은 애초부터 지정된 양성성이 존재하는 것이 아니라 '여성성' 혹은 '남성성'이라고 하는 수식어가 문화적인 합의에 불과한 것이며 사회적으로 구성된 것이라고 보고 있다(Hagemann-White, 1984; Wetterer, 1992). 빌덴(Bilden, 1991: 279)은 이와 같은 성정체성의 사회적 구성 이론을 보다 확장시켜서 중요한 거시적 관점과 연결시켰으며, 그에 따를 때 여성성, 남성성의 문화적 정의가 형성, 변화되는 과정은 늘 권력, 그리고 물질적 자원

미시분석적 여성주의 논의들

의 문제와 밀접하게 연결된다는 것이다(Treibel, 1993: 256).

후기구조주의적
방향의 여성주의
논의들

후기구조주의적 방향의 이론적 방향성은 프랑스의 해체이론에 연결되어 있다. 라캉(J. Lacan)의 작업에 대한 비판적인 분석을 거친 후 이리가레(L. Irigaray)(1979) 혹은 '디오티마 그룹(Gruppe Diotima, 1989)'[1]은 라캉의 이론에 터하여 전통적인 정신분석학의 남근중심적 논리를 넘어 언어 이전의 다의미적인 차원에로 향하는 일, 그리고 여성적 질서를 구축해 내는 일에 집중하였다. 반면 호네거(Honnegger, 1991) 혹은 버틀러(Butler, 1991)와 같은 저자들은 여성학적인 학문비판, 그리고 양성 간의 권력관계에 대한 풍부한 분석을 위하여 푸코(M. Foucault)의 담론분석과 권력이론을 적용하고 있다. 이에 따를 때 권력은 상하관계 모델이 아니라 주체의 형성과정, 그리고 성정체성의 형성과정에 작용해 들어가는 '힘들의 관계(Kräfteverhältnis)'로 이해된다(Seifert, 1992).

교육과학 내
여성주의 논의들

교육과학의 범위 내에서 이루어지는 여성학적 논의들의 관점들은 이와 같은 사회과학적 토론의 맥락에 밀접하게 관련되어 있다. 교육과학 내에서 여성학적 이론 구축의 시도들이 보여주는 다양한 논의들의 스펙트럼을 분류하고자 할 때, 우리는 이를 크게 3개의 흐름으로 나누어 볼 수 있다(Metz-Glöckel, 1994: 423).

불이익에 관한 논의들

첫 번째는 젠더 문제를 바라보는 관점에 있어서 불평등 관계를 강조하는 흐름이다. 즉, 이와 같은 흐름은 교육학적 행위영역들에서 소녀들, 그리고 여성들에게 가해지는 부당성을 분석하는 일에 집중하며 대부분 제도교육, 직업, 권리, 정치 차원에서 여성과 남성이 평등해지는 일을 목적으로 삼고 있다. 이와 같은 관점은 특히 19~20세기로 넘어가는 '세기의 전환기'에 프롤레타리아 여성운동에 의하여 두드러지게 표출되었다(Glantschnig, 1989: 638). 이와 같은 입장의 한 변종은 1970년대 말기에 나타난 여성학적 사회화 연구, 학교 연구의 초기 연구물들에서 발견된다(Scheu, 1977; Schultz, 1978, 1979). 이러한 관점에서 바라볼 때 소녀들, 그리고 여성들은 가부장적 시스템 속에서 철저히 희생당하는 존재로 여겨지며, 그렇기에 기회균등, 양성평등의 시

---

1) [역자 주] 디오티마 그룹은 이탈리아에서 1980년대에 벨기에 출신 프랑스 여성학자인 이리가레의 차이이론에 영향을 받아 무라로(L. Muraro) 등 여성학자들이 중심이 되어 조직된 일종의 여성운동 공동체로서 서구 사회 내에서의 성차이의 문제를 진지하게 성찰하였다.

각에서 바라볼 때 결국 여성들의 역량들은 흠결이 있는 것으로 인지되는 경향이 나타나게 된다는 것이다(Brehmer, 1991: 21). 이와 같은 관점의 또 다른, 비판적인 변종은 해방적 교육과학의 목적 설정에 연결하여 교육제도 내에서의 계급 불평등, 특히 성특수적인 사회적 불평등으로부터 논의를 시작하여 양성 모두 내용적으로나 형식적으로 동등한 대우를 받도록 하는 일에 관심을 둔 가운데 "계층적 성역할 관계" 그리고 "성특수적 노동 분업"이라고 하는 핵심 키워드에 집중하고 있는 연구자들이 대변하고 있는 관점이다(Nyssen/ Schön, 1992a, 1992b).

첫 번째 관점의 논의 맥락에 있어서 무엇보다 동등한 지위의 문제가 전면 차이이론적 논의들에 나섰다면, 두 번째 관점의 틀 속에서는 여성적인 삶의 방식에 고유한 가치를 부여하기 위하여 여성, 남성의 라이프스타일 간에 나타나는 차이에 초점이 맞추어지고 있다. 여성성을 그 자체로서 인정하는 이와 같은 이론적인 틀은 이미 18세기 초에 나타난 "여성성 논쟁(Querelles de femmes)"[2])에서 찾아볼 수 있으며, 19세기 후반에 전개된 초기 여성운동의 온건한 계열의 흐름 속에서 활발하게 적용되었다. 그와 같은 맥락에서 랑에(H. Lange)는 여성들의 "정신적 모성(母性)"의 원리가 공적 영역에까지 확대 적용되는 현상, 즉 교육제도, 사회제도 내에서 여성의 직업적 활동의 근간을 이루는 현상에 대하여 논하고 있다(Jacobi, 1990: 212). 그러나 이 두 번째 관점 내에서는 시민 사회 내에서 전승되어 내려오는 성역할 속에서 각기 성에게 부여되는 과제나 성격적 특질에 대해서는 논의가 이루어지지 않고 있다(Rabe-Kleberg, 1989: 238).

최근의 논의들을 살펴보면 한편으로는 여성경제학적 차원에서의 논쟁 속에서 차이이론의 관점들이 나타나고 있는 것을 알 수 있다. 예컨대 오르트만(Ortmann, 1985: 380f)은 교육의 개념을 "남성들의 발명품"으로 바라보는 관점으로부터 비판적 거리를 두면서 '여성학적 삶학(Feministische Lebenswissenschaft)'을 하나의 프로그램으로 개발하였다. 이때 "여성학적 삶학"이란 아동/학생을 객체로 간주하는 것이 아니라 타인들과의 접촉과 관계 속에서 자아를 실현해

---

2) [역자 주] '여성성 논쟁'이란 중세 후기 이후 프랑스 혁명에 이르기까지 발간된 텍스트나 그림들에 나타는 성질서(Geschleterordnung)를 주제로 수 세기에 걸쳐 진행되고 있는 논쟁을 의미한다. 이 논쟁은 특히 19세기 말 문학 분야에서 전개되기 시작하였으며, 처음에는 프랑스 내에서의 문화사 분야에서 활발히 이루어지다가 그 범위가 차차 전 유럽에로 확장되었다.

나가는 존재로 이해한다. 한 생명을 만들어내고 탄생시키는 능력까지 포함하는 여성 고유의 능력에 근거하여 여성들에게 삶에 대한 특별한 근접성이 부여되고 그것을 토대로 하여 가부장적인 교육에 대항하는 여성들의 저항방식이 구축된다. 그러나 생태학적 기준에 근거하여 여성성에 자연스럽게 우위를 부여하는 일은 여성성을 불변하는 정태적 자연 범주에 고정시키는 측면이 있다(Wolf, 1996: 344).

'차이이론' 논쟁의 또 다른 관점은 여성학적-후기구조주의의 맥락, 예컨대 이리가레(Irigary 1987)에 의해 구축되었다. 이리가레는 그녀의 '차이 철학(Philosophie der Differenz)'3) 속에서 여성의 육체가 상징적, 그리고 실재적으로 생성, 혹은 재발견되는 차원을 밝혀내고 있다. 성별 차이에 대한 숙고에 근거하여 '밀라노 여성들(Mailänder Frauen)'4)은 여성들 상호 간의 인정, 그리고 가치 부여의 과정에 대한 이론과 실천 차원을 강조하는 이른바 '(충성)확인-개념(Affirmento-Konzept)'5)을 주창하고 있다(Libreria delle donne, 1988). 성별 차이라고 하는 표징 하에 이루어지는 교육 및 도야의 실천은 여성들 간의 상호관련성과 유대감을 강화하며 여성들을 권위 있는 인물들로 인정하는 일을 강화한다는 것이다(Wolf, 1996: 346).

사회적 구성물로서 성(性)

여성학계에서 이루어지고 있는 최근 논쟁들 중에는 세 번째 관점이 형성되고 있는데, 이 관점의 대변자들은 세상을 여성, 남성으로 나누는 이분법적인 세계관을 고착화시키는 '차이이론'의 시각을 비판하고 있다. 버틀러(Butler, 1991) 혹은 베테러(Wetterer, 1992)의 사회과학적 근거이론(Grundlagentheorie), 그리고 빌덴(Bilden, 1991), 길데마이스터(Gildemeister, 1988), 하게만-화이트(Hagemann-White, 1988), 혹은 메츠-괴켈(Metz-Göckel, 1994)의 교육과학적

---

3) [역자 주] '차이 철학'은 벨기에 출신 페미니스트, 철학자, 언어학자, 정신분석학자이자 문화이론가인 이리가레가 라캉의 정신분석학의 영향하에 전개하기 시작한 여성학 이론의 한 흐름으로서 여성과 남성과의 차이를 정신분석학, 혹은 언어학적 차원에서 분석하고자 한다.

4) [역자 주] '밀라노 여성들'은 이탈리아에서 1980년대에 등장한 여성작가들의 집단으로서 디오티마 그룹에 속한 여성 철학자들과 함께 이리가레의 차이 철학, 차이이론을 문학적 차원에 적용하고자 시도하였다.

5) [역자 주] '(충성)확인-개념'이란 여성들이 여성운동가와 인권운동가들 간의 오랜 협업적 숙고에 터하여 합의된 여성주의의 핵심 원칙들에 대하여 동의 및 그에 대한 충성을 확인하는 행위를 통하여 그 원칙들이 실천적인 차원에서 강력하게 행위에 옮겨져야 한다는 주장을 담고 있다.

사회화이론의 논의 속에서 드러나는 이론적인 구념들 속에서 '여성' 혹은 '양성성'과 같은 범주들은 '젠더 부여하기(doing gender)'를 통하여 형성되는 사회적 구조화의 지위를 가지게 된다. 이와 같은 구조화의 규칙을 드러내고 분석하면서 그와 같은 관점들 속에 동시에 해체의 과정이 연결되는 것으로, 양성성은 보편타당성의 지위에 군림하고 있는 문화적 구조체로서 여성들은 여성적이며 남성들은 남성적이라고 규정하고 있다는 것이다. 반면, 역사 속에 실재했던 현실 속에서 특정한 시기 동안 특정한 여성, 남성 집단들은 다양한 형태의 여성성, 남성성을 대변해 왔다. 여성학적 사회화이론 및 교육이론의 연구들이 앞으로 달성해야 할 과제는 이와 같은 '젠더 부여하기'의 과정을 학교제도의 맥락 속에서 분석하는 일일 것이다(Metz-Göckel/Kreienbaum, 1991: 16; Faulstich-Wieland/Weber/Willems, 2004). 이와 같은 관점들은 마치 바스트(Bast, 1988)가 그녀의 여성학적 교육과학 속에서 유토피아로 삼고 있는 바와 같은 '양성 통합체(androgynen Einheitswesen)'가 아닌 양성의 다양성을 보장하는 사회를 목표점으로 삼고 있다. 이때 성적 특성은 어떤 소유물로서 구성되는 것이 아니라 상황에 따라 구체화되거나 혹은 전환도 가능한 그런 것이어야 한다는 것이다(Hagemann-White, 1984; Löw, 1995: 66).

프렝엘(A. Prengel)은 여성학적 교육과학으로서는 보기 드물게 체계적인 이론을 구축하였으며, 그 안에서 여성학적 교육학이 대변하는 세 가지 관점들을 모두 비판하고 있다. 그녀는 비판이론의 사회철학적 전통, 그리고 포스트모더니즘 논쟁들에 기대어 차이와 다양성의 평등주의적 관점 속에서 급진적 복수성(radikale Pluralität)의 문제를 재해석하고자 시도하였다(Prengel, 1992, 1993).

프렝엘은 1944년생으로 기센 대학에서 1964년부터 1967년까지 초등학교, 하우프트슐레, 그리고 레알슐레 교사가 되기 위한 교직과정을 이수하였으며, 1, 2차 국가 교사자격시험에 합격한 후 1970년대 초 마인츠 대학에서 교직과정 내 석사학위를 취득하였다. 수년간 교사로 재직한 후 프렝엘은 1978년에서 1989년까지 프랑크푸르트 대학에서 학술조교로 근무하였으며, 이 대학에서 1983년 박사학위를 취득하였다. 1989년에는 베를린 공과대학에서 교수자격시험에 합격하였으며, 1년 뒤 파더본 대학에서 초등교육 및 여성 사회화 영역을 담당하는 교수직에 부임하게 된다. 1994년에서 2001년까지 그녀는 할레 대학에서 초등교육 전공 교수로 재직하였으며, 이후 포츠담 대학의 특

Annedore Prengel

수교육학 교수로 재직하기도 하였다. 이미 1980년대 초반부터 프렝엘은 다양한 작업들 속에서 여성학적 학교 연구의 경험적, 조직적 문제들을 다루었다. 그 한 예로 저서로도 출간된 그녀의 박사학위 논문, 『성적부진 여학생들-여성성의 담론적, 사회역사학적, 교육학적 차원에서의 차별에 대한 연구』를 들 수 있다. 프렝엘은 이 연구의 논점들을 이후 1980년대를 거치면서 교육정치 혹은 교육프로그램 차원에 강조점을 둔 다양한 여성학적 학교 연구들(Prengel 1984, 1990b; Prengel/Schmid/Sitals, 1987)을 수행함으로써 지속적으로 확대·발전시켰다.

프렝엘이 1980년대에 두 번째로 강조하여 진행한 연구들은 장애인 학생들의 통합을 주제로 한 경험적 연구들(Prengel, 1990a), 혹은 통합교육학(Integrations-pädagogik)[6]의 근거 구축을 위한 조직적 성찰이 담긴 연구들이다(Prengel, 1988). 그녀의 교수자격논문의 제목은 『교육에 있어서의 다양성과 동등한 권리의 보장』(1989)이었으며, 이는 수정·보완되어 모노그라피, 즉 단독 저서로 출판되었다(Prengel, 1993, 1996). 이 저서에서 프렝엘은 한편으로는 '평등'이라고 하는 민주주의 이론의 전제들과 '이질성(Heterogenität)'과 '차이'를 주제로 한 포스트모더니즘 이론들 간의 긴장 관계 속에서 여성학적 교육학의 조직적인 틀을 이론적으로 정교화하였다. 다른 한편으로 프렝엘은 일반교육학의 차원에서 '다양성의 교육학'을 구축하고자 하였으며, 이를 위하여 그녀는 '서로 다름의 함께 있음(Miteinander der Verschiedenen)'이라고 하는 핵심 주제하에 상호문화교육학과 통합교육학의 관점들을 가져와 적용하고 있으며, 초등교육학, 특수교육학 그리고 사회교육학 분야에서 그녀가 제기한 문제점들이 구체화되고 있다(Prengel, 1992; Prengel/van der Voort, 1996).

영향 교육과학 내에서 이루어진 교육학적 여성 연구를 전반적으로 살펴볼 때, 이 분야가 처음 전개된 80년대 이후 오랜 세월이 흘렀으며, 그간 대학 내에서 혹은 대학 밖에서 자율적으로 운영되는 여성단체들의 범위 안에서 다양한 차원과 수준에서의 괄목할 만한 업적, 성과들이 달성되었음을 확인할 수 있다. 연구영역에서 새로운 다양한 주제 분야들이 나타나고 있으며, 그 스펙트럼은 교육사적 차원의 여성 연구(Schmid, 1988, 1992)로부터 시작해서 전 생애에 걸친 성특수적 사회화 연구(Bilden, 1991; Bilden/Diezinger, 1993; Hagemann

---

6) [역자 주] 특수교육 대상 학생을 일반 학교에서 장애 유형이나 장애 정도에 따라 차별하지 않고 비장애 또래 학생들과 함께 가르치는 교육을 의미한다.

-White, 1984; Fralstich-Wieland, 2006b), 여성학적 학교 연구(Horstkemper, 1987; Faulstich-Wieland/Dick, 1989; Faulstich-Wieland/Horstkemper, 1995; Flaake, 1989) 와 평생교육연구(Schiersmann, 1993)를 거쳐 여성학적 사회교육학, 특수교육학 연구(Fried, 1990; Prengel, 1990a; Sachverständigenkommission des 6. Jugend-berichts, 1984)에 이르기까지 무척 다양하다. 그 외에도 여성학적 교육학만을 주제로 삼는 독자적인 학술지들이 창간되었으며 그동안 교육학적 여성 연구 분야에서 거의 셀 수 없을 정도로 많은 연구들이 그 학술지들에 게재되었다. 이 연구들은 소녀노동, 여성노동의 모든 실천 영역들을 주제로 한 이론 구축 및 개념 구성의 문제를 다루고 있으며, 그 목록이 매우 광범위하다(Schultz/Weber/Klose/Schmid, 994).

제도적인 차원에서도 그동안 괄목할 만한 발전이 이루어졌다. 1985년 독일교육학회 내에서 초기의 논쟁을 거쳐 별도로 여성학 연구분과가 구성되었다(Faulstich-Wieland, 1989: 3). 독일연구재단에서는 1990년에 여성학 연구를 위한 학제간 연구 위원회를 설치하였다(Heinzel/Jacobi/Prengel, 1994: 116). 약 20개의 대학들에서 여성학 협동 연구를 위한 연구소들이 제도로 안착되었다(Kleinau, 1992: 35). 상당 수의 대학 내 교육학 영역에서 여성학을 주전공으로 하면서 동시에 학교교육학 혹은 역사교육학 등 다른 분야와 연계시켜 연구하는 여성 학자들을 교수로 영입하였다(Faulstich-Wieland, 2006a). 그러나 이와 같은 활동들에도 불구하고 교육학 분야의 최상위 교수 그룹 내에서 여교수가 차지하는 비율은 1990년대 초까지만 해도 29%에 불과한 실정이다(Faulstich-Wieland/Horstkemper, 2008: 150). 또한 교육학적 여성 연구의 관점들 그리고 연구 성과들이 전체 교육과학 연구의 주요 흐름들의 이론 구축, 연구 프로세스에 미치는 영향이 얼마나 되는지에 대한 평가는 다소 회의적이라고 해야할 듯하다. 이는 특히 여성학적 교육과학에 관한 내용이 교육학을 소개하는 개론서들에서 다루어지지 않고 있다는 점에서 명확하게 드러나고 있다(Lenzen, 1994, 1999; Weber, 1995). 교육과학의 남성 주도적인 주류 속에서 여성학적 교육과학에 대한 인식이 아직 부족한 현실에도 불구하고 교육학 논의 속에서 젠더 이슈에 대한 관심이 오랫동안 전무했던 상황을 생각할 때, 적어도 부분적으로나마 이 이슈에 대한 주의가 환기되고 있다는 사실만으로도 여성학적 교육과학이 뚜렷한 성과를 이룩한 것이라고 할 수 있을 것이다.

I.4.9.2. 여성학적 교육학을 위한 핵심 이슈 – 양성평등과 차이(A. Prengel)

프렝엘은 여성학적 교육학 분야에서 그녀가 이룩한 성과에 있어서 여성학적 논의들 중에서 '평등' 대 '차이'를 둘러싼 대립적 논쟁에 기대어 처음으로 기존의 교육과학적 여성 연구의 중심을 이루는 3개의 이론적 논의들로부터 비판적인 거리감을 두고 있다. 오로지 여성의 남성과의 동등한 지위 획득을 목표로 삼고 있는 교육정책적 전략과 교육학적 개념들은 그녀의 시각에서 바라볼 때 일종의 동화교육학(Assimilationspädaogik)으로 전락할 위험에 처해 있다는 것이다(Prengel, 1993: 115). 여기에서 '동화교육학'이란 소녀들이 남성적인 삶의 기획들이 주도하는 규범에 스스로를 끼워 맞추면서 동시에 여성적인 삶의 영역에서 발전된 역량들이 무시되는 그런 방식의 교육을 지향하는 교육학을 의미한다. 이와 반대로 여성학적 교육학 중 '차이 이론'의 관점들은 일단 소녀, 여성들 특유의 삶의 방식들을 그 자체로서 인정하고 들어가기는 하나, 종종 여성성 그 자체가 불변하는 하나의 '존재'로서 고착되어 내심 과대 평가되거나 이상화되는 경향을 보인다. 그러나 그와 같은 사유 방식은 상하 종속 관계가 포함되어 있는 계층 구조들에 포착되어 있게 마련이다(Prengel, 1993: 135). 마지막으로 교육과학적 논의들 중 젠더 부여의 행위들이 사회학적 구조들로 자리잡고 있다고 보는 후기 여성학적 관점들은, 프렝엘에 따르면, 양성성의 상징 체계가 실제 사회에서 가지는 의미와 정치적 영향력을 간과하고 있으며 별도의 여성정책을 마련해야 할 필요성 자체를 문제시하고 있다는 점에서 비판받을 만하다는 것이다(Prengel, 1993: 135).

여성학적 교육학을 위한 기초 관점으로서 평등주의적 차이 개념

프렝엘에 따르면, 평등과 차이는 상호배타적인 가치가 아니다. 오히려 그녀는 남녀 간의 동등한 지위획득과 다양성 간의 불가분의 변증법적 상호작용을 강조하는 가운데 평등주의적인 차이 개념을 여성학적 교육학의 핵심으로 발전시키고 있다. 이때 그녀는 한편으로는 벨쉬(Welsch, 1987)에 기대고 있다. 벨쉬는 그의 포스트모더니즘 철학을 근거지우면서 평등의 원칙이라는 것은 이질성 내지는 다양성의 가치를 존중하는 가운데 비로소 성취되는 것이라는 점을 강조하고 있다. 다른 한편으로 프렝엘은 평등주의적 차이이론에 기대고 있으며, 이 이론은 아도르노(Adorno, 1980)의 비판이론이 구축한 이론적 전통에 근거를 두고 있으며 호네트(Honneth, 1994), 구초니(Guzzoni, 1981) 혹은 벤하비브(Benhabib, 1992)가 발전시킨 것이다. 이 이론의 전제는 인간적 차원

에서의 공정성에 대한 요구는 타인과의 적절한 관계 속에서야 비로소 성립될 수 있다는 점에서 출발하고 있다. 프렝엘에 의하면 평등 없는 차이는 사회적 계층 구조, 문화적 가치 절하 그리고 경제적 착취를 의미할 뿐이며, 차이 없는 평등은 수동적 적응, 획일화, "타인"의 배척을 의미할 뿐이다(Prengel, 1992: 151).

여성학적 교육학의 과제

여성학적인 정치와 교육학은 이와 같은 민주주의적 차이이론의 관점으로부터 비롯된 다음과 같은 특징들을 보여준다. 첫째, 예나 지금이나 한편으로는 평등의 문제에 집중하는 가운데 물질적인 자원의 분배, 사회적 권력, 혹은 영향력의 행사, 문화적 가치체계 내에서의 여성성이 차지하는 비율 등의 차원이 주요 연구 주제로 등장한다. 둘째, 다른 한편으로는 직업적 차원과 모성의 발현 두 차원에 있어서 삶에 대한 여성들의 다양한 바람들, 그리고 가능성들이 무엇보다 상호 긴밀히 연결되어 있다는 점, 그리고 이 두 차원 모두 사회적 인정, 영향력의 행사 그리고 금전적 지원을 필요로 하고 있다는 점이 부각되고 있다(Prengel, 1992: 152). 이에 따라 여성학적 교육학은 자기개발의 의지를 품고 있는 소녀와 여성에게 양성관계에 있어서 각자 고유한 비전을 발전시킬 수 있는 여지를 제공해야 한다. 또한 프렝엘에 따르면, 여성학적 교육학은 소년들을 대상으로 한 교육에 대해서도 집중적으로 숙고하는 일을 과제로 삼아야 한다(Prengel, 1993: 133) 이는 곧 소년들이 "(소녀들보다) 우월해야 한다"는 심적 강제로부터 스스로를 해방시키도록 돕는 일을 의미하며, 이를 위하여 소년의 관점으로 소년들에게 다가갈 필요가 있다.

프렝엘은 다양한 이질적인 성차이들에 대하여 교육정책적 개방성을 유지하고, 이를 통하여 평등의 가치를 인정하되 성적 차원에서 서로 다르다는 사실을 상호 인정하는 일이 학교에서의 교육학적 행위 속에서 구체적으로 실현되어야 한다고 주장하고 있다(Prengel, 1987: 31; Kaiser, 1988: 367; Prengel, 1992: 154). 소녀들과 소년들 모두 수업이 진행되는 과정에서 공간, 시간, 성인들로부터의 관심 등등 모든 차원에서 동등함을 누려야 하며, 스스로의 경험들을 상징화하고 표현하는 경우들에도 동등한 기회를 부여받아야 한다. 이를 위하여 교육학자들은 소녀들을 격려하고 때로는 소년들을 제지하기도 해야 한다. 또한 양성 모두 그들의 고유한 문화적 차이들을 표현하고 그 차이들을 다각도로 실험해 볼 수 있는 여지를 가지도록 배려해야 한다. 이는 소녀들을 소년들과 따로 분리하여 수업을 진행하는 일까지 포함한다. 프렝엘은 이와 같은 숙고들 속에서 소녀들, 소년들의 교육에 있어서 평등주의적 차이가 교육학적으로 실천에 옮겨질 수 있는 논의를 발견한다(Prengel, 1992: 154).

I.4.9.3. 비판

교육학적 여성연구들을 전반적으로 살펴보면서 여성학적 교육과학을 대변하는 학자들은 그동안 교육학계에서 이루어진 여성주의적 교육연구의 전통과 이론들과 성과들이 교육학계 내에서 제대로 알려지지 못했다고 자평한다(Nyssen/Schön, 1992b: 867). 이와는 반대로 교육과학의 주류를 주도하는 대표 학자들은 이제까지 여성학적 관점들과의 비판적인 논쟁 혹은 대결을 거의 시도하지 않았던 점에 대해서도 언급하고 있다(예외적 사례로, Schäfer, 1998; Preuss-Lausitz, 1991). 프렝엘은 그가 발전시킨 '다양성의 교육학'(Pädagogik der Vielfalt: 1993, 1996)에서 민주주의적 차이의 원칙을 단지 소녀, 소년들 간의 관계에서뿐 아니라 다양한 문화들, 혹은 장애/비장애 성인들 간의 관계에서 교육이론의 관점을 빌어 구체화하고자 노력하고 있으며, 이는 일반교육학적 논의 속에서도 중요한 동력을 제공할 수 있음을 보여주고 있다.

또한 소녀들(그리고 소년들)이 그들을 둘러싼 환경, 그들 자신의 성종속성, 양성관계에 대하여 적극적으로 대적하며 특정한 저항의 형식들을 드러내고 있다. 반면, 여성학적 교육과학을 대변하는 연구자들은 몇몇 연구들에서 성인 여성들 ─ 때로 여성 교육학자들 ─ 이 양성관계의 희생자로 드러나는 점에 대하여 비판을 가하고 있다(Metz-Göckel, 1994: 423). 더 나아가 소녀들(그리고 소년들)의 집단 내에서 보다 뚜렷하고 강력하게 차이화의 시도가 이루어져야 함에도 불구하고 아직까지 불평등한 상황에 처해 있는 소녀들에 대한 논의만이 집중적으로 이루어지고 있는 점에 대해서도 비판이 이루어지고 있다(Nyssen/Schön, 1992b: 866). 또한 질적 연구 결과에 터하여 일반화를 시도하되 허용치를 넘어선다거나 그 외 연구방법론의 토대 자체가 의문시되는 등 교육기관들 내에서 이루어지는 성특수적 사회화에 대한 연구들에서 방법론적인 차원에서의 질적 수준이 문제시되고 있다(Preuss-Lausitz, 1991: 5; Glumpler, 1992: 17).

그러나 이와 같은 비판적인 지적들은 교육학적 양성연구 분야에서 등장하는 최근의 새로운 연구들에는 더 이상 해당되지 않는다. 소녀들이 단지 주변적인 역할만을 수행하는 차별적인 현상들을 진단하는 관점들은 그동안 소녀와 소년들의 사회화 과정과 교육조건들에 대한 분석을 전면에 내세우는 차이

이론의 관점들로 대체되었다(Kraul/Tenorth, 1992: 834). 이와 같은 방식으로 교육학적 여성연구들로부터 '소년 연구'를 위한 중요한 관점들이 출발하게 되었다. 반면 소년들의 사회화에 대한 연구를 목적으로 한 '남성 연구' 영역은 아직 그 초기 단계에 머물고 있다(Tilmann, 1992; Böhnisch/Winter, 1993; Budde, 2005). 방법론과 연구 업적들에 대한 논의 영역에서는 그동안 발전 양상이 뚜렷하게 나타나고 있다. 소녀연구 그리고 여성연구 분야에서 종종 여성학적 프로그램들은 대량 생산되고 있으나 연구 결과 차원에서 구체성은 떨어지는 것으로 나타나고 있어 초창기에 이를 둘러싼 치열한 논쟁이 이루어졌다. 그러나 그 이후로 10년간 다양한 교육과학적 연구영역들 내에서 양성의 문제들에 대한 연구들, 특히 질적인 연구들과 함께 아주 중요한 양적 연구들이 수행되어 왔다. 이제까지 구조적으로 매우 취약한 양상을 보이던 제도적 조건의 맥락 속에서 연구 주제들의 이와 같은 세분화 경향 그리고 연구 역량의 강화는 주목할 만하다(Faulstich-Wieland, 2006b; Glaser/Klicka/Prengel, 2004; Prengel, 2006).

한편으로는 향후 이와 같은 연구 방식을 위한 물적, 인적 차원에서의 전제들이 지속적으로 개선되는 일이 무척 중요한 과제가 될 것이다. 다른 한편으로는 교육과학적 양성연구를 위한 전망들이 보다 구체화되어 양성 간 계층화의 실제적인 사회적 발전 상황 그리고 이와 동시에 진행되는 성역할의 차별화 과정에 대한 연구가 이루어질 필요가 있을 것이다. 또한 양성성의 사회적 구성화 과정에 있어서 교육 기관들 내에서의 사회적 상호작용의 프로세스가 과연 어떠한 위치를 차지하고 있느냐의 문제도 탐구되어야 할 것이다.

Adorno, Th. W.: Negative Dialektik. Frankfurt a.M. 1980.

Bast, Ch.: Weibliche Autonomie und Identität. Weinheim/München 1988.

Becker-Schmidt, R.: Individuum, Klasse und Geschlecht aus der Perspektive der Kritischen Theorie. In: Zapf, W. (Hrsg.): Die Modernisierung moderner Gesellschaften. Frankfurt a.M./New York 1991, S. 383-394.

Beer, U.: Geschlecht, Struktur, Geschichte - soziale Konstituierung des Geschlechterverhältnisses. Frankfurt a.M. 1990.

Benhabib, S.: Die Debatte über Frauen und Moraltheorie. In: Kulke, Ch./Scheich, E. (Hrsg.): Zwielicht der Vernunft. Pfaffenweiler 1992, S. 138 -148.

Bilden, H.: Geschlechtsspezifische Sozialisation. In: Hurrelmann, K./Ulich, D. (Hrsg.): Neues Handbuch der Sozialisationsforschung. Weinheim/Basel 1991, S. 279-301.

Bilden, H./Diezinger, A.: Historische Konstitution und besondere Gestalt weiblicher Jugend — Mädchen im Blick der Jugendforschung. In: Krüger, H.-H. (Hrsg.): Handbuch der Jugendforschung. Opladen ²1993, S. 201- 222.

Bock, G./Duden, B.: Arbeit aus Liebe - Liebe als Arbeit. Zur Entstehung der Hausarbeit im Kapitalismus. In: Frauen und Wissenschaft. Berlin 1977, S. 118-199.

Böhnisch, L./Winter, R.: Männliche Sozialisation. Weinheim/München 1993.

Brehmer, J.: Schule im Patriarchat. Weinheim/Basel 1991.

Budde, J.: Männlichkeit und gymnasialer Alltag. Bielefeld 2005.

Butler, J.: Das Unbehagen der Geschlechter. Frankfurt a.M. 1991.

Chasseguet-Smirgel, J.C. (Hrsg.): Psychoanalyse der weiblichen Sexualität. Frankfurt a.M. 1976.

Diotima (Philosophinnengruppe aus Verona): Der Mensch ist zwei. Das Denken der Geschlechterdifferenz. Wien 1989.

Enders-Dragässer, U.: Weibliche Erfahrung und Weibliches Erkenntnisinteresse als „Störfoll" und Herausforderung. In: Pollak, G./Heid, H. (Hrsg.): Von der Erziehungswissenschaft zur Pädagogik. Weinheim 1994, S. 445-465.

Faulstich-Wieland, H.: Die Arbeitsgruppe Frauenforschung in der Deutschen Gesellschaft für Erziehungswissenschaft. In: Faulstich-Wieland, H. (Hrsg.): Weibliche Identität. Bielefeld 1989, S. 3-12.

Faulstich-Wieland, H.: Einführung in Genderstudien ²2006a.

Faulstich-Wieland, H./Dick, A.: Mädchenbildung und neue Technologien. Wiesbaden 1989.

Faulstich-Wieland, H./Horstkemper, M.: „Trennt uns bitte, bitte, nicht!" Koedukation aus Mädchen- und Jungensicht. Opladen 1995.

Faulstich-Wieland, H.: Genderfbrschung. In: Krüger, H.-H./Grunert, C. (Hrsg.) Wörterbuch Erziehungswissenschaft. Opladen ²2006, S. 210-215.

Faulstich-Wieland, H./Horstkemper, M.: Geschlechterverhältnisse. In: Tillmann, K.J. u.a. (Hrsg.): Datenreport Erziehungswissenschaft 2008. Opladen 2008, S. 139-152.

Faulstich-Wieland, H./Weber, M./Willems, K.: Doing Gender im heutigen Schulalltag. Weinheim 2004.

Flaake, K.: Berufliche Orientierungen von Lehrerinnen und Lehrern. Frankfurt a.M. /New York 1989.

Forum Grazer Pädagoginnen (Hrsg.): Lebenszielen. Frauenforschung und Erziehungswissenschaften. München/Wien 1993.

Fried, L.: Ungleiche Behandlung schon im Kindergarten und zum Schulanfang? In: Horstkemper, M./Wagner-Winterhager, L. (Hrsg.): Mädchen und Jungen – Männer und Frauen in der Schule. 1. Beiheft zu Die Deutsche Schule (1990), S. 61-76.

Gildemeister, R.: Geschlechtsspezifische Sozialisation. In: Soziale Welt 39 (1988), S. 486-503.

Gilligan, C.: Die andere Stimme. Lebenskonflikte und Moral der Frau. München 1984.

Glantschnig, H.: Frauenbildung. In: Lenzen, D. (Hrsg.): Pädagogische Grundbegriffe, Bd. 1, Reinbek 1989, S. 632-648.

Glaser, E./Klika, D./Prengel, A. (Hrsg.) Handbuch Gender in der Erziehungs -wissenschaft. Bad Heilbrunn 2004.

Glumpler, E.: Frauenforschung in der Lehrerinnenbildung. In: Glumpler, E.(Hrsg.): Mädchenbildung, Frauenbildung. Bad Heilbrunn 1992, S. 10-34.

Guzzoni, U.: Identität oder nicht. Freiburg/München 1981.

Hagemann-White, C.: Sozialisation. Weiblich – männlich? Opladen 1984.

Hagemann-White, C.: Wir werden nicht zweigeschlechtlich geboren. In: Hagemann-White, C./Rerrich, M.: FrauenMännerBilder. Männer und Männlichkeit in der feministischen Diskussion. Bielefeld 1988, S. 224–235.

Heinzel, F./Jacobi, J./Prengel, A.: Wie lange noch auf Nebengleisen? Zur Institutionalisierung der Erziehungswissenschaftlichen Frauenforschung. In: Erziehungswissenschaft 5 (1994), H. 9, S. 113–129.

Honnegger, C.: Die Ordnung der Geschlechter. Frankfurt a.M. 1991.

Honneth, A.: Pathologien des Sozialen. In: Honneth, A. (Hrg.): Pathologie des Sozialen. Die Aufgaben der Sozialphilosophie. Frankfurt a.M. 1994, S. 9–69.

Horstkemper, M.: Schule, Geschlecht und Selbstvertrauen. Weinheim/München 1987.

Irigaray, L.: Das Geschlecht das nicht eins ist. Berlin 1979.

Irigaray, L.: Zur Geschlechterdifferenz. Wien 1987.

Jacobi, J.: „Geistige Mütterlichkeit". In: Horstkemper, M./Wagner-Winterhager, L. (Hrsg.): Mädchen und Jungen – Männer und Frauen der Schule. 1. Beiheft zu Die Deutsche Schule (1990), S. 209–224.

Kaiser, A.: Geschlechtsneutrale Bildungstheorie und Didaktik. In: Hansmann, O./Marotzki, W. (Hrsg.): Diskurs Bildungstheorie I, Weinheim 1988, S. 364–376.

Kessler, S./McKenna, W.: Gender. An Ethnomethodological Approach. New York 1978.

Kleinau, E.: Frauenforschung in der Bundesrepublik. In: Glumpler, E. (Hrsg.): Mädchenbildung, Frauenbildung. Bad Heilbrunn 1992, S. 35–43.

Kraul, M./Tenorth, H.-E.: Frauenforschung: Perspektivenwechsel für die Erziehungswissenschaft? In: Zeitschrift für Pädagogik 38 (1992), H. 6, S. 833–837.

Libreria delle donne di Milano (Hrsg.): Wie weibliche Freiheit entsteht. Eine neue politische Praxis. Berlin 1988.

Lenzen, D. (Hrsg.): Erziehungswissenschaft. Ein Grundkurs. Reinbek 1994.

Lenzen, D.: Orientierung Erziehungswissenschaft. Reinbek 1999.

Löw, M.: Was wird aus Lippenstift und Puderdose? Geschlechtertheorie und Frauenpolitik im Wandel. In: Löw, M./Meister, D./Sander, U. (Hrsg.): Pädagogik im Umbruch. Opladen 1995, S. 59–68.

Metz-Göckel, S.: Zur Kritik der Geschlechtertheorie und Geschlechter-beziehungen in der Erziehungswissenschaft. In: Pollak, G./Heid, H. (Hrsg.): Von der Erziehungswissenschaft zur Pädagogik. Weinheim 1994, S. 407-443.

Metz-Göckel, S./Kreienbaum, M.-A.: Herkömmliche Geschlechter-Polarisierung und neue Differenzierungen. In: Päd. Extra 19 (1991), H. 12, S. 16-18.

Nadig, M.: Der ethnologische Weg zur Erkenntnis. In: Knapp, G.A./Wetterer, A. (Hrsg.): Traditionen - Brüche. Entwicklungen feministischer Theorie. Freiburg 1992, S. 151-201.

Nyssen, E./Schön, B.: Feministische Schulforschung. Bestandsaufnahme und Perspektiven. In: Glumpler, E. (Hrsg.): Mädchenbildung, Frauenbildung. Bad Heilbrunn 1992(a), S. 156-170.

Nyssen, E./Schön, B.: Traditionen, Ergebnisse und Perspektiven feministischer Schulforschung. In: Zeitschrift für Pädagogik 38 (1992) (b), H. 6, S. 855-872.

Ortmann, H.: Plädoyer für eine „Feministische Lebenswissenschaft" - Entwurf eines Programms. In: Heid, H./Klafki, W. (Hrsg.): Arbeit - Bildung - Arbeitslosigkeit. 19. Beiheft der Zeitschrift für Pädagogik (1985), S. 380-385.

Prengel, A.: Gleichheit und Differenz der Geschlechter. Zur Kritik des falschen Universalismus in der Allgemeinbildung. In: 21. Beiheft der Zeitschrift für Pädagogik (1987), S. 221-230.

Prengel, A.: Mädchen und Jungen in Integrationsklassen an Grundschulen. In: Horstkemper, M./Wagner-Winterhager, L. (Hrsg.): Mädchen und Jungen - Männer und Frauen in der Schule. 1. Beiheft zu Die Deutsche Schule (1990) (a), S. 32-41.

Prengel, A.: Pädagogik der Vielfalt. Opladen 1993, ²1996.

Prengel, A.: Schulversagerinnen. Gießen 1984.

Prengel, A.: Verschiedenartigkeit und Gleichberechtigung in der Sozial- und Sonderpädagogik. In: Sozialmagazin (1992), H. 10, S. 34-41.

Prengel, A.: Zum Geschlechterverhältnis in den Diskursen der Frauen-forschung - Konsequenzen für die Bildungs- und Schulforschung. In: Heiliger, A./Funk, H. (Hrsg.): Neue Aspekte der Mädchenförderung. München 1990 (b), S. 90-119.

Prengel, A.: Zur Dialektik von Gleichheit und Differenz in der Integrations-pädagogik. In: Eberwein, H. (Hrsg.): Behinderte und Nichtbehinderte lernen gemeinsam. Handbuch der Integrationspädagogik. Weinheim/Basel 1988, S. 70–74.

Prengel, A.: Was will die feministische Pädagogik? In: Glumpler, E. (Hrsg.): Mädchenbildung, Frauenbildung. Bad Heilbrunn 1992, S. 148–155.

Prengel, A.: Feministische Pädagogik. In: Krüger, H.-H./Grunert, C. (Hrsg.) Wörterbuch Erziehungswissenschaft. Opladen ²2006, S. 342–347.

Prengel, A./Schmid, P./Sitals.G. u.a. (Hrsg.): Schulbildung und Gleichberechtigung. Frankfurt a.M. 1987.

Prengel, A./Voort, D. van de: Vom Anfang bis zum Abschluß. Vielfalt durch „Gute Ordnung". In: Helsper, W./Krüger, H.-H./Wenzel, H. (Hrsg.): Schule und Gesellschaft im Umbruch, Bd. 1, Weinheim 1996, S. 298–318.

Preuss-Lausitz, U.: Der Kaiserin neue Kleider? Fragen an die feministische Schulforschung. In: Päd. Extra 19 (1991), H. 12, S. 5–12.

Rabe-Kleberg, U.: Geschlechterverhältnis und Bildung. In: Rabe-Kleberg, U. (Hrsg.): Besser gebildet und doch nicht gleich. Bielefeld 1989, S. 235–250

Rohde-Dachser, Ch.: Expeditionen in den dunklen Kontinent. Weiblichkeit im Diskurs der Psychoanalyse. Hannover 1991.

Sachverständigenkommission 6. Jugendbericht (Hrsg.): Alltag und Biographie von Mädchen, 12. Bde. Opladen 1984f.

Schäfer, A.: Zur Kritik der weiblichen Pädagogik. Bericht über eine Arbeitsgruppe. In: Beck, K./Herrlitz, H.-G./Klafki, W. (Hrsg.): Erziehung und Bildung als öffentliche Aufgabe. 23. Beiheft der Zeitschrift für Pädagogik (1988), S. 139–147.

Scheu, U.: Wir werden nicht als Mädchen geboren – wir werden dazu gemacht. Frankfurt a.M. 1977.

Schiersmann, Ch.: Frauenbildung. Weinheim/München 1993.

Schmid, P.: Bürgerliche Theorien zur weiblichen Bildung. In: Hansmann, O./Marotzki, W. (Hrsg.): Diskurs Bildungstheorie II. Weinheim 1989, S. 537–559.

Schmid, P.: Rousseau Revisited. Geschlecht als Kategorie in der Geschichte der Erziehung. In: Zeitschrift für Pädagogik 38 (1992), H. 6, S. 838–854.

Schultz, D.: „Ein Mädchen ist fast so gut wie ein Junge". Sexismus in der Erziehung, 2. Bde, Berlin 1978/1979.

Schultz, B./Weber, Ch./Klose, Ch./Schmid, P.: Frauen im pädagogischen Diskurs: eine interdisziplinäre Bibliographie 1989–1993. Frankfurt a.M. 1994.

Seifert, R.: Entwicklungslinien und Probleme der feministischen Theoriebildung. In: Krapp, G.A./Wetterer, A. (Hrsg.): Traditionen, Brüche. Freiburg 1992, S. 255–286.

Tillmann, K.-J. (Hrsg.): Jugend weiblich, Jugend männlich. Opladen 1992.

Treibei, A.: Einführung in soziologische Theorien der Gegenwart. Opladen 1993.

Weber, E.: Pädagogik. Eine Einführung. Bd. 1, Donauwörth [8]1995.

Wetterer, A.: Die kulturelle Konstitution der Zweigeschlechtlichkeit und die Folgen. In: Werterer, A. (Hrsg.): Profession und Geschlecht. Frankfurt a.M. 1992.

Wolf, M.: Feministische Erziehungswissenschaft. In: Hierdeis, H./Hug, Th. (Hrsg.): Taschenbuch der Pädagogik, Bd. 2, Baltmannsweiler 1996, S. 332–349.

I.4.10. 교육과학 내 포스트모더니즘 논의

I.4.10.1. 성립 배경과 영향

1980년대 중반에 구(舊)서독의 교육학계에서는 타 인접 학계에서와 유사하게 소위 포스트모던 논쟁이 등장하기 시작하였다. '포스트모던' 개념이 심대한 사회적 변동과정이 되고 있으며 '모던(근대)' 사회에 대한 비판과 관련되어 있다(Welsch, 1987: 4). 이 개념은 일종의 유행어로 거대 이론에 대한 불편감, 소위 기술적 진보라고 하는 함의에 대한 환멸, 정보사회의 등장, 1980년대에 '무엇이든 괜찮아(Passepartout)' 개념으로 대변되던 라이프스타일의 다양화 현상 등을 상징하고 있다(Lenzen, 1992: 75).

포스트모던의 개념

벨쉬(W. Welsch)의 연구에 따르면 '포스트모던'이라고 하는 형용사는 1870년 즈음에 처음 등장했으며, 영국의 대중 화가인 챕맨(J.L. Chapman)이 당시 형성 과정 중에 있던 인상주의 화풍에 대하여 진보적인 비판을 가하면서 사용하였다. 그로부터 몇십 년 후 판비츠(R. Pannwitz)의 연설 속에서 "포스트모던 인간들(postmodernen Menschen)"이라는 표현이 등장한 적이 있으나 그 의미는 오늘날의 포스트모던-논쟁과는 무관하다. 이보다는 1950~60년대 북미에서의 문학계에서 일어난 논쟁이라든가 1970년대 현대 건축디자인의 표현 방식을 둘러싼 서구 유럽에서의 논쟁들이 작금의 포스트모던 논쟁과 연관성이 깊다. 이러한 움직임들은 기존의 엘리트 문화, 대중문화와의 연관성이 두드러지며 예술적 차원에서의 복수, 혹은 다수 언어주의에로 발전하였다. '포스트모던'이라고 하는 표현이 전문 분과로서 철학의 영역을 뛰어넘어 대중의 관심을 끌고 지속적으로 확산되는 데 있어서 큰 역할을 한 것은 리오타르

(J. F. Lyotard)의 저서, 『포스트모던 지식』(1986/1979)이다.

리오타르는 본 저서에서 이미 소개된 푸코(M. Foucault), 보드리야르(J. Baudrillad)와 함께 프랑스 후기구조주의의 중심적인 대변자에 속한다. 후기 구조주의의 이론은 독일어권 교육학계 내에서 벌어진 포스트모던 논쟁에 결정적인 영향을 미쳤다. 예컨대 보드리야르와 리오타르의 입장들 속에서 현대 포스트모던 논쟁 내에서 등장하는 대립적인 견해들의 다양한 스펙트럼이 나타나고 있다. 보드리야르의 연구들에서는 근대성을 둘러싼 논의 속에서 이 상황을 극단적인 참사로 간주하는 견해가 드러나고 있는데, 이는 '역사의 종말'이라고 하는 종래 진단의 변종인 셈이다(Welsch, 1987: 152). 실제로 우리에게 닥친 현실 사회 속에서 정보를 통하여 생성되는 정보사회의 시대 속에서 실재(Realität)와 시뮬라시옹(simulation)을 구분하는 일은 점점 무의미해져 가고 있다. 그에 의하면 이러한 상황 속에서 주체의 균일화, 획일화와 권한 박탈, 무기력화가 완성된다는 것이다. 포스트모던의 세계는 의미가 내파, 함열되어 사라진 기호를 전면에 내세우고 있으며, 문화의 마지막 방전, 무한 성장은 결국 자기 스스로에 대항하는 자기파괴적 움직임으로 변화하게 된다(Baudrillard 1978, 1982). 그러나 비록 빠져나갈 구멍이 없는 재앙 속에서 지옥의 묵시록으로 묘사된 근대 사회로부터 탈출할 가능성이 존재함을 근거 있게 제시하는 시도가 거의 눈에 띄지 않음에도 불구하고, 실재의 함열과 주체의 무기력화(독일어권 학계에서 유사한 예로 Kamper, 1988), 역사의 종말을 고하는 보드리야르가 이처럼 어두운 진단을 내린다고 해서 그가 이와 같은 상황을 단순한 긍정적으로 수용하고 있는 것으로 이해해서는 안 된다.

포스트모던 지식에 대한 보고(Lyotard, 1986: 12 이하)에서 리오타르는 최첨단 테크놀로지가 미치는 영향력이 증가하고 있는 경향에 대하여 분석하고 있는데, 그 또한 서두에서 근대성의 거대 담론이 종말했다고 하는 부정적인 진단으로부터 시작한다. 이때 근대성의 거대 담론이란 계몽의 전통 속에서의 인간성의 해방, 관념주의 내에서의 정신의 목적론, 의미의 해석학을 의미한다. 그러나 리오타르의 견해에 따를 때 이것들은 이제 신빙성을 잃어버리게 되었고 그것이 지녔던 보편타당한 책임성이 사라져버렸다는 것이다. 그러나 리오타르는 이와 같은 전개를 상실로 간주한 것이 아니라 그와 같은 발전 속에서 등장한 복수주의(Pluralität)와 언어유희의 다면성을 찬양하고 있다. 거대 담론의 종말과 '메타규범(Metaregel)'의 불가능성에 대하여 설파하면서 리오타르는 그의 1987년 연구인 『갈등(Widerstreit)』에서 언어철학적 토대에 근거하여 정의(Gerechtigkeit)의 철학을 새롭게 주창하고 있다. 하버마스(Habermas, 1985)와 대립각을 세우는 가운데 리오타르는 종국적으로 '의견일치(Konsens)'를 지향하는 이론을 케케묵은 개념이라고 비판하며, 최종적으로 '의견불일치(Dissens)'에 이를 수도 있는 철학을 발전시키고자 노력하였다. 리오타르는 그가 "포스트모더니즘의 존경할 만한 선구자"라고 칭한 칸트(I. Kant), 비트겐슈타인(L. Wittgenstein)에 기대어 극단적인 복수주의(Pluralität), 즉 이질주의(Heterogenität), 그리고 개개 담론방식의 부조화를 찬양하는 태도를 취하고 있다. 이들 각각은 그 나름의 고유한 규칙, 권리를 보유하고 있으며, 그로부터 비롯된 갈등은 그 어떠한 일반적인 개념을 가지고도 해소될 수 없다는 것이다. 리오타르에 의하여 칸트가 다시금 르네상스를 맞이하였는데, 그에 의하면 칸트는 '숭고함의 미학(Ästhetik der Erhabenen, 1989)'을 창시한 인물이라는 것이다. 이때 '숭고함'이란 표현불가능성, 비정형성에 터하고 있으며, 그렇기에 갈등의 중심에 서 있는 그 어떤 것을 의미한다(Pries/Welsch, 1991: 372).

벨쉬의 해석에 따를 때, 리오타르에게 있어서 중요한 것은 모더니즘에 대하여 총체적으로 이별을 고하는 것이 아니라, 합리적 차원에서 단호하게 복수주의 개념을 취하는 가운데 근대성의 내용으로부터 철저하게 해방되는 일이다. 그러나 그는 리오타르가 '이질성 가설(Heterogenitätspostulat)'을 지나치게 첨예화시키고 있는 점에 대해서는 비판을 가하고 있다. 벨쉬는 개개의 담론들이 드러내는 부인할 수 없는 차이들 외에 다양한 담론들과 합리성의 유형들 간에 존재하는 횡단의 가능성들을 함께 고려할 필요가 있다고 주장한다. 합리성의 다양한 방식들 간에 존재하는 그러한 횡단과 연결들을 복수주의, 이질주의의 토대 위에서 생성해 내는 일이야말로 그에 의하면 횡축적 이성(transversale Vernunft)이 담당해야 할 주요 과제이자 성과라는 것이다(Welsch, 1996: 50).

교육과학의
포스트모더니즘
관점 수용

교육과학 내에서 포스트모더니즘의 관점들이 수용된 것은 1980년대 중반이었다. 그러한 관점들은 초창기에 발표된 바아케(Baacke, 1985)의 편저에 포함되어 있던 에세이 풍의 글들을 일단 제외해 놓고 볼 때, 포스트모던 사회에 대한 다소 침울한 전망들, 그리고 교육학의 종말을 고하는 진단들에서 발견된다. 예컨대 어떤 에세이집의 편집자들은 교육과학과 근대라고 하는 주제를 다루면서 사회적인 것의 종말, 개별성의 종말, 역사의 종말, 그리고 인간성의 종말을 특징으로 드러내고 있는 포스트모던의 시대에 대해 서술하고 있으며, 그 원인을 계몽주의 패러다임이 시대적 차원에서 종말을 고한 것에서 찾고 있다(Jung/Scheer/Schreiber, 1986: 14). 그리고 뷘셰(K. Wünsche)는 18세기 이래 전개되어 온 교육학적 논의들의 역사를 분석하면서 그 역사는 곧 발견과 해체의 순환을 의미했다고 주장하고 있다(Wünsche, 1985: 986). 그에 의하면 교육학이 사회화되고 근대에 들어 세대 간 관계가 사라짐과 동시에 '교육학 운동'도 멈춰 버리게 되었다는 것이다. 아동과 성인 간의 차이가 망실됨에 따라 '아동'이라고 하는 교육학 특유의 주제와 함께 목적 달성을 위한 결정적인 조건이 함께 소멸되어 버렸기 때문이다. 확장적 발전을 위한 이데올로기로서 작용하던 근대 교육학은 그사이 최고 절정의 시기를 넘어 하향하기 시작하였으며 '교육학적 관계'는 학문, 예술, 그리고 생산의 영역으로 되돌아가게 되었다는 것이 그의 생각이다. 이와 같은 뷘셰의 논의는 '폭발(explosion)'의 시대에서 '내파(implosion)'의 시대로의 전환에 대하여 설파하는 보드리야르의 테제와 닮은 점이 있다(Benner/Göstemeyer, 1987: 76).

포스트모더니즘이 교육과학 내에 수용되던 초창기의 산발적인 논의들이 주로 종말론적 진단이거나 상실의 관점으로 점철되었다면, 1980년대 이래 리오타르와 벨쉬가 전개한 논의로서 급진적인 복수주의, 그리고 차이들을 폭넓게 수용하고자 하는 포스트모더니즘의 경향성을 긍정적으로 평가하는 태도는 광범위하게 공유되는 경향이 있다(이러한 방향에서 이루어진 여성학적 교육학의 논의로는 Prengel, 1993). 또한 콜러(Koller, 1993, 1999), 마로츠키(Marotzki, 1992), 룰로프(Ruhloff, 1990)의 도야이론적 성찰들 속에서 리오타르의 '갈등' 개념이 집중적으로 다루어지고 있다. 이들은 '조화'를 강조하는 근대의 도야 개념에 대항하여 '갈등'을 전면에 내세우며, '차이'의 권위를 강조하는 도야의 개념으로 대체하고 있다. 헬스퍼(Helsper, 1990) 혹은 쉬를바우어(Schirlbauer, 1990)는 그들의 도야이론, 그리고 학교이론적 숙고 속에서 벨쉬가 주장한 '횡단적 이성'의 개념을 차용하고 있다. 이들은 삶의 형태가 보여주고 있는 비일관적인 복수성, 그리고 역사의 흐름 속에서 분화되어 온 합리성의 다양한 패턴들을 횡단하는 일을 다름 아닌 도야 프로세스가 달성해야 할 과제로 삼고 있다. 벡(Beck, 1993)과 메더(Meder, 1987, 1996)는 벨쉬 혹은 리오타르의 견해에 근거를 둔 가운데 포스트모던 교육학에서 '사유의 미학화(Ästhetisierung des

Denkens)'가 지닌 핵심적 의미를 도출해 내고 있다. 그들 외에도 몇몇 다른 저자들(Pazzini, 1988; Koch/Marotzki/Peukert, 1994) 또한 포스트모던 사회가 '이미지의 세계(Bilderwelt)'인 점에 착안하여 도야 이론에 미학적 관점을 도입해야 한다는 주장을 펼치고 있다.

가장 지속적이면서도 대부분 도전적이며 체계적 기획을 내놓고 있는 학자는 렌첸(D. Lenzen)으로, 그는 1980년대 중반 이후 교육과학과 포스트모더니즘의 관련성에 대한 논의에 적극적으로 참여해 왔다. 2000년대 초반의 10년간 이루어진 그의 다양한 연구물들에는 교육과학에 포스트모더니즘이 수용된 변천의 과정이 고스란히 드러나고 있다. 1987년에 발표된 그의 대표적 연구물인 『신화, 비유, 그리고 시뮬라시옹. 포스트모던 시대의 체계적 교육학[1]의 전망에 대하여』에서 렌첸은 그가 1970년대에 전개했던 구조주의적 입장에서 후기구조주의적 사유를 향하여 전환한 모습을 드러내고 있다. 보드리야르의 시뮬라시옹 이론과 실재의 종말을 고하는 그의 진단에 기대어 렌첸은 교육학이 초과실재와 시뮬라시옹의 질서 속에서 일정하게 부분 기능으로 작동하고 있다고 주장하고 있다. 기호의 세계와 이론들이 더 이상 서로 구별되지 않는 상황이 도래했기에 이론을 수단으로 하여 실재를 설명하고자 하는 근대의 체계적 교육학의 요구 또한 더 이상 유효하지 않게 되었다는 것이다. 렌첸은 이후 연구들(Lenzen, 1992, 1996)에서 교육학이 '교육의 신화'로 전락하는 일로부터 벗어날 가능성에 대한 회의적인 관점을 몇 가지로 정리하여 드러내고 있으며, 바로 이 대목에서 '반성적 교육과학(Reflexive Erziehungswissenschaft)'의 구축을 위한 첫 번째 시도가 이루어졌다. 렌첸은 성찰적 교육과학 속에서 무엇보다 '차이의 사유(Differenzdenken)'와 리오타르가 개진한 '숭고함의 미학'을 중심 개념으로 삼고 있다.

영향 1990년대와 2000년대의 20년 간 포스트모더니즘의 사유, 관점들은 교육과학의 개념 구축의 시도들, 그리고 도야이론적인 숙고들(Schäfer, 1992; Stross, 1991, 1998; Meyer-Drawe, 1990; Koller, 1999) 내에서뿐만 아니라 과학이론적인 기초 작업의 문제들(Krüger, 1990; Marotzki/Sünker, 1992, 1993)에 있어서도

---

1) [역자 주] 'Systematische Pädagogik'은 한국어로 다양하게 번역된다. 독일 교육학이 한국에 소개되던 초창기인 1980년대에는 이 용어를 주로 '조직적 교육학' 혹은 '조직 교육학'으로 번역하는 경우들이 있었으나 최근 학자들 간의 합의에 따라 '체계적 교육학'이라는 명칭으로 정착되어 가고 있다.

크게 영향을 미쳤다. 1992년 개최된 독일교육학회 학술대회에서도 주제로 다루어진 바 있는, 이처럼 추상적이며 이론적인 논쟁들을 제외하고도 포스트모던 논쟁은 교육과학의 다양한 대상영역들 간에 널리 확산되어 이루어졌다 (Benner/Lenzen/Otto, 1992). 그 범위는 교육학적 청소년 연구로부터 시작하여 사회 전체의 구조 변화, 그리고 청소년 문화 차원에서의 라이프스타일에 대한 연구(Ferchhoff/Neubauer, 1989; Helsper, 1991), 가족 차원의 다양한 라이프스타일을 주제로 한 가족연구(Karsten/Otto, 1990)를 넘어서 포스트모더니즘 관점들, 그리고 담론분석적인 방법들을 토대로 하여 교육학의 역사를 재구성하는 시도들(Wieger, 1989)에 이르기까지 매우 다양하다. 또한 교육과학의 다양한 개별 영역들에서의 담론들, 예컨대 학교교육학(Helsper, 1990), 미디어교육(Krüger/von Wensierski, 1990) 혹은 성인교육(Siebert, 1993) 등의 분야에서 1990년대, 2000년대의 20년 동안 포스트모더니즘의 논쟁적 관점들의 흔적이 발견되고 있다.

I.4.10.2. 체계적 교육학의 위기로부터 "반성적 교육과학"으로(D. Lenzen)

1980년대의 작업들, 특히 1987년 연구에서 렌첸은 포스트모던의 시대에 체계적 교육학이 존재할 수 있는지에 대하여 다소 회의적인 입장을 취했었다. 렌첸은 체계적 교육학의 존재 위기에 대한 자신의 테제 속에서 학문적으로 탄탄한 기반을 갖춘 체계적 교육학이 사실상 한 번도 존재한 적이 없다는 주장을 펼치고 있다. 교육학이 '법규적(judiziös)'이어야만 하며 이론주도적인 실천적 판단력을 기반으로 삼아야 한다는 칸트의 요구는 18세기의 교육학적 계몽에 대한 비판으로 보기 힘들며, 사실상 경험적인, 그리고 규범적인 문장들이 놀랍도록 잘 조합된 문장으로 간주되어야 한다는 것이다(Benner/Göstemeyer, 1987: 73). 이는 훗날 체계적 교육학이 학문적 연구 분야로 자리 잡기보다 이론과 실천을 연계시키는 일종의 비유적 서술로서 관철되는 결과로 귀결되었다. 렌첸은 여기에서 보드리야르의 시대 진단(1982), 즉 시뮬라시옹이 되어 버린 초과실재들이 삶의 전 영역에 침투 들어가면서 포스트모던의 사회 속에서 현실과 픽션, 실재와 기호들 간의 차이가 더 이상 무의미해진다는 진단에 근거하여 논의를 전개하고 있다(Lenzen, 1987: 50). 이제 교육현실 또한 초과실재의 일부가 되어 버렸기 때문에 기호들의 복합체인 교육학 이론들은 그와 관련한 실재들에 대한 연관성을 잃어버리게 되었다. 동시에

<aside>체계적 교육학의 존립 위기</aside>

체계적 교육학의 이론들은 현재 그 안에서 맴도는 시뮬라크르들과 가상들을 생성해 내고 있다는 것이다.

체계적 교육학의 존폐위기에 대한 분석을 위하여 무엇보다 보드리야르의 후기구조주의적 철학의 음침한 진단에 의지하면서 렌첸은 교육학이 교육의 신화로 전환되는 가운데 이루어지는 총체적인 시뮬라시옹 상황으로부터 벗어나기 위한 프로그램을 기획하면서 블루멘베르크(Blumenberg, 1979)의 철학적 작업을 주목하고 있다. 렌첸에 따르면, 미래의 교육학이 달성해야 할 과제는 이제는 낭만적인 추억담으로 남아 있는 교육의 거대한 신화 안에서 교육학, 교육이 도모해 온 모든 종류의 합리화 담론을 재구성하는 일이다(Lenzen, 1985).

"반성적 교육과학"의 구상

1990년대에 이루어진 연구들(1992, 1996, 1997, 1999)에서 렌첸은 반성적 교육과학의 개념 안에서 이와 같은 관점들을 구성 및 대폭 발전시킨 바 있다. 그에게 있어서 반성적 교육과학이란 '포스트모던의 조건'이 지배하는 시대에 존재해야 할 교육학의 한 유형으로서, 그 안에서 교육에 대한 이론과 실천의 문제를 재조명해 보고, 반성적 지식의 세 유형, 즉 '위기 지식(Risikowissen)', '신화 지식(Mythenwissen)', 그리고 '시적 지식(poetisches Wissen)'을 적극 활용해야 한다는 것이다. 반성적 교육 활동들을 전개함에 있어서 이는 교육학 내지 교육과학의 성과들을 평가할 때 첫 번째 단계에서 수행해야 할 일이다. 이는 곧 모든 교육자적인 활동에 있어서 교육학을 과학으로 만들기 위한 시도들에 대하여 경험적 지식을 생산하고, 체계적으로 검열하는 일이 이루어져야 함을 의미한다.

반성적 교육과학의 두 번째 단계에서 렌첸은 교육의 역사적 인간학을 전개하고 있다(Lenzen, 1994: 20). 이는 곧 반성적 교육과학이 현재 진행 중인 교육적 규범의 요구들, 그리고 사실관계 수용에 개입해 들어가는 신화적 방향성들을 명료하게 밝혀낼 수 있을 것임을 의미하는 것이다. 이 신화적 방향성들은 문화 속에 포함되어 수십 년간 무의식적으로 작용해 오고 있으며 경우에 따라 진실로 오인되고 있거나, 때로 그것이 여전히 존재함에도 불구하고 무시되어 오곤 했다. 이와 같은 종류의 역사서술의 범례로서 렌첸은 푸코의 연구들에 주목하고 있다(Lenzen, 1996: 125). 이때 푸코는 그의 담론분석에서 성(性) 담론 혹은 감시와 처벌의 담론을 조종하는 규범의 시스템을 재구성하고 있다.

렌첸은 반성적 교육과학의 세 번째 단계를 교육학적 '메텍시스(Methexis)'라고 부르고 있으며, 여기에서 학문과 예술 간의 경계를 초월하고 그 이후 어떠한 일들이 이루어져야 하는가 하는 문제에 대하여 논의하는 일이 주를 이루고 있다. 렌첸은 플라톤의 이론에 슬며시 기대어 메텍시스, 참여 등의 개념을 사용하고 있으며, 이는 미학적 형성 활동으로 간주되는 교육이 전체 삶에의 참여를 통하여 전개되는, 언젠가 다가올 미래의 상황을 의미하고 있다. 이와 같은 배경하에서 교육의 과제는 인간들에게 어떤 특정한 것을 요구하는 일이 아니게 된다(Lenzen, 1992: 83). 그보다 교육은 '급진적 구성주의'(Maturana/Varela, 1987)의 전제들에 근거하여 개개 인간들을 자생력을 지닌 생명체들로서 현실의 풍부한 자원들에 참여하는 가운데 '자생성(Autopoiesis)'을 발휘함으로써 개별화 가능성의 자유로운 공간을 확보해야 하는 존재들로 파악하게 된다. 그러나 이와 같은 맥락 속에서 렌첸은 개인의 자기창조 과정이 지닌 한계들에 대하여 의문을 품게 된다. 개개의 자생적 시스템이 최대한 자기확장을 도모하고자 하는 시도들은 분명히 타인에게 부담으로 작용할 수 있게 되기에 그에 대한 일종의 정지선이 필요한 경우들이 생길 수 있기 때문이다. 렌첸은 이와 같은 문제의 해결책을 리오타르가 기초를 다지고 벨쉬가 발전시킨 '숭고함의 미학' 속에서 발견한다(Lyotard, 1989; Welsch, 1990). '숭고함의 미학'은 '차이'들을 인정하며, 획일화시키지 않으면서도 차이들을 횡단하는 가운데 연결시키며, 폭력적인 행위를 엄격하게 금지하는 일을 목적으로 삼고 있기 때문이다. 이에 따를 때 렌첸에 의하면 교육에 있어 메텍시스가 감당해야 할 과제란 곧 성장 세대들이 구체적이지는 않더라도 각자 스스로 만들어내게 될 '숭고함의 상(想)'에 근거하여 그들 스스로의 삶을 자율적으로 조직, 조정할 수 있도록 그들에게 자유로운 참여를 가능케하는 조건들을 마련해 주는 일인 것이다(Lenzen, 1992: 90).

I.4.10.3. 비판

교육과학적 논쟁 속에서 포스트모던 교육학은 염세주의적인 현실 진단과 교육학의 종말이라고 하는 어두운 비유로 특징지워지기에 특히 초기 기획의 단계에서 뜨거운 논쟁의 대상이 되었다. 비판의 대상으로서 특히 렌첸의 초기 포스트모던 교육학으로부터 비롯된 도전적인 기획들에 집중적으로 초점이 맞춰졌다. 벤너(D. Benner)와 괴스테마이어(F.K. Göstemeyer)는 렌첸이 수용한 보드리야르의 시뮬라시옹 사회 이론에 대하여 대립적 태도를 취하고 있는데, 그들은 렌첸의 이론 속에서 언어적으로 중재된 현실과 그 중재 없이 전제된 사회적 현실 간에 명료한 차이점이 드러나고 있지 않다고 지적하고 있다(1987: 73). 이들은 보드리야르를 '의미를 부여하는 시뮬란트(sinnstiftende Simulanten)'라고 특징짓고 있다. 베버(Weber, 1995: 168) 또한 렌첸의 숙고들을 수용하며 그 연장으로서 보드리야르에 대하여 비판을 가하고 있다. 렌첸은 신화에 대한 작업을 새롭게 재개하고 교육의 신화학을 부활시키는 일을 적극 환영하고 있는데, 바로 이러한 점에 대하여 베버는 문제제기를 하고 있다. 이 비판들에 의하면 렌첸이 제시하고 있는 신화 개념이 다양한 얼굴을 가지고 있어 매우 다층적이며 어두울 뿐만이 아니라, 그가 이 개념을 통하여 포스트모던 교육학의 비전통주의적이며 홀리스틱한 관점을 대변하고 있다는 것이다(Beck, 1993: 220).

포스트모던 교육학의 논의들이 보여주는 다양한 이론적 경향성들과의 논쟁은 리오타르 혹은 벨쉬의 철학적 사유에 보다 강력한 근거를 두고 있는데, 특히 미학, 윤리학, 사회학의 3가지 주제 영역에 집중되어 있다. 교육과학과 도야이론에 미학적 관점을 수용하고 교육학과 예술 간의 연결선을 보다 강하게 강조하고 있는 포스트모던 교육학의 다양한 시도들에 대하여 교육과학뿐 아니라 예술과학적 측면으로부터도 대립적 견해들이 표출되고 있다. 이와 같은 맥락에서 몰렌하우어(K. Mollenhauer)는 교육학과 예술 사이에 명료하게 선을 그어야 한다는 주장을 펼치고 있다. 그는 아동들을 대상으로 하여 행하여지는 일들과 성인을 대상으로 하여 요구되는 일들 간에는 결코 그것을 구별하는 경계선을 그어서는 안 된다는 견해를 드러내고 있다(Mollenhauer, 1990: 3). 또한 예술사가인 뵘(Boehm, 1990: 469)은 미적 경험의 특수성을 강조하고 있는데, 이는 인식, 그리고 소통의 대상이 아니라는 것이다. 뵘에 의하면 '인식'과 '소통'은 학교, 수업과 같은 종래의 교육학적 세팅 속에서는 포기할 수 없는 전제라는 것이다.

두 번째 비판은 포스트모던 철학과 교육학에서 이루어지는 차이와 이질성 개념을 강조하고 있는 점을 윤리적 상대주의라고 칭하는 것이다. 비판이론을 대변하는 소장 학자들에 의하면, 이와 같은 맥락에서 리오타르가 언어유희가 지닌 '합의불가능성'에 대하여 강조하는 일은 확실히 도덕적, 정치적 차원에서 무관심을 불러일으킬 수 있다는 점이 문제라고 지적하고 있다(Benhbib,

1986: 120). 또한 리오타르가 급진적 복수성에 대하여 찬양함으로써 문화적 근대성의 일반적인, 보편타당한 진리 요구들이 문제시되는 결과를 낳고 있다는 점도 지적되고 있다(Brunkhorst, 1988: 96). 교육과학적 논의 속에서 몇몇 저자들(Beck, 1993: 271; Weber, 1995: 173)은 벨쉬가 제시한 윤리적 기준들이 진정한 포스트모더니즘이 성립되는 데 있어서 지극히 형식적인 차원에 머물고 있으며, 내용적 차원이 충분히 채워지지 않고 있어서 교육학의 규범적 개념들을 전혀 구성해 낼 수 없다는 점에 대해 비판하고 있다.

세 번째 비판점은 특히 비판이론과 비판적 교육과학의 관점에 근거하여 제기되고 있다(Brunkhorst, 1990; Kellner, 1990; McLaren, 1996). 이들에 의하면 철학과 교육학의 영역 내에서 이루어지는 포스트모던적인 사유는 지나치게 일면적으로 문화적인 발전 경향의 분석에 집중하고 있으며, 그에 따라 경제적 발전, 사회적 불평등의 광범위한 문제영역들이 대부분 가려져 있다는 것이다.

철학과 교육과학 분야 내에서 생성된 포스트모던적 사유에 대한 몇 가지 비판들이 정당한 측면은 있을 것이다. 반면 포스트모던 교육학을 둘러싼 논의에 있어서 교육학의 전통 속에서 드러나는 편협성에 대하여 지적하고 있는 점, 그리고 교육과학의 지속적인 발전을 위한 자극을 제공하고 있는 점 등은 결코 간과되어서는 안 될 것이다. 그와 같은 맥락에서 현재 이루어지고 있는 교육학적 미학 논쟁 속에서 미학적 사유가 교육학, 그리고 체계적 교육학의 이론 형성의 역사상 이제까지 소홀하게 다루어졌던 측면들에 대한 새로운 관심을 불러일으켰다는 점은 긍정적으로 평가되어야 할 것이다(Beck, 1993: 286; Koch/Marotzki/Peukert, 1994). 특히 여성학적 교육과학의 영역(Prengel, 1993: 50 이하), 그리고 미국의 비판적 교육과학의 영역(Giroux, 1989: 125)에서 이루어진 논의들은 이질성에 대한 인정, 그리고 교육 기관들 내에서 발생하는 성차별주의와 인종주의의 문제들을 다루고 있다. 이 논의들은 리오타르의 차이 윤리를 적용하고 있으며 평등과 공정성을 추구하되 그 두 가치가 결코 대립적일 필요가 없음을 드러내고 있다(Wellmer, 1995; Reese-Schäfer, 1988; Koller, 2006). 또한 포스트모던 교육학의 흐름들 중 교육학의 일상에로의 회귀, 그리고 교육학적 세대 관계의 무력화 문제를 비관주의적인 관점에서 다루고 있는 분석들은 그것이 비록 문화비관주의적 상실의 관점 내에서 종종 편협한 시각을 드러내거나 경험적인 근거가 상당 부분 결여되어 있음에도 불구하고 현재 벌어지고 있는 교육현실의 실제적인 문제상황을 잘 지적해 내고 있기에 현대 교육과학에 대한 도전으로 받아들여질 수 있을 것이다. 이때 현재 전개되는 교육현실의 문제상황들은 다른 이론들의 관점에서 바라볼 때 교육 관련 조건들에 대한 성찰적 근대화의 시도가 불러온 결과로 해석될 수도 있기 때문이다(Krüger, 1990: 13; Krüger, 1999).

참고문헌

Baacke, D. u.a. (Hrsg.): Am Ende – Postmodern? Next Wave in der Pädagogik. Weinheim/ München 1985.

Baudrillard, J.: Agonie des Realen. Bern 1978.

Baudrillard, J.: Der symbolische Tausch und der Tod. München 1982.

Beck, Ch.: Ästhetisierung des Denkens. Zur Postmoderne – Rezeption in der Pädagogik. Bad Heilbrunn 1993.

Benhabib, S.: Kritik des postmodernen Wissens. In: Huyssen, A./Scherpe, K.R. (Hrsg.): Postmoderne Zeichen eines kulturellen Wandels. Reinbek 1986, S. 103‒127.

Benner, D./Göstemeyer, F.K.: Postmoderne Pädagogik: Analyse oder Affirmation eines gesellschaftlichen Wandels. In: Zeitschrift für Pädagogik 33 (1987), H. 1, S. 61‒82.

Benner, D./Lenzen, D./Otto, H.U. (Hrsg.): Erziehungswissenschaft zwischen Modernisierung und Modernitätskrise. 29. Beiheft der Zeitschrift für Pädagogik. Weinheim/Basel 1992.

Blumenberg, H.: Arbeit am Mythos. Frankfurt a.M. 1979.

Boehm, G.: Über die Konsistenz ästhetischer Erfahrung. In: Zeitschrift für Pädagogik 36 (1990), H. 4, S. 469‒480.

Brunkhorst, H.: Die hermeneutische Regression des emanzipatorischen Erkenntnisinteresses der Erziehungswissenschaften. In: Krüger, H.-H. (Hrsg.): Abschied von der Aufklärung? Perspektiven der Erziehungs‒ wissenschaft. Opladen 1990, S. 141‒156.

Brunkhorst, H.: Die Komplexität der Kultur. Zum Wiedererwachen der Kulturkritik zwischen Moderne und Postmoderne. In: Soziologische Revue 11 (1988), S. 393‒403.

Ferchhoff, W./Neubauer, G.: Jugend und Postmoderne. Weinheim/München 1989.

Giroux, H.A.: Schooling as a Form of cultural Politics: Toward a Pedagogy of and for Difference. In: Giroux, H.A./McLaren, P. (Hrsg.): Critical Pedagogy, the State and Cultural Struggle. Albany/New York 1989, S. 125‒151.

Habermas, J.: Der philosophische Diskurs der Moderne. Frankfurt a.M. 1985.

Helsper, W. (Hrsg): Jugend zwischen Moderne und Postmoderne. Opladen 1991.

Helsper, W.: Schule in den Antinomien der Moderne. In: Krüger, H.-H. (Hrsg.): Abschied von der Aufklärung? Perspektiven der Erziehungs- wissenschaft. Opladen 1990, S. 175- 194.

Jung, T./Scheer, K.-D./Schreiber, W.: Vom Weiterlesen der Moderne. In: Jung, T./Scheer, K.- D./Schreiber, W. (Hrsg.): Vom Weiterlesen der Moderne. Beiträge zur aktuellen Aufklärungsdebatte. Bielefeld 1986, S. 7- 16.

Kamper, D.: Nach der Moderne. In: Welsch, W. (Hrsg.): Wege aus der Moderne. Weinheim 1988, S. 163-174.

Karsten, M.E./Otto, H.-U.: Die „postmoderne Familie". - Nur ein Zitat der Idee der bürgerlichen Familie? In: Krüger, H.-H. (Hrsg.): Abschied von der Aufklärung? Perspektiven der Erziehungswissenschaft. Opladen 1990, S. 159-174.

Kellner, D.: Postmodernismus als kritische Gesellschaftstheorie? In: Krüger, H.-H. (Hrsg.): Abschied von der Aufklärung? Perspektiven der Erziehungs -wissenschaft. Opladen 1990, S. 37-60.

Koch, L./Marotzki, W./Peukert, H. (Hrsg.): Pädagogik und Ästhetik. Weinheim 1994.

Koller, Ch.: Bildung im Widerstreit. In: Marotzki, W./Sünker, H. (Hrsg.): Kritische Erziehungswissenschaft - Moderne - Postmoderne, Bd. 2, Weinheim 1993, S. 80-104.

Koller, Ch.: Bildung und Widerstreit. Zur Struktur biographischer Bildungs- prozesse in der (Post-)Modeme. München 1999.

Koller, Ch.: Erziehungswissenschaft und Postmoderne. In: Krüger, H.- H./Grunert, C. (Hrsg.): Wörterbuch Erziehungswissenschaft. Opladen ²2006, S. 188-193.

Krüger, H.-H. (Hrsg.): Abschied von der Aufklärung? Perspektiven der Erziehungswissenschaft. Opladen 1990.

Krüger, H.-H.: Erziehungswissenschaft im Spannungsfeld von Kontinuitäten und Zäsuren der Moderne. In: Krüger, H.-H. (Hrsg.)Abschied von der Aufklärung? Perspektiven der Erziehungswissenschaft. Opladen 1990, S. 7- 22.

Krüger, H.-H.: Entwicklungslinien und aktuelle Perspektiven einer Kritischen Erziehungswissenschaft. In: Sünker, H./Krüger, H.-H. (Hrsg.): Kritische Erziehungswissenschaft am Neubeginn? Frankfurt a.M. 1999, S. 162–183.

Krüger, H.-H./von Wensierski, H.-J.: Wirklichkeit oder Simulation – Erziehungswissenschaft und Medienalltag. In: Krüger, H.-H. (Hrsg.): Abschied von der Aufklärung? Perspektiven der Erziehungswissenschaft. Opladen 1990, S. 195–210.

Lenzen, D.: Allgemeine Erziehungswissenschaft für Anfänger. In: Müller, D.K. (Hrsg.): Pädagogik, Erziehungswissenschaft, Bildung. Köln 1994, S. 3–22.

Lenzen, D.: Handlung und Reflexion. Vom pädagogischen Theoriedefizit zur Reflexiven Erziehungswissenschaft. Weinheim/Basel 1996.

Lenzen, D.: Mythologie der Kindheit. Reinbek 1985.

Lenzen, D.: Mythos, Metapher und Simulation. Zu den Aussichten Systematischer Pädagogik in der Postmoderne. In: Zeitschrift für Pädagogik 33 (1987), H. 1, S. 41–60.

Lenzen, D.: Reflexive Erziehungswissenschaft am Ausgang des post-modernen Jahrzehnts. In: Benner, D./Lenzen, D./Otto, H.-U. (Hrsg.): Erziehungswissenschaft zwischen Modernisierung und Modemitätskrise. 29. Beiheft der Zeitschrift für Pädagogik. Weinheim/Basel 1992, S. 75–92.

Lenzen, D.: Von der Erziehungswissenschaft zur Erziehungsästhetik? In: Lenzen, D. (Hrsg.): Kunst und Pädagogik. Darmstadt 1990, S. 171–186.

Lenzen, D.: Lösen die Begriffe Selbstorganisation, Autopoesis und Emergenz den Bildungsbegriff ab? In: Zeitschrift für Pädagogik 43 (1997), H. 6, S. 949–967.

Lenzen, D.: Orientierungen Erziehungswissenschaft. Reinbek 1999.

Lyotard, J.-F.: Das postmoderne Wissen. Ein Bericht. Graz/Wien 1986 (völlig überarb. Fassung des französischen Originals von 1979).

Lyotard, J.-F.: Das Undarstellbare – Wider das Vergessen. In: Pries, Ch. (Hrsg.): Das Erhabene. Zwischen Grenzerfahrung und Größenwahn. Weinheim 1989, S. 319–348.

Lyotard, J.-F.: Der Widerstreit. München 1987.

Maturana, H.R./Varela, F.-J.: Der Baum der Erkenntnis. Bern/München 1987.

Marotzki, W.: Grundlagenarbeit. Herausforderungen fiir die Kritische Erziehungswissenschaft durch die Philosophie J.-F. Lyotards. In: Marotzki,

W./Sünker, H. (Hrsg.): Kritische Erziehungswissenschaft – Moderne – Postmoderne, Bd. 1, Weinheim 1992, S. 193–217.

Marotzki, W./Sünker, H.(Hrsg.): Kritische Erziehungswissenschaft – Moderne – Postmoderne, 2 Bde, Weinheim 1992/1993.

McLaren, P.: Kritische Erziehungswissenschaft im Zeitalter der Postmoderne. In: Helsper, W./Krüger, H.-H./Wenzel, H. (Hrsg.): Schule und Gesellschaft im Umbruch, Bd. 1, Weinheim 1996, S. 48–70.

Meder, N.: Der Sprachspieler. Ein Bildungskonzept fiir die Informationsgesellschaft. In: Vierteljahresschrift fiir wissenschaftliche Pädagogik 72 (1996), S. 145–162.

Meder, N.: Der Sprachspieler. Der postmoderne Mensch oder das Bildungsideal im Zeitalter der neuen Technologien. Köln 1987.

Meyer-Drawe, K.: Provokationen eingespielter Aufklärungsgewohneiten durch „postmodernes Denken". In: Krüger, H.-H. (Hrsg.): Abschied von der Aufklärung? Perspektiven der Erziehungswissenschaft. Opladen 1990, S. 81–90.

Mollenhauer, K.: Die vergessene Dimension des Ästhetischen in Erziehungs und Bildungstheorie. In: Lenzen, D. (Hrsg.): Kunst und Pädagogik. Darmstadt 1990, S. 3–17.

Pannwitz, R.: Die Krisis der europäischen Kultur. In: Pannwitz, R.: Werke, Bd. 2. Nürnberg 1917.

Pazzini, K.J.: Bildung und Bilder. In: Hansmann, O./Marotzki, W. (Hrsg.): Diskurs Bildungstheorie I. Weinheim 1988, S. 334–363.

Pries, Ch./Welsch, W.: Jean-Francois Lyotard. In: Nida-Rümelin, J. (Hrsg.): Philosophie der Gegenwart. Stuttgart 1991, S. 369–375.

Prengel, A.: Pädagogik der Vielfalt. Opladen 1993.

Reese-Schäfer, W.: Lyotard zur Einführung. Hamburg 1988.

Ruhloff, J.: Widerstreitende statt harmonische Bildung. In: Bering, K./Hohmann, W.L. (Hrsg.): Wie postmodern ist die Postmoderne. Essen 1990, S. 25–37.

Schäfer, A.: Die Kritik der Erfahrung als Kritik des Subjektes. In: Marotzki, W./Sünker, H. (Hrsg.): Kritische Erziehungswissenschaft – Moderne – Postmoderne, Bd. 1, Weinheim 1992, S. 218–248.

Schirlbauer, A.: Konturen einer postmodernen Pädagogik. In: Vierteljahresschrift für wissenschaftliche Pädagogik 66 (1990), H. 1, S. 31–45.

Siebert, H.: Theorien für die Bildungspraxis. Bad Heilbrunn 1993.

Stross, A.M.: Ich-Identität. Zwischen Fiktion und Konstruktion. Berlin 1991.

Stross, A.M.: ,Postmoderne' als Thema des deutschen pädagogischen Diskurses. Zur Ronstruktion eines flüchtigen Phänomens. In: Stross, A.M./Thiel, F. (Hrsg.): Erziehungswissenschaft, Nachbardisziplinen und Öffentlichkeit. Weinheim 1998, S. 239–252.

Weber, E.: Pädagogik. Eine Einführung, Bd. 1. Donauwörth [8]1995.

Wellmer, A.: Zur Dialektik von Moderne und Postmoderne. Frankfurt a.M. 1995.

Welsch, W.: Ästhetisches Denken, Stuttgart 1990.

Welsch, W.: Einleitung. In: Welsch, W. (Hrsg.): Wege aus der Moderne. Weinheim 1988, S. 1–43.

Welsch, W.: Unsere postmoderne Moderne. Weinheim 1987.

Welsch, W.: Vernunft. Die zeitgenössische Vernunftkritik und das Konzept der transversalen Vernunft. Frankfurt a.M. 1996.

Wigger, L.: Pädagogikgeschichte im Spiegel postmodernen Philosophierens. In: Vierteljahresschrift für wissenschaftliche Pädagogik 65 (1989), S. 361–377.

Wünsche, K.: Die Endlichkeit der pädagogischen Bewegung. In: Neue Sammlung 25 (1985), S. 432–449.

Wünsche, K.: Was kann „Endlichkeit" der Pädagogik heißen? In: Jung, T./Scheer, K.-D./ Schreiber, W. (Hrsg.): Vom Weiterlesen der Moderne. Bielefeld 1986, S. 34–53.

II

반성적 교육과학과
비판적 빌둥 연구

독일 교육학의 전통과 갈래

II. 반성적 교육과학과 비판적 빌둥 연구

II.1. 이론적 연결점들

"반성적 교육과학" 개념은 1990년대에 렌첸(Lenzen, 1992, 1996, 1999)에 의해서 교육학 담론 속으로 도입되었다. 여기서 렌첸은 후기구조주의 이론과의 관련성을 우선적 고려의 대상으로 삼았다. 그에 따르면, "포스트모던 조건" 시대의 학문은 실재와의 연결성을 상실하였기에, 반성적 교육과학은 이 연결의 상실을 이론의 실재 풍부화를 꾀하려는 행위이론으로 보완하려고 해서는 안 되며, 오히려 그 반대의 길을 택하여야 한다. 즉, 반성적 교육과학은 교육적인 것의 실제적 효용성을 진지하게 받아들이고, 교육적 연관들이 삶을 위해 갖는 함의들을 교육이론화된 문화 속에서 경험연구적으로, 역사적-인간학적으로 그리고 비판적으로 분석하여야 한다(Lenzen, 1996: 193). 그가 말하는 반성적 교육과학은 교육에 대한 실천과 지식을 돌아보는 하나의 교육학 구상이며, 이것은 반성적 지식의 세 가지 유형, 즉 위험부담을 담지한 지식, 신화적 지식 그리고 시적 지식을 생산하여야 한다.

렌첸에 따르면 위와 같은 구상으로부터 반성적 교육과학은 세 가지 차원의 과제 영역을 갖게 된다. 첫 번째 차원은 경험연구적으로 방향지워진 교육학 및 경험연구적으로 방향지워진 교육결과들에 대한 추정이다. 두 번째 차원은 교육의 역사적 인간학으로서, 수 세기에 걸친 문화가 동반해 온 신화적 방향성에 대한 계몽이다. 세 번째 차원은 이제 무엇을 할 것인가라는 질문을 둘러싼 성찰에 관한 것이다. 여기서 렌첸은 빌둥(Bildung)의 이념에 천착하고, 이것을 자기생산적 자기창조 모델로 변형시킨다(Lenzen, 1992: 81). 그는 자기창조적 체계가 팽창되려는 동력에 대한 윤리적 정지선을 리오타르(J.F. Lyotard)에 의해 확립된, 차이를 인정하고 경계를 넘어서고 포괄을 지양하는 숭고의 미학에서 확인한다.

반성적 교육과학의 또 다른 하나의 구상은 프리버츠호이저(B. Frieberthäuser)와 리거-라디히(M. Rieger-Ladich) 그리고 비거(L. Wigger)가 공동으로 편저한 논문집에서 소개되었다. 이 저서에서 저자들은 부르디외(Bourdieu, 1993)가 후기 저작들에서 선보인 반성적 사회학 구상에서 연결점을 찾았다. 부르디외에게 있어서 반성적 사회학이란, 연구자가 연구되는 대상의 사회적·문화적현 상태를 사회적 공간 속에서 성찰함으로써, 이 연구 대상들이 드러낸 것과

반성적 교육과학

드러내지 않은 것을 사회적 상황과 굴곡을 배경으로 분류해 내는 것만을 의미하는 것은 아니다. 반성적 사회학에서 더욱 중요한 것은, 연구자가 처해 있는 그 사회적·학문적 장에서 학문적 사유 자체가 반성적 분석의 대상이 됨으로써, 이미 문제 제기와 지식 이해 속에 묻어 있는 집단적이고 무의식적인 편견을 계몽할 수 있게 되는 것이다(Friebertshäuser, 2006: 237). 이 저서에 담긴 다양한 연구프로그램적인, 방법론적인, 그러나 동시에 경험연구적인 논문들을 통해 부르디외적 사유와 연구스타일과 관련된 다양한 교육학 연구의 예시들이 소개되고 있다.

반성적 교육과학의 갈래에 대한 위와 같은 소묘와 함께 나는 다음과 같은 주장을 공유하고자 한다. 즉, 비판적으로 그리고 간학문적으로 방향지워진 교육학은 오늘날 행위학(Handlungswissenschaft)으로서는 그 학문적 근거가 충분히 마련되기 어렵다는 점, 그러나 이것은 일종의 반성적 학문의 형태로 그리고 하나의 연구 분야로는 이해될 수 있다는 점이다. 교육학의 지식을 일상 속으로 그리고 생애적 자기 구상 속으로 전파하는 것과 관련하여, 교육학은 행위의 맥락과 지식의 체계 사이의 차이를 인식하여야 하며, 아울러 교육에 대한 경험연구적이고 역사적인 연구 및 이에 상응하는 지식의 요소들 그리고 교육이론적 성찰의 문제로 교육학의 학문적 성격과 과제를 제한할 필요가 있다. 아울러 교육학은 교육학 이론의 역사의 흐름 속에서 지속적으로 새로운 표현들을 통해 등장하였던 요구, 즉 교육적 실천을 위해 즉시적으로 변용하여 활용가능한 오리엔테이션을 위한 조력을 제공하는 일로부터 결별하여야 한다. 렌첸(Lenzen, 1996)과 프리버츠호이저(Friebertshäuser, 2006)와는 달리, 나는 이 글에서 내가 선호하는 반성적 교육과학의 구상에 대한 근거를 제시하기 위하여 그들의 경우와는 다른 이론적 연결점들을 택하고, 이에 상응하는 과제들 역시 달리 제시해 보이고자 한다.

교육의 과정과 교육 기관의 변화된 거시사회적 조건을 이해하기 위하여, 나는 우선 베르거(Berger, 1986), 오페(Offe, 1986), 베크(Beck, 1986, 1993, 2002) 및 기든스/래쉬(cf. Beck/Giddens/Lash, 1996)에서 연결점을 찾고자 한다. 이들은 비판적 현대화 이론의 전통 속에서 반성적 현대화라는 이론 모형을 만들어 내었다. 이 이론적 구상은 특히 현대사회의 교육학적 진단을 위한 설명모형으로 적합한데, 이것은 이 이론 모형이 포스트모더니즘의 사회 분석과 달리 문화적 차원에서뿐만 아니라 경제적이고 정치적인 발전의 트렌드에 대해서도 주목하고 있으며, 아울러 지금껏 해명된 이론과 교육학적 연구 사이의 가교 역할을 할 수 있는 위치에 있기 때문이다.

반성적 현대화   이제 현대화는 현대의 경험연구화라는 요청 앞에 서 있다(Kade, 1989: 794). 이런 의미에서 나는 현대를 현대성을 구성하려는 일련의 시도들의 결과물로 재구성하고자 한다. 이 시도들은 매번 이전 시대의 구조상(像)을 부정하면서 새롭게 생성된 것들이기도 하다. 이런 방식으로 현대의 연속성 속에서 또 다른 하나의 사회적 형태가 생겨난다. 전(前) 현대의 경험 지평 속에서 현대화는 자기연관 속 현대화의 문제설정에 의해 주변부로 밀려나게 된다. 반성적 현대화 이론의 중심에는 산업사회의 현대화에 따른 원하지 않았던 그리고 가늠할 수 없는 내외적 부작용에 대한 분석이 자리하고 있다. 이 부작용들은 이제 '반성적'이게 된다. 즉, 문제임과 동시에 주제가 된다. 왜냐하면 이 부작용들이 자연의 수용을 위협할 뿐 아니라 고전적 산업근대의 모든 사회적 제도와 기관을 망치고 있기 때문이다(Beck/Giddens/Lash, 1996: 8; Beck/Lau, 2004).

    사회이론적 분석의 핵심 주제는 억제되지 않은 기술적-산업적 현대화 과정을 통해 만들어지는 지구적 위협상황 및 환경파괴나 유전공학 등의 위험들이다(Beck, 1988). 나아가 복지국가의 성취와 노동사회의 확실성을 의문에 부치고, 노동유연성과 대규모 실직을 야기하며, 국내적·국제적 공간에 상존하던 불평등을 더욱 심화시키는 자본과 금융시장 그리고 노동시장 및 커뮤니케이션 망의 세계화의 결과들이 논의된다(Beck, 1996: 67; Lash, 1996: 362; Beck, 2008: 20). 그 밖에도 삶의 양식과 생활 세계의 다원화 과정과 세분화 과정도 분석의 대상이 된다. 이들 과정들은 공동체화의 전통적 형식들의 상실과 함께 진행되었으며, 사람들 스스로가 선택한 관계연결망의 구축 그리고 전문가와 일반인 사이의 차이가 사라지는 학문의 일상화를 요청하였다(Beck/Benoß, 1989). 라이프스타일의 다원화 경향은 이성 간의 관계 속에서도 변화와 새로움이 시도되도록 추동하였는데, 특히 여성에게 평등이 제대로 실현되거나 약속되도록 하였다(Beck-Gernsheim, 1990). 이 모든 발전이 의미하는 것은 다음과 같다. 즉, 반성적 현대화의 조건들하에서 현재 발생하고 있는, 시대적으로 새롭고 중요한 개인화 경향, 그리고 이것이 동반하는 삶의 이력들과 세대 관계와 젠더 관계의 해체 및 액체화는 고양된 개별적 체험의 공간이고 의사결정과 행위의 공간일 뿐 아니라, 그 역작용으로서, 주체들에게는 새로운 잠재적 부담이며 위험부담으로 귀결될 것이라는 점이다(Beck, 1996: 96).

정체성이론적
연결점들

비록 반성적 현대화의 사회이론적 논의들이 사회적 미시세계와 개별 행위
자들의 행위와 사회구조적 변화에 영향을 미치기는 하였지만, 이들 논의들은
이론의 설계와 범주적 분석 도구에 있어서 오히려 거시사회적 방향성을 가졌
다고 볼 수 있다(Honneth, 1994: 24). 교육적 행위에 참여되어 있는 개인들의
시작과 현재 상태를 분석적으로 파악할 수 있기 위하여, 이들은 주체이론적
보완을 활용하였다. 바로 이 지점에서, 지난 세기에 요아스(Joas, 1996)와 코
입(Keupp, 1989, 1996)이 고전적 정체성 이론들로부터 발전시켰던 정체성 이
론의 논의들이 유의미해 보인다. 요아스(Joas, 1996: 368)는 타당하게도 정체
성 구상에 대한 포스트모던의 문제 제기를 다시 지적하는데, 이것은 미드
(G.H. Mead)의 이론과 같은 고전적 정체성 이론들 자체도 모종의 실체가 있
는 자아를 목표로 삼지 않기 때문이다. 그리고 이들 고전적 정체성 이론들이
정체성의 시원을 사회적 인정의 과정 중에 발생하는 대화와 배제의 엉킴을
통해 분석적으로 적절히 설명해 내지도 못하였다(Honneth, 1992). 그리고 코
입(Keupp, 1996: 402)은, 정체성의 전승된 모범들이 사회적 다원화 과정과 개
인화 과정 그리고 탈표준화 과정으로 인해 소진될 수는 있지만, 그럼에도 불
구하고 개인적 의미와 일관성의 적극적 창출의 결과로서 그리고 심지어 사회
적 인정을 위한 맥락의 적극적 창출의 결과로서 이해되는 모종의 일상적인
정체성 작업은 필요하다고 지적한다.

그러나 거시사회학적 사회이론 및 정체성 이론적으로 형성된 주체이론들
을 개입시키는 것만으로는 교육학적 이론 형성의 구상을 근거짓기에 충분하
지 않다. 왜냐하면, 1970년대 있었던 교육학 이론의 논의에서와 흡사하게,
교육학의 학문분과적 정체성과 진정한 범주 체계가 사회학적 개념과 구상들
로 인해 완전히 무너져 내릴 수 있는 위험성이 상존하기 때문이다(Hermann,
1989: Mollenhauer, 1991). 그러므로 중요한 것은 교류와 의사소통이다. 즉, 교
류와 의사소통 가운데, 사회학적 해명의 논의들뿐 아니라 기존의 교육학 이
론과 개념들에 의존하면서, 빌둥(Bildung)과 교육과 사회교육학적 조력의 변
화된 제도적·사회적 조건들이 반성적 현대화라는 시대 맥락 속에서 논의될
수 있다(Krüger, 1994: 124).

이렇게 교육의 사회화는 사회의 지성화로 그리고 빌둥(Bildung)의 보편화
로 이양되었으며, 그 결과 교육의 기관과 주체들은 자신들의 전통적 모습으

로부터 벗어나게 되고 새로운 역할을 갖게 되었다. 교육의 장에서 평생교육은 개인들에게 있어서 더욱 중요해지지만, 동시에 교육적 작업은 장기적 관점에서는 한 개인의 이력을 형성하는 데 영향력을 잃게 된다. 아울러 사회교육의 기관들은 그간 자연스럽게 그리고 비공식적으로 성장해 온 조력의 부분적 의미 상실로 인해 새로운 기능을 얻게 되었다. 사회복지는 개인들이 담당하는 사회적 서비스의 제공과 보장을 위한 중심 도구가 되었으며, 이제 조력을 필요로 하는 모든 연령층의 사람들이 이 서비스를 기대하고 있다.

교육적인 것의
경계 확장

빌둥(Bildung)과 교육과 사회복지 기관들의 엄청난 확장 그리고 이에 따른 양적 팽창, 교육적 직업들의 학문화와 전문화, 또한 자유 시장에서 간과하기 어려워지고 있는 학습프로그램들 그리고 미디어와 광고의 교수법적 결합 등은 모든 삶의 영역을 교육화하였고 교육적인 것의 경계를 허물어 왔다(Krüger/Grunert, 2004). 교육적인 것은 정서와 하비투스가 되었고, 개인들은 교육적 개념들 속에서 스스로를 주제화하기 시작하였다(Winkler, 1992: 141). 그 결과 전문적 교육자들은 자신의 상대적으로 우월했던 전문성과 직업적 독점성을 상실하기에 이르렀다. 그뿐 아니라 교육학의 제 분야들도 그동안의 학문화가 초래한 문제들을 실천의 영역 속에서 직면하게 되었다.

II.2. 연구의 과제

위와 같은 전개에 따라, 반성적 학문의 일종이라고 개념지워진 교육학 구상에게는 다음과 같은 과제가 부여된다. 즉, 사회적 현대화 과정의 상반되는 규범들을 배경으로 삼아, 교육과 빌둥(Bildung)의 다양한 영역에서 진행된 역사적 흐름과 현재적 상황을 질적이고 양적인 연구의 방법론들을 동원하여 현대 사회와 관련된 또는 역사적인 연구들을 수행하는 것이다.

더 정확하게 표현하자면, 반성적 교육과학은 그 첫 번째 차원에서는 비판적으로 방향지워진 그리고 경험연구적으로 정향된 교육 연구로서, 이것은 교육과 빌둥(Bildung)의 과정에서 나타나는 위험요소들과 부작용들을 제도적·기관적 그리고 사회적 맥락 속에서, 학교 내적·외적 그리고 비제도화된 사회화의 영역들 속에서 분석하는 것이다.

> 비판적 빌둥 연구

반성적 연구의 지식을 비판적 교육연구의 결과에 근거하여 제시하는 것은 과거의 교육과 빌둥의 전개에 대한 지식을 바탕으로 미래의 교육적 행위와 작용의 문제와 의미에 대한 정보를 제공하는 것을 목적으로 한다(Lenzen, 1996: 123). 여기에는 경험연구를 통해 밝혀진 문제들과 관련하여 어떤 일들을 해 나가야 할지에 대해 교육학자들과 교육실천가들이 숙고하는 일도 포함된다. 이러한 반성을 통해서는 기존과는 다른, 실천에 관련된 지식의 형태들이 중요하게 다루어져야 한다. 즉, 진리의 발견을 위한 학문 탐구의 안내와 기준이 아니라 교육적 실천의 조건들을 어떻게 건설적으로 개선할 것인가를 위한 기준들에 방향이 맞춰져야 한다(Moser, 1995; Fend, 1994).

사회와 교육의 구조에 대해 위와 같이 묘사된 반성적 현대화는 현대의 빌둥 연구에게 많은 과제를 부여한다. 그 중심적 연구 영역들의 예시는 아래와 같다.

> 현대 빌둥연구를 위한 도전과제들

- 세계화로 인하여 그리고 금융시장과 노동시장의 위기로 인하여 야기된 대량실업 및 이와 관련된 빈곤의 심화, 그리고 이러한 일련의 과정이 삶의 조건, 생애 구상, 가정교육, 교육체계, 직업체계 및 사회교육 사업에 미치는 영향들(Mollenhauer, 1996: 283; Hornstein, 2001)
- 마이크로전자 혁명 및 새로운 정보 기술과 커뮤니케이션 기술을 통해 발생되는 변화들, 즉 새로운 자질과 자격의 필요, 새로운 자기화 기법과 새

로운 학습 장소, 세계화된 커뮤니케이션 망의 사용에 따른 새로운 사회
적 불평등의 생성

- 유럽과 세계사회 내 다양한 이민의 움직임을 통해 야기되는 상이한 문화
집단 간 교류와 상호문화학습

- 탈구조화, 생애 흐름의 개인화와 재표준화의 결과들, 그리고 이러한 현
상들이 아동기에서부터 새로운 불확실성의 위험에 노출된 모든 연령의
사람들에게 주는 부담들(Krüger/Grunder, 2009)

- 기성 세대와 젊은 세대 사이의 비형식성과 권력이동으로 귀결된 가족간
세대 관계와 교육적 세대 관계 내부의 변화들, 그리고 동시에 과도한 접
촉과 의사소통으로 인해 성장세대에게 발생가능한 새로운 정서적 부담
증후군(du Bois-Reymond/Büchner/Krüger u.a. 1994: 156; du Bois-Reymond,
2007)

- 가족 및 성별 관계의 변화 경향들로 인해 전개된 사적·공적 교육의 관
계의 변화 및 유아돌봄 시스템과 전일제 학교 기관의 확대(Krüger/
Rauschenbach, 2007)

- 교육체계에 있어서 제2차 현대화의 영향으로, 한편으로는 교육참여가 일
반화되고 젊은 여성들을 위한 교육 기회가 개선되었으며 학교문화가 비
정형화되었지만, 다른 한편으로는 졸업장의 가치가 하락하고, 전체 학생
의 4분의 1이 언어적, 수학적-자연과학적 역량의 최소기준에 도달하지 못
하게 된 현실(Baumert u.a. 2001; Prenzel u.a. 2004; Krüger/Rabe-Kleberg/
Kramer/Budde, 2010)

- 공동체와 연대성 그리고 사회적 필요의 균형을 교육적·사회적 서비스
속에서 부수적으로 즉흥 연출하도록 원인을 제공하는 전통적이고 숙성
된 삶의 연관들의 잠식(Rauschenbach, 1992: 45)

- 성인교육의 보편화의 결과들, 즉 성인교육 기관의 팽창, 교육프로그램
활용의 개인화 그리고 생애 전체의 교육화 등의 경향(Kade/Lüders, 1996:
888; Kade/Seitter, 2007)

- 지난 20년간 발생한 교육 관련 직업의 엄청난 팽창 및 이와 관련된 교육
적 행위 주체와 영역들의 분화, 그리고 교육적 지식기반과 교육적 의미
해석의 레퍼토리들의 확대로 인해 교육전문성에 대한 학문적 연구와 새
로운 차원의 경험연구가 이루어져야 한다는 시대적 도전(Combe/Helsper,

1996: 39; Krüger/Rauschenbach, 2004)

이상에서 언급된 사항들이 분명 전부가 아니며, 이후로도 계속 늘어나게 될 것이다. 동시에 이들은 현대의 교육적 문제상황에 관련하여 교육학적 연구가 이루어져야 할 중요한 주제들을 보여준다.

반성적 교육과학의 두 번째 중심 과제 영역은 역사적 연구의 실현으로서, 이념사적, 사회사적 그리고 일상사적 관점 및 양적·질적 자료와 방법론적 접근을 연결하는 것을 의미한다. 이를 통해 교육적 자기 기술뿐만 아니라 가정교육의 거시적·미시적 조건들, 학교와 학교 밖 기관들과 생활세계들, 성별 관계, 생애 흐름 등의 장기적 변화를 현대화 과정과 문명화 과정의 양면성을 배경으로 연구하는 것이다. 여기서는 우선 비판적 현대화이론과 문명이론의 전통 속에서 비판이론의 대표자들(Adorno/Horkheimer, 1947; Habermas, 1976)과 엘리아스(Elias, 1969)에 의해 심도 있게 발전된 이론적 구상들이 역사적 교육연구와 사회화연구의 연결점으로 대두될 수 있을 것인데, 이들은 사회사적 관점과 사회심리학적 관점을 연결시키고 있기 때문이다. 이와 유사한 맥락에서 푸코(Foucault, 1977, 1991)도 언급될 수 있는데, 그의 이론은 관계 구조의 변동과 주체성의 변화된 형식을 권력 개념으로만 파악하였다는 점에서 제한점이 있다.

이상에서 소개한 중요한 연결점들에 더하여, 지난 20년간 역사적 교육학 연구에서는 전도유망한 연구들이 많이 이루어졌는데, 교육의 사회사 및 교육학 하위영역의 역사에 관한 연구(Tenorth, 1988, 1994, 2006), 사회적 권력관계의 계보학을 배경으로 이루어진 교육 이론과 교육 실천의 변천 연구(Pongratz, 1989; Rumpf, 1981; Pongratz u.a. 2004), 19세기 이래 지속된 국가적 통제 수단과 훈육 수단으로서 청소년 돌봄의 형성에 관한 연구(Peukert, 1986), 시골과 도시의 생활세계와 사회화 경험에 관한 연구, 20세기의 흐름 속에서 아동과 청소년의 정서와 정체성 발견의 과정에 관한 연구(Hermann, 1991; Behnken/du Bois-Reymond/Zinnecker, 1989; Lutz/Behnken/Zinnecker, 2003) 등이 그것이다.

역사적 세부화 그리고 이론을 통해 인도된 역사 연구를 서로 연결하는 이러한 연구들은 후속 연구들 속에서 그 주제가 확장되고, 시대사적, 사회경제적 그리고 문화적 틀의 체계적 변형 속에서 지속되었다. 이 연구들을 통해서는 사회적 현대화 과정의 변증법의 장에서 과거의 교육 이론과 교육 실천에

역사적 빌둥 연구의 과제들

대한 역사적 지식이 제공되었다. 이와 동시에 이러한 역사적 지식을 배경으로 현대의 교육학 이론과 담론 또는 교육정치적 논란들을 더욱 잘 이해하고 판단할 수 있도록 하는 반성적 오리엔테이션 지식들도 제공된다.

II.3. 빌둥이론적 도전들

반성적 교육과학의 세 번째 과제는 비판적 교육이론의 발전이다. 이를 통 빌둥이론적 관점들
해서는 한동안 당연한 것으로 여겨져 왔던 산업사회적 현대화로 인한 생태
위기, 세계화된 금융시장과 노동시장의 위기, 정보사회와 지식사회로의 진입
등이 제시하는 도전적 과제들이 논의된다. 이와 아울러 사회적으로 진단된
삶의 토대의 다원화 과정, 세계와 자신에 대한 의미 부여, 개인의 생애사적
선택 가능성과 무규범이 혼재되어 있는 생애 이력의 개인화 등의 주제들이
교육 연구의 현대적 위치 규정을 위하여 부각된다(Krüger, 1990, 1999).

오늘날 많은 위험과 부담들은 감각을 통해서는 경험되지 않고 단지 지식의
차원에서만 인지되기 때문에, 그리고 미래사회는 지식사회일 것이므로, 현대
의 교육 역시 하나의 핵심 과제를 안게 되었다. 그것은 사회의 모든 구성원
으로 하여금 평등한 방식으로 지식에 접근 가능하도록 하고, 그 지식을 활용
하고 분석하며, 이러한 지식의 형식들에 대하여 인식비판적으로 토론하는 것
이 가능하도록 하는 일이다(Hornstein, 1988: 392; Hornstein, 2001). 그것을 위
한 전제로, 우선 모든 성장세대들은 공통교육을 위한 학교체제 속에서 언어
적, 수학적-자연과학적, 역사적-사회적 그리고 개인적 역량의 함양을 위한 충
분한 기본교육을 받도록 하여야 한다(Baumert, 2003; Krüger/Rauschenbach,
2007). 교육이론적 논의를 위한 동기는 생활방식의 개인화에 대한 사회적 진
단에서도 찾을 수 있다. 이러한 개인화의 전개 속에는 개인들이 각자의 생애
사적 탐색을 계속해 나가고 독립적으로 세계를 만들어 가는 움직임을 독려하
는 기회들도 놓여 있다. 바로 이 개인화 과정은 안정적인 사회환경과 안정성의
상실, 위험부담과 개인의 고립화 증가 등의 문제들을 동반하며, 이러한 개인화
과정의 그림자들은 교육적 과제 역시 남기게 된다. 즉, 교육적 행위 과정은 나
-중심-성취를 비판적으로 성찰하는 데 있어서, 그리고 사회적 연대 능력의 촉
진에 있어서 어떤 역할을 할 수 있는가라는 질문이다(Marotzki, 1988: 323;
Rauschenbach, 1994: 103).

전승된 전통과 가치와 삶의 관점들을 재고의 대상으로 삼는 사회문화적 다
원화의 과정은 여전히 단일성과 전체성의 심상을 고수하고 있는 모든 교육이
론의 접근들을 의문에 부친다(Helsper, 1996: 554; Tenorth, 1994: 185). 그 대신

교육은 단선적이지 않은 다원성으로 특징지워지는 삶의 형식 속으로 들어와야 한다. 아울러 교육은 다양성의 담보와 사회적 가치의 평가를 추구하여야 하며, 동시에 성별의 차이와 문화적 차이를 포함하는 타자의 이질성의 인정에도 민감해져야 한다.

후(後)전통적
연대의 구상들

차이의 윤리에 대한 포스트모던적 변호 그리고 평등과 공정을 지향하는 민주적 문화의 옹호가 상반된 것일 수 없다는 점은 호네트(Honneth, 1992, 2000) 등의 사회철학적 논의 그리고 지루(Giroux, 1989)와 프렝엘(Prengel, 1996) 등의 교육학적 논의를 통해 제시된 바 있다. 이러한 후(後)전통적 연대의 구상 속에서는 계몽적 보편주의와 특수성의 인정에 대한 포스트모던의 요청이 결합하며, 동시에 이것은 반성적 교육과학의 윤리적 오리엔테이션을 위한 중요한 계기를 제공한다. 즉, 21세기가 마주하고 있는 세계화의 경향들, 문화적 다양성, 그리고 근대적 사회의 사회적 해체라는 다채롭고 새로운 종류의 과제들이 반성적 교육과학 앞에 놓여 있는 것이다.

Adorno, T.W./Horkheimer, M.: Dialektik der Aufklärung. Amsterdam 1947.

Baumert, J. u.a.: PISA 2000. Basiskompetenzen von Schülerinnen und Schülern im internationalen Vergleich. Opladen 2001.

Baumert, J.: Transparenz und Verantwortung. In: Killius, N./Kluge, J./Reisch, L. (Hrsg.): Die Bildung der Zukunft. Frankfurt a.M. 2003, S. 213-228.

Beck, U./Giddens, A./Lash, S.: Reflexive Modernisierung. Frankfurt a.M. 1996.

Beck, U.: Das Zeitalter der Nebenfolgen und die Politisierung der Moderne. In: Beck, U./Giddens, A./Lash, S.: Reflexive Modernisierung. Frankfurt a.M. 1996, S. 19-111

Beck, U.: Die Erfindung des Politischen. Frankfurt a.M. 1993.

Beck, U.: Die Neuvermessung der Ungleichheit unter den Menschen. Frankfurt a.M. 2008.

Beck, U.: Gegengifte. Frankfurt a.M. 1988.

Beck, U.: Macht und Gegenmacht im globalen Zeitalter. Frankfurt a.M. 2002.

Beck, U./Bonß, W. (Hrsg.): Weder Sozialtechnologie noch Aufklärung? Frankfurt a.M. 1989.

Beck, U./Lange, C. (Hrsg.): Entgrenzung und Entscheidung. Frankfurt a.M. 2004.

Beck, U.: Risikogesellschaft. Auf dem Weg in eine andere Moderne. Frankfurt a.M. 1986.

Beck-Gernsheim, E.: Ist Liebe weiblich? Zur Neudefinition der Geschlechterbeziehungen in der Moderne. In: Krüger, H.-H. (Hrsg.): Abschied von der Aufklärung? Opladen 1990, S. 61-77.

Behnken, I./Bois-Reymond, M. du/Zinnecker, J.: Stadtgeschichte als Kindheitsgeschichte. Opladen 1989.

Berger, J. (Hrsg.): Die Moderne - Kontinuitäten und Zäsuren. Soziale Welt. Sonderband 4. Göttingen 1986.

Bois-Reymond, M. du/Büchner, P./Krüger, H.-H. u.a.: Kinderleben. Modernisierung von Kindheit im interkulturellen Vergleich. Opladen 1994.

Bois-Reymond, M. du: Europas neue Lerner. Opladen 2007.

Bourdieu, P.: Sozialer Sinn. Frankfurt a.M. 1993.

Combe, A./Helsper, W.: Einleitung: Pädagogische Professionalität. In: Combe, A./Helsper, W. (Hrsg.): Pädagogische Professionalität. Frankfurt a.M. 1996, S. 9-47.

Ehrenspeck, Y./Rustemeyer, D.: Bestimmt unbestimmt. In: Combe, A./Helsper, W. (Hrsg.): Pädagogische Professionalität. Frankfurt a.M. 1996, S. 368-390.

Elias, N.: Der Prozeß der Zivilisation. 2 Bd. Frankfurt a.M. 1969.

Fend, H.: Die empirische Pädagogik. In: Gudjons, H./Teske, R./Winkel, R. (Hrsg.): Erziehungswissenschaftliche Theorien. Hamburg ⁴1994, S. 27-41.

Foucault, M.: Die Ordnung des Diskurses. Mit einem Essay von Ralf Konesmann. Frankfurt a.M. 1991.

Foucault, M.: Überwachen und Strafen. Die Geburt des Gefängnisses. Frankfurt a.M. 1977.

Friebertshäuser, B.: Verstehen als Herausforderung für reflexive empirische Forschung. In: Friebersthäuser, B./Rieger-Ladich, M./Wigger, L. (Hrsg.): Reflexive Erziehungswissenschaft. Wiesbaden 2006, S. 231-252.

Giroux, H.A.: Schooling as a Form of cultural Politics: Toward a Pedagogy of and for Difference. In: Giroux, H.A./Mc Laren, P. (Hrsg.): Critical Pedagogy, the state and cultural Struggle. Albeny/New York 1989, S. 125-151.

Grunert, C./Wensierski, H.-J. v. (Hrsg.): Jugend und Bildung. Modemisierungsprozesse und Strukturwandel von Erziehung und Bildung am Beginn des 21. Jahrhunderts. Opladen 2008.

Habermas, J.: Rekonstruktionsversuche des Historischen Materialismus. Frankfurt a.M. 1976.

Helsper, W.: Antinomien des Lehrerhandelns in modernisierten Kulturen. In: Combe, A./Helsper, W. (Hrsg.): Pädagogische Professionalität. Frankfurt a.M. 1996, S. 521-569.

Herrmann, U.: Die Kommission Wissenschaftsfbrschung der DGfE. In: König, E./Zedier, P. (Hrsg.): Rezeption und Verwendung erziehungswissenschaftlichen Wissens in pädagogischen Handlungs- und Entscheidungsfeldern. Weinheim 1989, S. 1-20.

Herrmann, U.: Historische Bildungsforschung und Sozialgeschichte der Bildung. Weinheim 1991.

Honneth, A.: Das Andere der Gerechtigkeit. Frankfurt a.M. 2000.

Honneth, A.: Desintegration. Bruchstücke einer soziologischen Zeitdiagnose. Frankfurt a.M. 1994.

Honneth, A.: Kampf um Anerkennung. Frankfurt a.M. 1992.

Hornstein, W.: Erziehung und Bildung im Zeitalter der Globalisierung. In: Zeitschrift für Pädagogik 47 (2001), S. 517-537.

Hornstein, W.: Sozialwissenschaftliche Gegenwartsdiagnose und Pädagogik. In: Zeitschrift für Pädagogik 34 (1988), H. 3, S. 381-397.

Joas, H.: Kreativität und Autonomie. Die soziologische Identitätskonzeption und ihre postmoderne Herausforderung. In: Barkhaus, A./Mayer, M./Roughley, N. u.a. (Hrsg.): Identität, Leiblichkeit, Normativität. Frankfurt a.M. 1996, S. 357-369.

Kade, J.: Universalisierung und Individualisierung der Erwachsenenbildung. In: Zeitschrift für Pädagogik 35 (1989), H. 6, S. 789-808.

Kade, J./Lüders, Ch.: Lokale Vermittlung. In: Combe, A./Hdsper, W. (Hrsg.): Pädagogische Professionalität. Frankfurt a.M. 1996, S. 887-922.

Kade, J./Seitter, W. (Hrsg.): Umgang mit Wissen. Recherchen zur Empirie des Pädagogischen. Bd. 1 und 2. Opladen 2007.

Keupp, H.: Auf der Suche nach der verlorenen Identität. In: Keupp, H./Bilden, H. (Hrsg.): Verunsicherungen. Göttingen 1989, S. 47-69.

Keupp, H.: Bedrohte und befreite Identitäten in der Risikogesellschaft. In: Barkhaus, A./Mayer, M./Roughley, N. u.a. (Hrsg.): Identität, Leiblichkeit, Normativität. Frankfurt a.M. 1996, S. 380-409.

Krüger, H.-H.: Allgemeine Pädagogik auf dem Rückzug? Notizen zur disziplinären Neuver- messung der Erziehungswissenschaft. In: Krüger, H.-H./Rauschenbach, T. (Hrsg.): Erziehungswissenschaft. Weinheim/München 1994, S. 115-130.

Krüger, H.-H.: Entwicklungslinien und aktuelle Perspektiven einer Kritischen Erziehungswissenschaft. In: Sünker, H./Krüger, H.-H.: Kritische Erziehungswissenschaft am Neubeginn? Frankfurt a.M. 1999, S. 162-183.

Krüger, H.-H.: Erziehungswissenschaft im Spannungsfeld von Kontinuitäten und Zäsuren der Moderne. In: Krüger, H.-H. (Hrsg.): Abschied von der Aufklärung? Opladen 1990, S. 7- 22

Krüger, H.-H./Grunert, C.: Entgrenzung pädagogischer Berufsarbeit. In: Zeitschrift für Pädagogik 47 (2004), S. 517-537.

Krüger, H.-H./Grunert, C.: Jugend und Bildung. In: Tippelt, R./Schmidt, B. (Hrsg.): Handbuch der Bildungsforschung. Wiesbaden ²2009, S. 641-660.

Krüger, H.-H./Lenzen, D.: Allgemeine Erziehungswissenschaft und andere Teildisziplinen. In: Zeitschrift für Erziehungswissenschaft 1(1998), S. 153-155.

Krüger, H.-H./Rauschenbach, T.: Bildung im Schulalter – Ganztagsbildung als neue Perspektive. In: 6. Beiheft der Zeitschrift für Erziehungswissenschaft (2007), S. 97-108.

Krüger, H.-H./Rabe-Kleberg, U./Kramer, R.-T./Budde, J. (Hrsg.): Bildungsungleichheit revisited. Wiesbaden 2010.

Lash, S.: Reflexivität und ihre Doppelungen: Struktur, Ästhetik und Gemeinschaft. In: Beck, U./Giddens, A./Lash, S.: Reflexive Modernisierung. Frankfurt a.M. 1996, S. 195-287.

Lenzen, D.: Handlung und Reflexion. Vom pädagogischen Theoriedefizit zur Reflexiven Erziehungswissenschaft. Weinheim/Basel 1996.

Lenzen, D.: Orientierung Erziehungswissenschaft. Reinbek 1999.

Lenzen, D.: Reflexive Erziehungswissenschaft am Ausgang des postmodernen Jahrzehnts. In: Benner, D./Lenzen, D./Otto, H.-U. (Hrsg.): Erziehungswissenschaft zwischen Modernisierung und Modernitätskrise. 29. Beiheft der Zeitschrift für Pädagogik. Weinheim/Basel 1992, S. 75-92.

Lutz, M./Behnken,I./Zinnecker, J. Narrtive Landkarten. In: Friebertshäuser, B./Prengel, A. (Hrsg.): Handbuch Qualitative Forschungsmethoden in der Erziehungswissenschaft. Weinheim/München 2003, S. 414-435.

Lyotard, J.-F.: Das Undarstellbare – Wider das Vergessen. In: Pries, Ch. (Hrsg.): Das Erhabene – Zwischen Grenzerfahrung und Größenwahn. Weinheim 1989, S. 319-348.

Marotzki, W.: Bildung als Herstellung von Bestimmtheit und Ermöglichung von Unbestimmtheit. In: Hansmann, O./Marotzki, W. (Hrsg.): Diskurs Bildungstheorie I: Systematische Markierungen. Weinheim 1988, S. 311-333.

Mollenhauer, K.: Im Gespräch mit Th. Schulze. In: Kaufmann, H. B. u.a. (Hrsg.): Kontinuität und Traditionsbrüche in der Pädagogik. Weinheim/Basel 1991, S. 67-82.

Mollenhauer, K.: Kinder- und Jugendhilfe. Theorie der Sozialpädagogik – ein thematisch-kritischer Grundriß. In: Zeitschrift für Pädagogik 42 (1996), H. 6, S. 869-888.

Moser, H.: Grundlagen der Praxisforschung. Freiburg 1995.

Offe, C.: Die Utopie der Null-Option. In: Berger, J. (Hrsg.): Die Moderne – Kontinuitäten und Zäsuren. Soziale Welt. Sonderband 4. Göttingen 1986, S. 97–118.

Peukert, D.: Grenzen der Sozialdisziplinierung. Köln 1986.

Pongratz, L.: Pädagogik im Prozeß der Moderne. Weinheim 1989.

Pongratz, L. u.a. (Hrsg.) Nach Foucault. Diskurs- und Machtanalytische Perspektiven der Pädagogik. Wiesbaden 2004.

Prengel, A.: Pädagogik der Vielfalt. Opladen ²1996.

Prenzel, M. u.a.: PISA 2003. Der Bildungsstand der Jugendlichen in Deutschland – Ergebnisse des zweiten internationalen Vergleichs. Münster/New York/München/Berlin 2004.

Rauschenbach, T.: Inszenierte Solidarität: Soziale Arbeit in der Risikogesellschaft. In: Beck, U./Beck-Gemsheim, E. (Hrsg.): Riskante Freiheiten. Frankfurt a.M. 1994, S. 89–113.

Rauschenbach, T.: Soziale Arbeit und soziales Risiko. In: Rauschenbach, T./Gängler, H. (Hrsg.): Soziale Arbeit und Erziehung in der Risikogesellschaft. Neuwied/Berlin 1992, S. 25–59.

Rumpfe H.: Die übergangene Sinnlichkeit. München 1981.

Tenorth, H.-E.: ‚Alle alles zu lehren'. Möglichkeiten und Perspektiven allgemeiner Bildung. Darmstadt 1994.

Tenorth, H.-E.: Erziehungswissenschaft in Deutschland – Skizze ihrer Geschichte von 1900 bis zur Vereinigung. In: Harney, K./Krüger, H.-H. (Hrsg.): Einführung in die Geschichte der Erziehungswissenschaft und Erziehungswirklichkeit. Opladen ³2006, S. 133–176.

Tenorth, H.-E.: Geschichte der Erziehung. Weinheim/München 1988.

Tenorth, H.-E.: Profession und Disziplin. Zur Formierung der Erziehungswissenschaft. In: Krüger, H.-H ./Rauschenbach, T. (Hrsg.): Erziehungswissenschaft. Weinheim/München 1994, S. 17–28.

Winkler, M.: Universalisierung und Delegitimation: Notizen zum pädagogischen Diskurs der Gegenwart. In: Hoffmann, D./Langewand, A./Niemeyer, C. (Hrsg.): Begründungsformen der Pädagogik in der Moderne. Weinheim 1992, S. 135–154.

역자 후기

이 책은 하인츠-헤르만 크뤼거(Heinz-Hermann Krüger)의 저서 『교육과학의 이론과 방법론 입문』(Einführung in Theorien und Methoden der Erziehungswissenschaft)의 제6판(2012)을 발췌·번역한 것이다. 이 책은 총 4권으로 구성된 교육학 입문 시리즈[1] 중 제 II권에 해당하는 저서로서, 1997년에 출판된 이래 여섯 차례의 수정·보완을 거쳐 오늘에 이르고 있다.

본 저서의 가장 뚜렷한 장점은 20세기 독일(어권) 교육학의 전개사와 지형도를 일목요연하게 보여주고 있다는 점이다. 이 책의 전체 구성이 그러할 뿐만 아니라 이를 압축적으로 보여주고 있는 서문(2012)의 그림 "교육과학 이론의 흐름"이 이에 해당한다. 이 그림의 윗부분에 등장하는 세 갈래의 교육학 이론, 즉 정신과학적 교육학(I.1), 경험적 교육과학(I.2), 그리고 비판적 교육과학(I.3)은 사실상 20세기 독일(어권) 교육학 이론의 흐름을 주도하였던 주요 분파들이자 현대 독일(어권) 교육학의 요람이라 할 수 있다. 그리고 이것은 동시에 20세기 독일(어권) 교육철학의 지형도이기도 하다. 이 세 가지에 더하여 미국 현대 교육철학의 흐름들(진보주의, 본질주의, 항존주의, 재건주의) 및 영국의 분석철학적 교육학이 더해지면, 20세기 중부 유럽 및 영미권 교육철학의 이론적 갈래들이 대략적으로나마 열거되었다고 볼 수 있다.

물론 20세기의 교육철학은 위에서 열거한 예닐곱 개의 사조에 국한되지 않을 것이다. 이것으로부터 파생된 혹은 교육학과 인접한 분야의 사유를 수렴하여 탄생한 새로운 논의 또는 접근들이 생성과 소멸을 거듭해 오고 있기 때문이다. 독일(어권)의 교육학과 교육철학 역시 마찬가지이다. 본 저서에서 거명된 것만 하더라도, 정신과학적 교육학, 경험적 교육과학, 비판적 교육과학 이외에도 열 가지 이상의 이론적 흐름들이 있었다는 사실을 확인할 수 있다. 재차 열거하자면, 실천학적 교육학

---

1) 『교육과학의 근본개념 및 근본질문으로의 입문』(제I권: Krüger & Helper, 1995), 『교육과학의 이론과 방법론 입문』(제II권: Krüger, 1997), 『교육과학과 교육실재의 역사 입문』(제III권: Krüger & Harney, 1997), 『교육기관 및 사회기관의 활동 영역 입문』(제IV권: Krüger & Rauschenbach, 1995)

(I.4.1), 초월론철학적 교육학(I.4.2), 역사유물론적 교육학(I.4.3), 심리분석적 교육학(I.4.4), 현상학적 교육학(I.4.5), 체계이론적·구성주의적 교육학(I.4.6), 교육과학의 구조주의적 논의(I.4.7), 교육과학의 생태학적 논의(I.4.8), 교육과학의 여성학적 논의(I.4.9), 교육과학 내 포스트모더니즘적 논의(I.4.10) 등이 여기에 속한다. 이뿐만 아니라, 서문(2012)의 그림에서 그 명칭만 언급되고 있는 반성적 교육과학, 의사소통 교육학, 상호작용적 교육학, 발전교육학, 진화론적 교육학, 행위론적 교육과학 등이 추가되고, 이에 더하여 몬테소리교육학, 발도르프교육학, 프레네교육학, 반권위주의 교육학, 반교육학 등이 포함된다면, 이것만으로도 20세기 교육철학은 대단히 입체적인 지형을 띤다고 할 수 있다. 저자의 표현과 같이, 20세기 후반의 교육철학은 "이론의 다원화(Theorienpluralismus)" 시대로 접어들었기에, 오늘날 우리가 서 있는 교육학 및 교육철학의 이론적 위치를 확인시켜 줄 최소한의 나침반이 더욱 필요해졌다. 본 번역서의 첫 번째 소임은 여기에 있다.

본 번역서의 두 번째 장점은 20세기 독일(어권) 교육학을 수놓은 학자들의 이름과 그들의 주요 연구 목록이 비교적 상세히 제시된 데 있다. 그리고 이러한 제시가 단순히 백과사전적 나열에 그치는 것이 아니라, 20세기 교육학 이론이 전개되어 온 학문적 배경과 문제의식이 함께 제시되어 있기에, 이를 통해 각각의 학자 및 그들의 연구들이 갖는 교육학사적 의의가 공유될 수 있을 것이다. 물론 한국의 교육학계에서 이들에 대한 소개와 탐구 및 학문적 의미의 공유는 본 번역서의 공역자들을 포함하여 지난 30여 년 동안 독일에서 수학한 교육학자들을 중심으로 꾸준히 이루어져 왔으며, 그 성과도 적지 않았다. 특히 한독교육학회와 한국교육철학학회의 학술지 『교육의 이론과 실천』과 『교육철학연구』를 통해 20세기 독일(어권) 교육학 및 교육철학에 대한 안내와 탐구는 지속적으로 이루어져 왔다. 또한 『현대교육철학』(오인탁, 1990)이나 『독일교육학의 이해』(H. Danner 지음/조상식 옮김, 2004), 『해석학 경험론 비판론 사이에서의 교육학』(C. Wulf 지음/정은해 옮김, 1999) 등의 저서·역서 역시 정신과학적 교육학, 경험적 교육과학, 비판적 교육과학을 중심으로 하는 20세기 독일(어권) 교육학의 지형을 파악하는 데 있어서 중요한 문헌으로 활용되어 왔다. 이들 저서·역서에 비하여 본 번역서가 갖는 차별성을 굳이 꼽자면, 이 책이 1970년대 이후의 교육학 또는 교육철학 이론의 전개 양상을 부분적으로나마 포착하여 제시하고 있다는 점이다. 앞서도 언급한 바와 같이, 저자가 "이론의 다원화"라고 표현한 그 시대는 더 이상 하나의 학파나 단일한 이론적 흐름이 지배적이지 않은 시기였으며, 따라서 그 갈래도 무척 다양하다. 이 책의 I-4에서 저자가 제시한

10가지 갈래 또는 논의들은 그 최소한의 열거라 할 수 있다. 학자에 따라 그리고 교육학적 관점에 따라 이들 갈래는 다르게 그리고 더욱 풍부하게 묘사될 수도 있을 것이다.

그러나 본 저서는 저자가 활발히 활동하였던 20세기의 말미에 집중적으로 저술된 관계로, 이미 2023년에 접어들고 있는 21세기의 교육학과 교육철학의 양상을 상세히 반영하지 못하고 있다는 제한점도 분명 드러내고 있다. 지난 세기말에 가득하였던 포스트모더니즘의 논의들로 이 책의 제 I부가 매듭되고 있다는 사실이 그 증거이다. 독일(어권) 교육학과 교육철학의 이론들은 그 후로도 지속적으로 분화와 전개를 거듭해 오고 있으며, 고전적 이론들의 현대화는 물론이거니와 포스트휴머니즘을 비롯한 각양각색의 포스트-이즘들이 21세기의 교육학과 교육철학 속으로 수용되고 있는 실정이다. 이 모든 논의들을 제II부의 "반성적 교육과학"으로 그리고 한국어판 서문에 등장하는 푸코와 부르디외로 수렴하기에는 역부족이라 할 수 있다. 21세기 독일(어권) 교육학계도 세대교체가 이루어졌고, 2023년 현재 이 책에 소개된 학자들 이후의 새로운 인물들이 교육학과 교육철학의 현대적 지평을 열어 가고 있다. 그러므로 이 책의 제 I부는 미완성이자 현재진행형이라 할 수 있다. 이 현재진행형의 흐름 속에서 21세기의 교육학과 교육철학의 이론적 갈래를 새롭게 탐색하고 분류하고 체계화하는 일은 일차적으로는 독일(어권) 교육학자들의 몫이지만, 이와 동시에 21세기의 교육학을 이어 나가는 모든 이들의 과제이기도 하다.

한국어판 서문에서 저자가 직접 밝힌 바와 같이, 본 번역서는 원저의 제I부와 III부를 번역한 것이다. "교육과학의 연구방법론"이라는 제목의 제 II부는 저자와의 협의를 통해 번역의 대상에서 제외하였다. 그 이유는 두 가지이다. 즉, 21세기 교육학의 연구방법론은 이 책에서 소개된 교육연구 방법론에 비하여 현저히 발전하였다는 점, 그리고 독일(어권) 교육학계와 달리 한국의 교육학계는 현재 교육연구방법론을 별도의 전공분야로 인식하고 있다는 점이 그 이유이다. 원저에 수록되어 있는 양적연구방법론과 질적연구방법론은 국내 대학의 학부 또는 대학원 과정에서 별도의 강좌로 교수·연구되고 있기에, 본 번역서에 교육연구방법론을 포함시키는 것이 한국의 독자들에게는 효용가치가 그리 크지 않을 것으로 보인다. 참고로 교육철학의 전통적 연구방법론을 탐구하고자 하는 경우, 『독일교육학의 이해』(H. Danner/조상식 옮김, 2004)가 길라잡이가 될 수 있을 것이다.

번역의 과정 중에 번역자들이 함께 고민하였던 용어가 몇 가지 있다. 우선 "Bildung"이라는 단어의 번역어 채택은 본 번역서를 한국의 학계에 내어놓는 현재까지도 난제로 남아 있다. 주지하는 바와 같이, Bildung은 그림·이미지를 의미하는 Bild, 그리고 이것의 동사형인 bilden과 어근을 공유한다. Bilden의 동명사로서 Bildung의 원뜻은 "모양(像)을 지음·만듦·갖춤"이며, 이러한 기본 뜻을 바탕으로 교육(Erziehung)과 함께 독일어권의 대표적인 교육(학) 용어로 전승·발전되어 현대에 이르고 있다. 한국어로는 학자와 맥락에 따라 "도야(陶冶), 인간형성, 자기형성, 형성, 교양, 교육" 등으로 옮겨지고 있지만, 경우에 따라 별도의 번역어를 채택하지 않고 "빌둥"으로 표기하는 경우도 적지 않으며, 이에 관한 합의된 견해를 확정하기는 어려운 실정이다. 상황이 이러하기에 독일어에만 있는 이 용어가 Erziehung(교육)이라는 용어와 함께 사용되는 경우, 번역작업에는 상당한 어려움이 초래된다. 이러한 이유로 이 책을 함께 번역한 학자들 역시 여러 차례 대화를 거친 후 결국 문맥에 따라 그리고 각자의 학문적 판단에 따라 가장 적절한 번역어를 채택하기로 잠정적으로 합의하게 되었다. 물론 이러한 어려움은 독일어를 모국어로 사용하는 학자들 사이에서도 오랫동안 학술적 논쟁의 소재가 되어왔다는 점도 주지의 사실이다.[2] 현대 독일어에서 "교육학"에 해당하는 단어로 Bildungswissenschaft와 Erziehungswissenschaft 두 가지가 혼용되고 있다는 사실을 감안하자면, 이것은 비단 한국어 번역의 문제만은 아닐 것이다. 이 점, 독자들께 양해와 혜안을 구하고자 한다.

교육과 교육학의 번역어 채택의 어려움이라는 문제가 언급되었으니, 이와 관련된 한 가지 사항을 추가로 언급하고자 한다. 앞서 언급한 Bildungswissenschaft와 Erziehungswissenschaft 외에도, 독일어에서 "교육학"을 나타내는 단어로는 Pädagogik이 있다. 이 세 가지 모두 교육학을 의미하기는 하지만, 후자(Pädagogik)가 다소 고전적이고 포괄적인 의미의 교육학을 지칭하는 반면, Erziehungswissenschaft는 현대적 연구·학술 활동의 맥락에서 사용되는 경우가 많다.[3] 이 책의 I-1, I-2, I-3에서 저자가 기술한 바에 따르면, 20세기 독일(어권) 교육학은 교육학의 학문적 성격에 대해 격렬한 논쟁을 거듭하여 왔으며, 그 과정은 보다 엄밀한 학문성을 추구해 온 여정이었다고 말할 수 있다. 이런 의미에서 이 책의 저자는 현대 독일(어권) 교육

---

2) 이 문제를 한국적 시각에서 다룬 연구로는 다음 논문을 참조하기 바람: 정영근(2004). 교육학에 "도야(Bildung)"개념이 필요한가?―도야의 교육학적 의미와 한국적 논의. 『교육철학』32, 165
―180.

3) 독일 베를린 자유대학 교육학과에서 제공하고 있는 해설을 참조하기 바람:
https://www.osa.fu―berlin.de/bildungs_und_erziehungswissenschaft/studium/studium_inhalte/index.html

학을 나타내는 용어로 Erziehungswissenschaft를 선호한다. 물론 교육학을 지칭하는 용어에 관한 논의 역시 종결된 것은 아니다. 독일의 교육학계 내에서도 Päda-gogik과 Erziehungswissenschaft과 더불어 Bildungswissenschaf 역시 교육학을 의미하는 용어로 혼용되고 있기 때문이다. 다만 본 번역서의 번역자들은, 저자의 견해가 잘 반영되도록 하는 취지에서, Pädagogik은 "교육학"으로, Erziehungs-wissenschaft은 "교육과학"으로 옮기기로 합의하였다는 점을 일러두고자 한다.

본 번역서는 한국교육철학학회 2021-2022번역지원사업이 직접적 동인이 되었다. 이 사업을 기획하고 이 책의 번역을 지원해 주신 한국교육철학학회에 사의를 표한다. 아울러 기꺼이 마음을 모아주시고 정성을 다해 전문적 식견으로 번역에 임해 주신 교육학자들께 고개 숙여 경의를 표한다. 마지막으로 좋은 책이 출판되도록 최선의 노력을 기울여 주신 박영스토리 관계자들께도 감사의 마음을 전한다.

2023년 3월
편역자 우정길

인명색인

(A)

Adorno, T.	60-63, 65, 71, 80, 175, 192, 229
Aichhorn, A.	126
Albert, H.	35-37, 44, 45
Althusser, L.	117, 162
Althusser. L.	117
Apel, K.O.	72
Apple, M.	119
Aristoteles	95, 97
Aufenanger, S.	77

(B)

Baacke, D.	177, 178, 204
Ballauf, T.	74, 140
Baudrillad, J.	203, 207, 208, 210
Beck, U.	205, 223
Benhabib, S.	192
Benner, D.	92-94, 97-101, 175, 209
Berger, P.	150, 223
Bernfeld, S.	114, 119, 126, 127
Bilden, H.	188
Bittner, G.	124, 127-132
Blankertz, H.	56, 57, 59, 105, 175
Blochmann, E.	9
Blumenberg, H.	208
Boehm, G.	210
Bollnow, O.F.	23, 140, 141
Bourdieu, P.	ii -iv, 68, 119

Bräuer, G.	140
Brezinka, W.	33, 34, 43-45, 47
Brinkmann, M.	143
Bronfenbrenner, U.	176, 180
Brumlik, M.	75
Brusten, M.	76
Butler, J.	186, 188

(C)

Carnap, R.	35
Cassirer, E.	105
Chapman, J.L.	202
Cicourel, A.	76
Cohen, H.	105
Cohn, J.	105
Comte, A.	12
Copei, F.	140
Cremer-Schäfer, H.	76
Cube, F.v.	34, 43

(D)

Danner, H.	13
Dauber, H.	175
Derbolav, J.	23, 92-97, 100, 101, 105, 141
Derrida, J.	145
Dewey, J.	79
Dickopp, K.H.	104, 106
Dilthey, W.	xi, 4-6, 10-14, 16, 18

저자 약력

하인츠-헤르만 크뤼거(Prof. Dr. Heinz-Hermann Krüger)

하인츠-헤르만 크뤼거는 1993년부터 마틴-루터 할레-비텐베르크 대학교 일반교육학 전공 교수로 재직하였다. 2016년 정년퇴직 후에는 2019년까지 독일연구재단의 "독일 교육시스템 내 엘리트교육기제 연구팀"의 연구책임자로 활동하였으며, 그 이후로도 학교연구·교육연구 센터에서 각종 청소년연구 프로젝트들을 지휘하고 있다.

크뤼거는 1976년 독일 보훔 대학교에서 박사학위를 취득하였으며, 1982년 독일 도르트문트 대학교에서 학교이론 연구로 교수자격논문을 제출하였다. 그의 연구 중점은 교육과학의 이론사 및 교육학 분과학문의 역사, 그리고 유아·청소년 국제비교연구, 초·중등학교와 대학 그리고 노동시장에 관한 국제비교연구 등이다. 그는 지금까지 영어 저서 1권과 폴란드어 저서 1권을 포함하여 총 28권의 단독저서를 출판하였다. 또한 그는 6권의 영어 논문집을 포함하여 지금까지 58권의 논문집을 편저·공저하였으며, 영어(28편)와 폴란드어(2편) 그리고 포르투갈어(2편)로 작성된 논문들을 비롯하여 총 260편의 논문을 각종 저서와 학술지에 게재하였다.

편역자 약력

우정길 (Jeong-Gil Woo, Dr. Phil.)

독일 유스투스-리비히 기센대학교 졸업

(現) 경희대학교 교육대학원 교수

공역자 약력(가나다 순)

김상무 (Sang Mu Kim, Dr. Phil.)

독일 루프레히트-칼스 하이델베르크대학교 졸업

(現) 동국대학교 WISE캠퍼스 교직부 교수

김상섭 (Sang-Sup Kim, Dr. Phil.)

독일 베스트팔렌 빌헬름 뮌스터대학교 졸업

(現) 영남대학교 사범대학 교육학과 교수

김 철 (Cheol Kim, Dr. Phil.)

독일 율리우스-막시밀리안 뷔르츠부르크대학교 졸업

(現) 경기대학교 교직학부 교수

정기섭 (Ki-Seob Chung, Dr. Phil.)

독일 루프레히트-칼스 하이델베르크대학교 졸업

(現) 인하대학교 사범대학 교육학과 교수

정창호 (Chang-Ho Jeong, Dr. Phil.)

독일 함부르크 대학교 졸업

(現) 중앙대학교 사범대학 교육학과 강사

조상식 (Sang-Sik Cho, Dr. disc.pol.)

독일 게오르그-아우구스트 괴팅겐대학교 졸업

(現) 동국대학교 교육학과 교수

최재정 (Jai-Jeong Choi, Dr. Phil.)

독일 베스트팔렌 빌헬름 뮌스터대학교 졸업

(現) 차의과학대학교 의학전문대학원 의료인문학교실 교수

홍은영 (Eun-Young Hong, Dr. Phil.)

독일 칼스루에 교육대학교 졸업

(現) 전남대학교 사범대학 교육학과 교수

교육학 연구의 현대적 패러다임
독일 교육학의 전통과 갈래

초판발행   2023년 4월 3일
중판발행   2024년 10월 4일

지은이   Heinz-Hermann Krüger
엮은이   우정길
옮긴이   김상무 · 김상섭 · 김 철 · 정기섭 · 정창호 · 조상식 · 최재정 · 홍은영
펴낸이   노 현

편 집   윤혜경
기획/마케팅   조정빈
표지디자인   이수빈
제 작   고철민 · 김원표

펴낸곳   ㈜ 피와이메이트
             서울특별시 금천구 가산디지털2로 53, 한라시그마밸리 210호(가산동)
             등록 2014. 2. 12. 제2018-000080호
전 화   02)733-6771
f a x   02)736-4818
e-mail   pys@pybook.co.kr
homepage   www.pybook.co.kr
ISBN   979-11-6519-378-2   93370

* 파본은 구입하신 곳에서 교환해 드립니다. 본서의 무단복제행위를 금합니다.

정 가   22,000원

피와이메이트는 박영사와 함께하는 브랜드입니다.